W0225348

12 MOIS de TRAVERSÉE EN MÈRE

Pour naviguer sur les émotions de la maternité

Jade Arestan-Mallet
Illustré par Inna Okhotnyk

www.enrickb-editions.com

Tous droits réservés, Enrick B. Editions, 2023

© Conception couverture : Marie Dortier
Maquette : Kung Phou / Com&Go

ISBN : 978-2-38313-161-8

En application des articles L. 122-10 à L. 122-12 du Code de la propriété intellectuelle, toute reproduction à usage collectif par photocopie, intégralement ou partiellement, du présent ouvrage est interdite sans l'autorisation du Centre français d'exploitation du droit de copie. Toute autre forme de reproduction, intégrale ou partielle, est interdite sans l'autorisation de l'éditeur.

À Baptiste, formidable papa et partenaire de vie, sans qui rien
de tout ça n'aurait existé (à commencer par notre petite merveille).
A Katy, Moune, Estelle, et toutes celles avant elles… Merci pour tous vos dons.
Avec ma reconnaissance et mon amour…
À elle, Ninouchka de mon cœur. Ma toute petite grande de bientôt 2 ans,
juchée sur les épaules de son père comme l'éblouissante lumière tourbillonnante
est juchée au sommet du phare solide et rassurant.
À vous deux, vous êtes mon phare : vous m'offrez le réconfort
et m'indiquez la direction.
À Églantine, aussi, sans qui ce livre n'aurait pas vu le jour.
Merci à toi d'avoir tant nourri ma confiance sans même le savoir.

AVANT-PROPOS

Il m'arrivera, dans ce livre, de prendre le raccourci du couple hétérosexuel en parlant de maman et de papa, d'homme et de femme, etc. C'est un choix fait par commodité, et je m'en excuse d'avance auprès des couples dont l'histoire serait différente : si vous êtes deux mamans ou deux papas, deux mamans et un papa, deux papas et une maman, famille d'adoption, famille d'accueil ou que sais-je encore – et peu importe, tant que l'Amour est là –, j'espère que vous saurez faire l'impasse sur ces formulations rapides et observer que j'utilise au maximum le terme de « partenaire ». Quant aux courageuses mamans solos qui ne partageraient pas leur quotidien avec un ou une partenaire, j'espère que vous pourrez replacer mes exemples dans votre contexte à vous, auprès de ceux qui vous accompagnent de près ou de loin. Et je fais le vœu que chacune de vous, quelle que soit sa situation, se sente aimée et soutenue. Si tel n'est pas le cas, n'hésitez pas à demander de l'aide et/ou à consulter la fin de cet ouvrage.

SOMMAIRE

1ÈRE PARTIE – EMBARQUEMENT

2ÈME PARTIE – MON ENFANT, MON ENFANCE

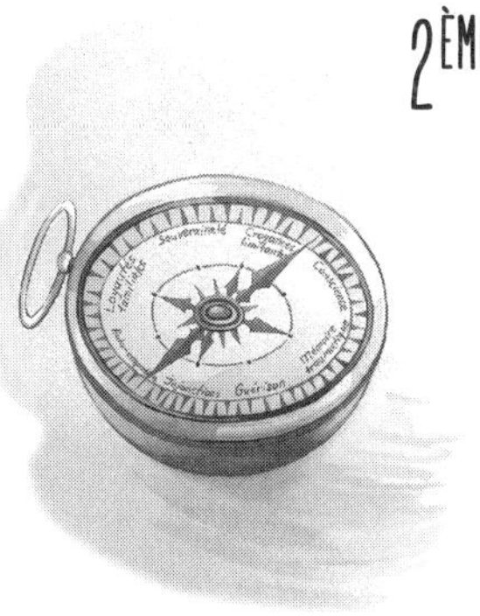

3ème PARTIE – LES ENSEIGNEMENTS

ÉPILOGUE / FOIRE AUX QUESTIONS

Mayday-mayday ! (p.216)

J'ai les outils, mais je n'arrive pas à les appliquer : qui fait barrage ?

Mon enfant pleure, s'énerve : je n'arrive pas à entrer en empathie.

Il pleure quand il me retrouve : exemple de décharge émotionnelle avec la figure d'attachement.

Épuisement maternel, burn-out maternel, dépression prénatale ou post-partum : apprendre à demander de l'aide.

Fausse couche et deuil périnatal : comment se relever ?

Avant de nous quitter…

Contacts, références et lignes d'écoute

PETITE HISTOIRE SUR LA NAISSANCE... DE CE LIVRE

« Thérapeute et formatrice au service de l'intelligence émotionnelle » : voilà ce que disent mon site, ma carte de visite et le premier livre que j'ai eu la joie de publier aux éditions Enrick B. En bref, je travaille avec les émotions : les émotions de celles et ceux qui viennent me voir pour dénouer un nœud, libérer et comprendre ce qui est resté bloqué, et réunir les différentes parts d'eux qui n'étaient pas vraiment au diapason. Dans ma boîte à outils, j'ai notamment la Communication NonViolente, les blessures de l'enfance ou encore l'autorégulation émotionnelle. Oui, mais voilà : en 2021, année bénie, je suis devenue MAMAN. Et alors là, comment dire ? Ma boîte à outils s'est renversée par terre. J'étais en plein post-partum[1]. Ma communication envers mon partenaire était plus violente que non violente. Mes blessures d'enfance se sont rouvertes en grand malgré des années de travail thérapeutique et mon autorégulation émotionnelle... Euh, vous avez dit « autorégulation » ? Késako ? Je sais pas, je sais plus. Moi, depuis mon accouchement, je ne suis plus qu'un tas d'hormones ambulant, « à fleur de peau », pour utiliser une expression à la fois poétique et profondément charnelle, comme l'est justement un accouchement, point de rencontre entre le miracle et la chair. Un ventre brutalement vide ; un sacrum déplacé et un coccyx luxé, qui m'empêchaient de m'asseoir, mais aussi de m'allonger (quand on sait que les vertèbres sacrées nous parlent du lien à la parentalité, à la sexualité, aux besoins de survie et à la peur de donner la vie, je vous laisse observer la puissance des mécanismes psychosomatiques) ; un mental

[1] « Post-partum » : un mot qui fait peur, un mot que l'on associe à la dépression et aux souffrances du corps... Un mot simple, pourtant, rapide et précis, ne signifiant rien d'autre que « la période qui suit l'accouchement », de quelques semaines à une année. Mais, alors, que penser du fait qu'une période si riche, véritable point de bascule dans l'existence de qui la traverse, soit principalement associée à la dépression ? Comment en est-on arrivé à réduire le mot « post-partum » à son acception la plus pesante et la plus triste, en perdant de vue qu'il décrit aussi et surtout ces moments d'une intensité absolue, dans lesquels se côtoient certes fatigue et difficultés, mais aussi magie, apprentissage, émerveillement et renaissance ? Peut-être faudrait-il, pour réhabiliter ce mot et lui rendre l'hommage qui lui est dû, apprendre justement à trouver les bons mots. Ceux qui parviennent à décrire les émotions de la jeune maman en plein post-partum, ceux qui aident à rendre toute l'intensité, toute l'ambivalence, toute la force et toute la complexité de ces émotions en pagaille. Des mots qui nous permettent de faire la lumière en nous et de pouvoir ainsi partager ce que l'on vit afin de nous sentir reliées non seulement à l'autre, mais aussi à nous-mêmes !

devenu inefficace, fatigué, brouillon, et en proie aux pertes de mémoire (entre nous, j'y suis encore parfois sujette, et ça porte même un nom : « la démence de l'allaitement » – sympa, le nom !) ; des émotions en pagaille et un psychisme en reconstruction… Bref. *Qui suis-je, où vais-je, que vais-je faire ?* Voilà trois questions que toute jeune accouchée comprend mieux que tous les philosophes de la terre, vous ne croyez pas ? Des mois durant, j'étais capable de me sentir, dans la même heure, désespérée et exaltée. Jamais je ne m'étais sentie aussi vulnérable. Jamais je ne m'étais sentie aussi puissante. À ce jour, je pense que la maternité est ce qui permet le mieux d'approcher cette maxime : « *Un grand pouvoir implique de grandes responsabilités* », et de saisir toute la corrélation entre pouvoir et sacrifice. Chaque acte était une mise au défi : nourrir ma fille au sein (« J'ai l'impression de n'être plus que du sang, des larmes et du lait », ai-je dramatiquement déclamé la première semaine, entre un début d'allaitement difficile, les pertes de sang et mon épuisement émotionnel.) ; me nourrir moi-même à la va-vite, en tenant mon bébé dans un bras et en mangeant de l'autre avec une grosse cuillère (à ce stade, exit couteaux et fourchettes : avez-vous déjà vu une jeune mère allaitante les premiers jours ? Pas le temps de faire dans la dentelle, j'vous l'dis !) ; prendre ma douche ou aller aux toilettes, à toute vitesse, évidemment, et en apprenant à couper le papier toilette d'une seule main tout en tenant Bébé de l'autre, sans trop savoir s'il me fallait éclater de rire ou en sanglots. Ça vous dit quelque chose ? Tope là si, toi aussi, tu as connu la grosse cuillère et le verre doseur, le bas de jogging tous les jours ou l'art de la découpe du papier toilette avec trois doigts ! Des milliers de femmes peuvent se reconnaître dans ces lignes. *Aujourd'hui*, j'en ris, mais je n'étais alors plus qu'une grande tempête émotionnelle, à l'intérieur d'un corps épuisé, qui tenait dans ses bras, ô miracle, un autre corps, minuscule, tout aussi fragile que puissant, et traversé, lui aussi, d'incessantes tempêtes émotionnelles. Autant dire que, pour moi, comme pour chacune, la *traversée en mère* n'a pas été de tout repos.

Mon mari m'a alors encouragée à déposer tout ça sur le papier, pour les autres, pour ces femmes qui vivent la même chose, mais à qui il manque peut-être les mots ou les outils. J'ai donc commencé à rédiger ce livre comme je le pouvais, durant la première année de ma fille (« Oh, non, pas déjà ! Dors encore, pitié, j'ai même pas commencé mon paragraphe ! »). Et puis, un soir d'octobre, alors que ma fille avait 5 mois, nous nous sommes rendus à une soirée de dédicaces organisée autour de mon premier livre, ***21 jours de pratique émotionnelle***. Ayant fait le choix de garder ma fille à la maison, et, pour cela, en allégeant ma vie professionnelle, j'étais très excitée d'exister ce soir-là autrement qu'en tant que mère, de revêtir ma peau de professionnelle, habillée, maquillée et parfumée (miracle !), prête à utiliser de jolis mots et à faire de jolies phrases pour échanger avec d'anciens participants d'ateliers venus à l'événement. Mes besoins de réalisation, de reconnaissance et de connexion allaient être nourris, et j'en étais profondément heureuse. Mais tout ce petit monde, ces néons, cette grande salle et cette maman occupée avec d'autres qu'elle, voilà qui n'a pas été du goût de ma fille. Du haut de ses cinq petits mois, elle est partie dans une gigantesque crise de larmes. Pour elle, c'en était trop : bien trop de stimuli, de lumière, de bruits, et d'énergies diverses et variées. Impossible de ne pas le comprendre pour la grande sensible que je suis. Son père avait eu beau s'isoler, dans un coin, avec elle, tandis que j'échangeais avec les participants et signais quelques livres, rien n'y faisait. Et les gens de me dire : « Wouah, tu gères vachement bien parce que ça doit pas être facile de rester centrée et attentive à ce qu'on te raconte pendant que ton bébé hurle comme ça ! » Alors que, justement, je bouillais intérieurement en sentant se déchirer ma part professionnelle (« Allez, profite, c'est la première dédicace de ta vie ! Et fais honneur à ces gens venus exprès, un soir d'automne, pour te voir, mince ! ») et ma part maternelle (« Mon Dieu, stop, arrête de parler ! Lève-toi et pars, là, tout de suite. Tu n'entends pas sa détresse ? »). Il m'a finalement fallu écourter (de peu) la soirée. Mais, une minute avant que je ne franchisse la porte, l'une des participantes m'a lancé : « Jade, tu nous fais un prochain livre sur les émotions de la maman ? » Et là, je me suis dit : « Bingo ! Merci, Univers : message reçu cinq sur cinq. Mon mari avait raison ! » (Comme il sera content de lire ça !) Alors, le voici (ce livre, bien sûr, pas mon mari !).

Le domaine de l'éducation de l'enfant a fait de prodigieuses avancées au XXIe siècle : les blessures émotionnelles de l'enfance, dont la connaissance s'est démocratisée, sont aujourd'hui couramment traitées en accompagnement thérapeutique ; les violences éducatives ordinaires ont pu être mises en lumière et continuent d'être conscientisées, notamment grâce au travail de l'OVEO (Observatoire des violences éducatives ordinaires) ; les concepts de la discipline positive ont essaimé outre-Atlantique avant de se répandre en Europe ; et les neurosciences ont renversé nos croyances pour nous faire prendre conscience qu'un enfant en crise n'est ni capricieux ni manipulateur, mais qu'il vit des émotions complexes que son cerveau, encore immature, n'est pas capable de réguler. Sa détresse est grande et son besoin d'empathie, immense. On comprend, aujourd'hui, que construire solidement la sécurité affective de l'enfant est aussi essentiel à son bon développement qu'assurer sa sécurité physique, et que cette sécurité affective passe notamment par l'autorisation d'exprimer ses émotions sans se sentir pour cela jugé ou moins aimé (« *C'est quand un enfant semble le moins mériter d'amour ou d'écoute qu'il en a le plus besoin* », dit, à ce sujet, la psychologue Aletha Solter). Le sentiment de sécurité de l'enfant se base sur une figure d'attachement stable et disponible (le plus souvent la mère) lui apportant un réconfort suffisant pour fonder son narcissisme et sa confiance (soit, respectivement : le sentiment de sa valeur et son pouvoir d'action). La mère, à la manière d'un « porte-avions[2] », doit donc permettre à l'enfant de se sentir peu à peu suffisamment *secure* pour s'éloigner d'elle avec l'assurance qu'il pourra revenir s'y déposer et se recharger au moindre besoin. Elle doit aussi, pour cela, respecter ses rythmes, qu'ils soient physiques ou psychiques. Dans le cas contraire, on observera, par la suite, des angoisses d'abandon qui marqueront en profondeur – et pour longtemps – le psychisme de ce petit être encore en construction. Devenir ce porte-avions, solide, stable et disponible, capable d'assurer une continuité relationnelle suffisante et de nourrir la sécurité de son enfant, n'est pas une mince affaire ! Pour ce faire, il est primordial que toute jeune maman puisse se sentir *elle-même* uffisamment secure, ce en quoi la régulation émotionnelle est tout à fait essentielle. Vous y aider, c'est justement l'idée de cet ouvrage.

Des dizaines d'excellents livres sur l'accueil des émotions de l'enfant sont parus. Il est facile, pour le jeune parent, de s'informer et de se former quant aux réactions émotionnelles de son bambin[3]. Mais, si nous souhaitons que ces courants de parentalité dite « positive » ou « bienveillante » le soient également *pour le parent*, il s'agira de veiller au respect conjugué des besoins de l'enfant ET de ceux du parent. Dans le cas contraire, nous avons tôt fait de ressentir culpabilité et dévalorisation de soi (si l'on fait systématiquement passer nos besoins avant les siens), ou bien épuisement parental et détérioration des relations avec l'enfant (si l'on fait systématiquement passer ses besoins avant les nôtres). En effet, l'intention de n'infliger aucune forme de violence affective ou éducative envers l'enfant peut parfois se révéler violente pour la mère dans sa tendance à violenter ses besoins afin de satisfaire, dans l'immédiat, ceux de l'enfant. Et je pense que c'est à cause de ce difficile équilibre à trouver que nombre de parents préfèrent finalement « jeter le bébé avec l'eau du bain » et faire fi de ces courants éducatifs modernes, choisissant de perpétuer une « discipline traditionnelle », qui leur semble plus simple, car plus à même de préserver leurs ressources. Certes, le « décodeur » des émotions de l'enfant est aujourd'hui facilement accessible, mais l'on parle encore trop peu des

[2] Suivant les termes de N. Guedeney, repris par C. Dumonteil-Kremer.
[3] Références bibliographiques en fin d'ouvrage.

émotions qu'éprouve le parent face à celles de son enfant. C'est pourtant là que tout commence : en effet, avoir en tête les clés à mettre en œuvre pour accompagner son petit et l'aider à réguler colère, peurs et tristesse ne servira malheureusement que peu s'il nous est impossible, face à la crise, de nous accompagner et de nous réguler nous-mêmes. Comme on le dit lors d'un vol aérien, il faut d'abord mettre votre masque à oxygène avant d'aider votre enfant à mettre le sien. *S'intéresser aux émotions que celles de votre enfant viennent faire naître en vous est essentiel non seulement à votre parentalité, mais aussi à votre couple, et à votre vie humaine tout court.* Il est vrai que vivre et comprendre nos émotions nous prend une certaine quantité d'énergie, et qu'une jeune maman ressent plus que jamais le besoin d'économiser son énergie. Mais c'est de résister à nos émotions qui nous fatiguera plus encore et impactera notre santé physique et psychique : en effet, *c'est la résistance que l'on oppose face à nos nœuds émotionnels qui nous épuise, plus que ces nœuds eux-mêmes*. Imaginez l'effort que cela vous demanderait d'exercer une pression de toutes vos forces sur la porte d'une armoire débordant de classeurs, de dossiers, d'encyclopédies et de bric-à-brac. Chaque jour, craignant que tout le contenu ne s'en échappe, que la porte ne cède et ne mette le foutoir dans le bureau, vous vous y adossez et vous poussez, encore et encore. Voilà ce qu'on dépense inconsciemment comme efforts mentaux lorsque l'on s'efforce, chaque jour, de ne pas ouvrir la porte à nos émotions, en se martelant que « tout va bien, je gère », « ça va, c'est pas grave », « je supporte, ça va le faire » : vous voyez la dose d'énergie que ça demande ? Jusqu'au moment où cette violence que l'on s'inflige finit par se retourner contre notre enfant (au hasard d'une crise de Zoé, qui veut tenir la cuillère et en jette le contenu partout, ou bien de Nino, qui se débat en hurlant alors qu'on essaie de changer sa couche) ou contre notre partenaire. (Ô partenaires ! Une pensée pour ces conjoints qui, depuis que leur chère et tendre est rentrée de la maternité, apprennent à survivre aux cris de leur progéniture, mais aussi à ceux de leur femme.)

Alors, que faire ? Voici la feuille de route des grandes étapes de notre voyage :

1. *Embarquement* – Grossesse, accouchement, post-partum : voyons la part que le corps physique et les mémoires transgénérationnelles peuvent venir jouer dans ces premières étapes du vécu maternel.

2. *Mon enfant, mon enfance* – Escale sur les rivages de notre enfance pour observer les mécanismes inconscients et intergénérationnels qui viennent

déclencher nos réflexes éducatifs et nos réactions émotionnelles de maman. Attention, *spoiler* : s'il est vrai que « je ne suis pas mon enfant », il est vrai également que je ne suis ni ma mère ni mon père (et pourtant !).

3. *Les enseignements* – Destination finale autour des enseignements que m'apporte mon enfant, dès lors que je me tiens avec humilité dans la position de celle qui reçoit des apprentissages au même titre qu'elle les dispense.

Ce livre n'a pas la prétention de vous expliquer comment être une bonne maman, comment gérer votre enfant ou comment vous gérer vous-même. Je ne suis qu'une maman parmi des milliards. Sur terre, il paraît que nous sommes environ 3,85 milliards de femmes (dont 350 millions de grands-mères et 340 millions de petites filles de moins de 4 ans). Combien de mères sommes-nous ? Combien de manières de vivre sa grossesse, son accouchement, son post-partum, sa maternité, sa parentalité, sa féminité, son équilibre entre travail et parentage, ou encore ses émotions ? Probablement tout autant. C'est pourquoi j'ai souhaité préalablement donner la parole aux jeunes mamans au travers d'un sondage, dont les statistiques ponctueront le livre çà et là. Ces résultats ont non seulement guidé mon travail d'écriture, mais ils vous permettront également, je l'espère, de constater que vous n'êtes pas seules, et que vos déboires et naufrages émotionnels sont partagés. C'est dans cette continuité que j'ai créé le groupe Facebook « Traversée en mère » : il a pour vocation de vous permettre de rompre l'isolement, de trouver du soutien et de partager vos vécus, vos moments de doute, de culpabilité et de débordement.

Enfin, vous trouverez dans ce livre l'expérience de terrain que j'ai pu faire de la maternité en tant que thérapeute exerçant autour des blessures émotionnelles. Ma pratique m'ayant permis, depuis plusieurs années, de prendre un peu de hauteur sur les diverses parts qui me composent (ex. : *ma working woman* et ses besoins d'indépendance et d'accomplissement, ma Sauveuse sacrificielle et ses besoins d'acceptation et d'amour, ma Perfectionniste contrôlante et son besoin de sécurité, mon Enfant intérieur et ses blessures d'injustice ou de rejet, etc.), j'ai grandement bénéficié de cette habitude d'être à la fois l'observatrice et l'observée, et d'exercer une analyse aiguë de moi-même et de mes mécanismes. Cela ne m'aura pas empêchée mille et une fois d'être emportée par mes émotions, de me sentir Victime, ou encore de perdre de vue les injonctions qui me contrôlaient au risque de frôler le burn-out maternel. Simplement, j'ai pu tester de première main tous ces outils théoriques qui traînaient au fond de mes malles, de mes pensées ou de ma bibliothèque, choisir consciemment quelles ressources mobiliser en moi, « crise » après « crise », et en tirer les bilans mois après mois. Ce sont ces outils (anecdotes, visualisations thérapeutiques, exercices pratiques, rituels, tests ou profilage émotionnel[4]) que j'ai envie aujourd'hui de partager avec vous, mamans du monde (oui, oui, je vois grand, publication internationale et best-seller traduit dans 48 langues !). Blague à part, j'espère que mes mots tantôt vous éclaireront, tantôt vous feront rire ou plonger dans l'introspection, et que certains résonneront à vos oreilles dans ces moments de tempête émotionnelle qui ne manquent pas d'agiter tous les salons de la terre au sein desquels se trouvent un enfant et ses parents. Bienvenue à bord et belle traversée à vous, chères mamans !

[4] Je fais ici le vœu que vous ne vous sentiez, à aucun moment, sous le joug d'une nouvelle injonction à faire ceci ou cela « parce que c'est ce qu'on dit qu'il faudrait faire dans ce livre » (argh !), sujet que je développe plus amplement dans les chapitres 8 et 11. Et puisque nous voici à la fin de l'intro, je profite de cette note de bas de page pour vous dire que vous trouverez ici... beaucoup de notes de bas de page ! Certaines pour l'humour ou la poésie, et d'autres encore pour approfondir cette immense thématique qu'est la maternité.

1ère partie

EMBARQUEMENT

I. RENCONTRE AVEC L'ÉQUIPAGE

Se sentir moins seule

Les émotions de la jeune maman ne sont pas seulement difficiles à vivre : elles peuvent aussi être difficiles à partager. Peur du jugement, désillusions, perte de repères : nombre de facteurs, que nous ne manquerons pas d'étudier tout au long de ce voyage, viennent apporter leur lot de complications. C'est pourquoi je souhaite partager, dès le début, les résultats du sondage *Émotions & Maternité* que j'ai mené auprès de 108 jeunes mamans qui ont bien voulu apporter leur contribution[5]. Considérez ces 108 femmes comme les membres de notre équipage, celles dont les ressentis nous accompagneront tout au long de cette traversée en mère, celles qui connaissent, comme vous, le roulis des vagues et le navire qui

[5] Pour la petite histoire, 108 est un très beau nombre, considéré comme sacré dans de nombreuses traditions orientales : il représente un objet (1), aucun objet (0) et une infinité d'objets (8), évoquant en cela la multiplicité dans le Un et le Grand Tout dans la vacuité. Pour un livre qui pose l'intention de trouver ce qui nous rassemble toutes, mamans du monde, avec chacune sa maternité bien à elle, je ne pouvais rêver mieux. Aussi, lorsque j'ai découvert qu'une fois atteint ce nombre, les réponses au sondage ont cessé d'arriver pendant plus d'une semaine, j'ai décidé de le clore et d'en rester là.

tangue, les éclaboussures par-dessus bord et le mal de mère, les éclaircies, les tempêtes émotionnelles, les îles désertes, où l'on souhaiterait parfois se réfugier, et le chant des sirènes de nos désillusions qui se fracassent contre les rochers. Mais aussi ces moments de grand ciel bleu, quand brille le soleil de l'amour inconditionnel et que souffle le vent, quand nos voiles se gonflent de fierté et que s'installe profondément le sentiment d'œuvrer, pour l'autre, pour soi et pour la Vie, en elle-même et en chacun de nous.

Pour mieux faire connaissance, avec elles comme avec vous, je propose à celles d'entre vous qui ont déjà accouché de commencer par votre petit état des lieux personnel en répondant, pour vous-mêmes, aux questions de ce sondage (si Bébé est encore au chaud dans votre ventre, sautez cet exercice et découvrez la suite).

PETIT BILAN PRÉLIMINAIRE

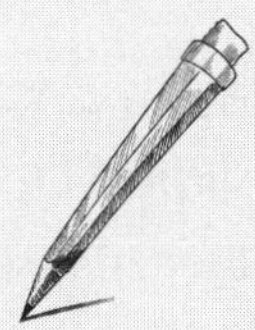

1. Je garde de mon accouchement un goût de :

- Traumatisme/Violence
- Insatisfaction/Déception
- Véritable magie/Miracle
- Fierté personnelle
- Autre (veuillez préciser)

2. J'ai le sentiment qu'on m'a bien préparée à la réalité du post-partum (l'entourage ou le corps médical) :

- Oui
- Non
- Pas véritablement

3. Depuis l'arrivée de Bébé, si je devais choisir les 3 choses qui ont été/sont pour moi les plus dures à vivre émotionnellement (cocher 3 réponses seulement) :

- Les nuits/le manque de sommeil
- Nourrir Bébé (allaitement ou lait maternisé)/Assurer sa survie
- Les douleurs physiques (dos, seins, sutures, périnée, etc.)
- Le manque de temps pour soi
- La confusion mentale et émotionnelle
- Le sentiment d'ennui et de solitude
- Le rapport à mon corps
- Oser demander de l'aide, des relais, du soutien (famille, amies, thérapeutes, centres sociaux, PMI)

4. Parmi ces 3 émotions, laquelle est la plus fréquente/la plus quotidienne depuis l'arrivée de Bébé :

- La tristesse (blues, nostalgie, mélancolie)
- La colère (irritabilité, susceptibilité, agacement, frustration)
- La peur (état d'anxiété, angoisses)

5. Depuis l'arrivée de Bébé, mes états de tristesse portent particulièrement sur (autant de réponses que vous voulez) :

- Mon manque d'autonomie et de liberté
- Mon impuissance/mon incertitude face à ce qui l'agite
- La redéfinition de mon couple
- Mon manque d'épanouissement personnel
- L'écart entre mes attentes/projections et la réalité
- Le sentiment d'isolement
- Autre (veuillez préciser)

6. Depuis l'arrivée de Bébé, mes états de colère portent particulièrement sur (autant de réponses que vous voulez) :

- Mon manque d'autonomie et de liberté
- Mon besoin d'ordre/de perfection (maison ordonnée, linge propre, repas équilibrés, etc.)
- L'implication de mon partenaire
- Mes compétences de maman
- L'agitation permanente/les demandes de bébé
- Les remarques ou les conseils des gens
- Autre (veuillez préciser)

7. Depuis l'arrivée de Bébé, mes états anxieux portent particulièrement sur (autant de réponses que vous voulez) :

- Mes compétences de maman
- La santé de mon enfant
- L'avenir de mon enfant
- Mon avenir professionnel
- L'équilibre de mon couple/l'équilibre familial
- Autre (veuillez préciser)

8. Je choisis, dans cette liste, les sentiments pénibles avec lesquels je jongle le plus auprès de Bébé (3 réponses max !) :

- Impuissance
- Culpabilité
- Frustration
- Impatience
- Doute
- Stress

9. Je choisis, dans cette liste, les sentiments agréables que je ressens le plus auprès de Bébé (3 réponses max !) :

- Complicité/Rire/Entrain
- Curiosité/Apprentissage
- Insouciance/Légèreté
- Réalisation personnelle/Fierté/Accomplissement
- Admiration/Fascination
- Alignement/Paix intérieure

Découvrez maintenant les réponses des 108 membres de notre équipage à certaines de ces questions (vous trouverez les autres égrenées au fil des chapitres). Je fais le vœu que leurs réponses vous aident à la fois à vous déculpabiliser et à vous sentir comprise.

Vous vous inquiétez d'être à fleur de peau, de démarrer au quart de tour ou de ne plus supporter la moindre réflexion ? Vous n'êtes pas la seule ! Pour près de la moitié de ces mamans (47 %), l'émotion la plus quotidienne, ressentie depuis l'arrivée de Bébé, est celle de la **colère** (irritabilité, susceptibilité, agacement, frustration), suivie de la **peur** (état d'anxiété, angoisses) pour 36 %, puis de la **tristesse** (blues, nostalgie, mélancolie) pour 16 % d'entre elles.

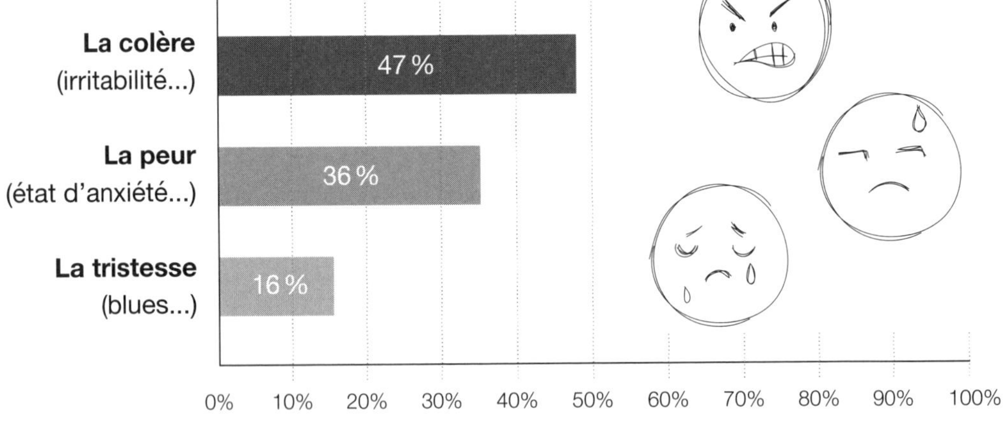

Observons de plus près chacune de ces émotions.

COLÈRE[6] : Sur quoi portent particulièrement vos états de colère à vous ? Pour ces 108 membres de notre équipage, c'est **le besoin d'ordre et de perfection** qui arrive en pole position (61 % d'entre elles) : une maison ordonnée, du linge propre, des repas chauds et équilibrés, etc. Cela s'explique aisément par le besoin de nidification capital qui empoigne la plupart des femmes dès la fin de leur grossesse : responsabilité d'assurer, désormais, la survie de deux personnes, de surcroît en étant largement épuisées la plupart du temps. Il faut que leur environnement soit à la fois *secure* (donc ordonné, propre, fonctionnel) et confortable (que les choses soient simples, fluides, efficaces et harmonieuses). En clair, que la vie domestique soit idéalement réglée comme du papier à musique et que le partenaire soit au diapason sans avoir trois temps de retard, sinon il se fera vite sonner les cloches (promis, je m'arrête là pour la métaphore musicale). Quels sont les autres déclencheurs de nos foudres ? Dans l'ordre :

- **L'implication de mon partenaire** (37 %), suite logique du besoin d'une vie domestique millimétrée, mais aussi de la difficile place du papa dans la dyade maman-bébé[7]. Ce déclencheur arrive à égalité avec **les remarques et conseils des gens** (sur notre bébé, évidemment, mais aussi, à ce stade de fatigue et d'irritabilité, sur à peu près tout ce qui concerne notre manière de vivre, de penser ou d'être. Vous voilà prévenues, les voilà prévenus : nous voilà tous prévenus !). Ces remarques, souvent « bienveillantes », sont pourtant génératrices d'un fort sentiment de pression sociale ou familiale. Elles ont aussi tendance, malheureusement, à « étiqueter » Bébé dès lors qu'elles sont du type : « Oh, ça lui fera pas de mal de changer de bras. Il faut que tu le sociabilises un peu, cet enfant ! », ou : « Tu sais, moi, les miens, quand ils étaient *difficiles* comme ça… » « Hem, pardon ?! Tu es en train de dire *quoi* sur mon bambin, là ? » Vous voyez l'idée, j'imagine.

[6] Le chapitre 10 sera consacré à la colère, probablement l'émotion la plus complexe et la plus fréquente en cela qu'elle a tendance à recouvrir les émotions de tristesse et de peur, qui lui sont sous-jacentes.

[7] Il n'est pas toujours facile de passer le relais et de laisser sa place au papa (alors même qu'on en rêve, d'où ce désagréable sentiment de schizophrénie, du genre : « Non, laisse-moi faire, je m'en occupe », suivi de : « Mais tu pourrais pas t'en occuper un peu, là ? C'est aussi TON enfant, j'te rappelle ! »). À nouveau, une pensée pour vous tous, pa-partenaires de mamans dragons. J'ai conscience de léser le public masculin composé de tous ces formidables pères, qui aimeraient peut-être bien avoir, eux aussi, un livre sur leur bouleversement émotionnel de jeunes papas. Vous le méritez, chers hommes maternants. En attendant, vous retrouverez quelques petites choses vous concernant au chapitre 8.

- **L'agitation permanente et les besoins de Bébé** (26 %). Eh oui, il est loin le temps où l'on se posait nonchalamment sur le canap', en poussant un large soupir d'aise et en se demandant, en bâillant, ce qu'on allait bien pouvoir faire le soir ou le week-end ! De tout cela, il ne nous reste plus que les bâillements (mais ce n'est plus du désœuvrement qu'ils nous viennent) !

- **Le manque d'autonomie et de liberté** (21 %). Ah, ça… On ne manquera pas d'y revenir au fil des pages.

- **Nos compétences de maman** (16 %). Oui, la maternité et l'allaitement (si l'on en a fait le choix) ont beau être naturels, ils ne sont pas instinctifs pour autant ! Il y a tant à apprendre, à découvrir, à mettre en place. Alors, c'est comme tout, on n'est pas tout à fait performantes à nos débuts. Une couche qui fuit, un biberon trop chaud ou un allaitement infernal, des bodies pas à la bonne taille, un bébé qui glisse sous une couette, des cris qu'on décrypte aussi bien que Canal+ sans abonnement, et que sais-je encore : à chacune son lot de « petits ratés » plus ou moins (in)avouables. Mais, après tout, qui oserait vous demander de chanter *La Traviata* à votre premier cours de chant ? C'est pourtant ce qu'on peut, quelque part, ressentir lors de nos débuts de maman (« Aaaaah ! Mais ils sont fous ? Pourquoi ils m'ont mis sur la piste rouge ? Ils le savent pas, que j'ai même pas mon premier flocon encore ?! Bon, pas le choix : le téléski ne redescend pas ! Allez… Tout schuuuuss ! »).

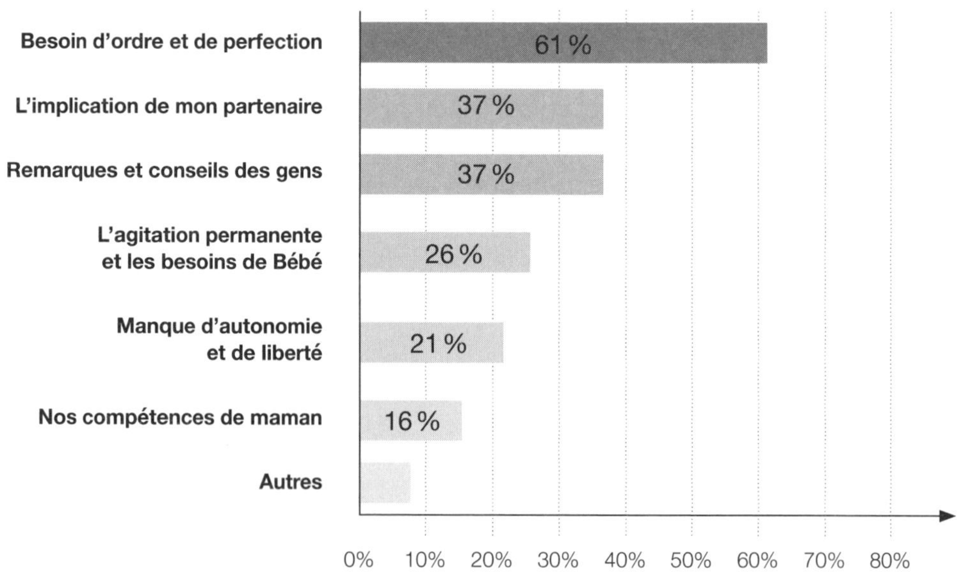

PEUR : Sur quoi portent particulièrement vos états d'anxiété à vous ? Pour ces 108 membres de notre équipage, c'est **la santé de mon enfant** qui arrive en première position (58 % d'entre elles), une santé que l'on découvre et que l'on apprend au fil des dizaines de petits maux qui se présentent à la queue leu leu : coliques, premières dents, premiers coups de froid, nez à déboucher (le mouche-bébé avec lequel on avale les crottes de nez de son bambin, on en parle ? Si l'on veut UNE preuve que le dévouement maternel ne connaît pas de limites, je pense qu'elle est trouvée !), première otite… Sans compter les poids et les mesures, le contenu d'une assiette équilibrée, le développement moteur, etc. La casquette de maman est, à elle seule, comparable aux poupées russes : vous devenez mère, mais aussi, occasionnellement, pédiatre, infirmière, nutritionniste, psychomotricienne, spécialiste du sommeil, institutrice, et j'en passe. Et quelles sont les autres causes de nos états anxieux ? Dans l'ordre :

- **L'équilibre de mon couple dans le nouvel équilibre familial de cette triade** (47 %). Chacun est bien occupé à vivre cette transformation intérieure de parent, le papa ne l'étant pas moins que la maman. Pas évident de s'y retrouver et de se retrouver, soi. Se retrouver avec l'autre est donc bien ardu. Notons que ceci est vrai sur le plan psycho-émotionnel, bien sûr, mais aussi spatio-temporel. Il n'est pas toujours facile de trouver le temps d'échanger ou de se retrouver rien qu'à deux quand les soirées se résument à : « Ouf, il/elle dort enfin ! On fait quoi ? Un film, un câlin, un debrief ? Non, allez, on dort. » Quant à la sexualité post-partum, peut-être mériterait-elle un ouvrage à elle seule[8].

- **Mes compétences de maman** (32 %). Ce sujet génère donc finalement plus de peurs que de colère (cf. paragraphe précédent).

- Suivies de très près par **mon avenir professionnel** (29 %), la balance maternité/travail étant au cœur des problématiques féminines de cette époque, et donnant même lieu, ainsi que j'ai pu l'observer autour de moi, à de nombreux choix de reconversion professionnelle afin d'apporter une réponse plus adéquate à ce véritable dilemme intérieur que vivent certaines d'entre nous.

[8] Si vous êtes sage-femme, doula ou sexologue, saisissez la balle au bond et écrivez-nous un super bouquin sur le sujet, nous en avons toutes et tous bien besoin !

• **L'avenir de mon enfant** (23 %). Évidemment… Une source de craintes qui ne prendront véritablement fin qu'à ses 18 ans. Non, 30. Plutôt 50, peut-être. Ah non, réalise-t-on très vite : *jamais*, en fait ! Oh. Mon. Dieu. Jamais plus je ne pourrai donc connaître la totale tranquillité d'esprit[9] ?

• Notre équipage a également soulevé fort à propos ces autres sources d'angoisses : **ma santé** à moi, physique et mentale (notamment en raison du manque de sommeil) ; **l'argent** ; **la confiance dans les qualités d'un père**, qui cherche sa place ; ou encore **les blessures de notre histoire personnelle** qui se réveillent, un sujet auquel se consacre entièrement la seconde partie de cet ouvrage.

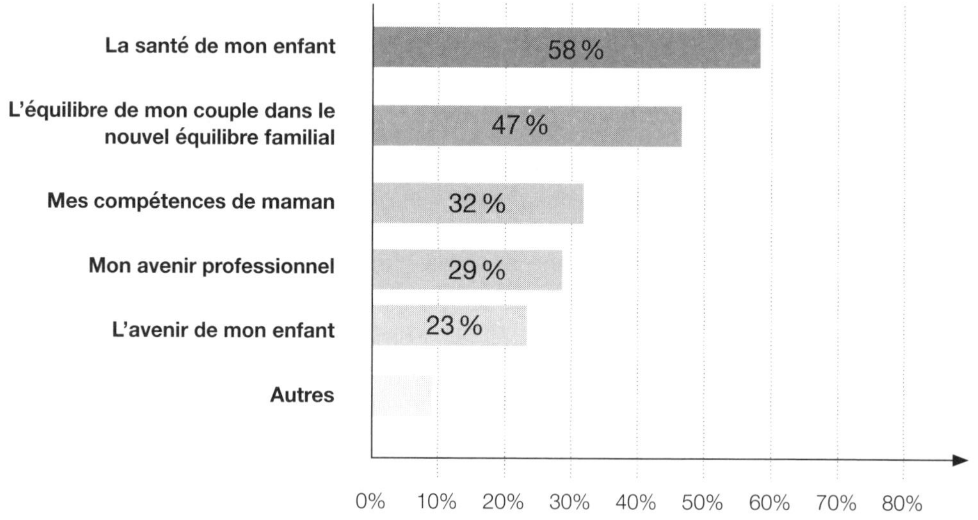

TRISTESSE : Sur quoi portent particulièrement vos états de tristesse à vous ? Pour ces 108 membres de notre équipage, aucune réponse ne se démarque particulièrement. Les pourcentages se suivent de très près, signe que, si l'on se rejoint beaucoup sur la colère et sur les peurs, il en va tout autrement de la tristesse, une émotion plus individualisée, qui se décline en fonction de chacune.

• Pour 39 % de ces femmes, il est question de **l'impuissance et de l'incertitude face à ce qui agite mon bébé** (un sujet qui rejoint celui des compétences de maman évoqué plus haut).

- Pour 38 % d'entre elles, c'est le **manque d'autonomie et de liberté** qui les rend le plus malheureuses (contre 21 % dans la catégorie « colère », ce sujet mettant donc plus le cafard que la rage).

- Pour 37 %, c'est **la redéfinition du couple** (contre 47 % dans la catégorie « peur », ce sujet créant donc plus généralement de l'anxiété que de la tristesse).

- Pour 29 %, c'est **le manque d'épanouissement personnel**.

- Pour 23 %, **l'écart entre la réalité et mes attentes ou mes projections**.

- 13 % d'entre elles souffrent d'**un sentiment de solitude**[9].

À ces raisons, les participantes ajoutent aussi le manque de temps avec Bébé, dû à **la reprise du travail**, et la tristesse de le faire garder ; la tristesse de **ne pas se sentir une mère compétente** ; ou encore **l'incompréhension qui s'installe entre soi et le papa**[10].

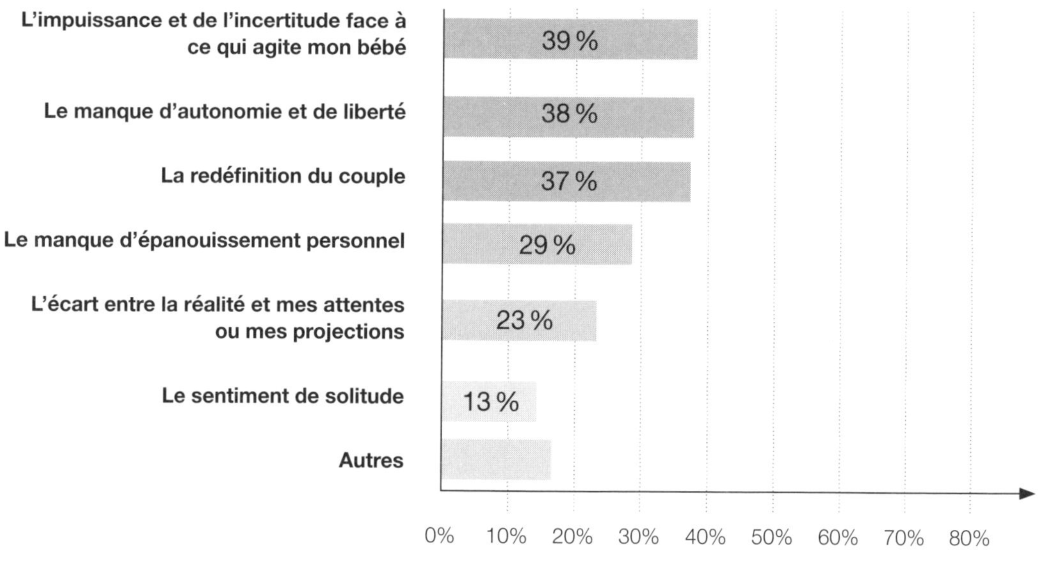

[9] Un groupe de soutien Facebook du même nom a été créé à l'occasion de ce livre : n'hésitez pas à le rejoindre pour rompre l'isolement, vous déculpabiliser ou partager vos tempêtes émotionnelles et vos questionnements.

[10] On développe ce sujet au chapitre 12.

II. EMBARQUEMENT POUR UN ALLER SANS RETOUR

Accouchement et post-partum

« *Révolution (déf.) : un changement brusque et capital.* » Devenir mère est une révolution : une révolution psychique, physique, hormonale, cérébrale et émotionnelle ! L'anthropologue Dana Raphael a même inventé, en 1973, le terme de *matrescence* pour exprimer ce moment de la vie dont les bouleversements sont comparables à ceux de l'adolescence, que ce soit en matière de réécriture de l'identité, de maturation cérébrale, ou encore de changement hormonal. Ce qu'elle avançait est aujourd'hui démontré physiologiquement, notamment en neurosciences : la structure de notre cerveau commence à changer pendant la grossesse, et cette restructuration se poursuit durant le post-partum. Le cerveau de la maman va notamment s'imprégner d'ocytocine, hormone de la confiance et de l'attachement, afin de s'adapter au niveau de fatigue et de stress (et nous aider à nous rendormir très vite après chaque réveil nocturne : youpi, merci, mère Nature !). Il va également perdre de la matière grise dans les aires associées aux aptitudes sociales, délaissant ainsi naturellement les « mondanités » pour se focaliser sur la survie de son petit. Vous souvenez-vous de la « démence de l'allaitement » dont je parlais en intro ? Elle est notamment due au combo de ces deux facteurs : perte de matière grise + surcharge d'ocytocine pendant les tétées, ce qui donne de brillants moments tels que : « Mais t'as pas vu mon téléphone ? » ou : « Tu disais quoi ? », sur une moyenne de quinze fois par jour, ou encore des dialogues surréalistes comme :

« Mais si, tu sais, le truc qui est comme une tarte salée, mais avec des œufs… Ça fait deux jours que je cherche le mot !

— Euh… une quiche ?

— Ouiii, une quiiiiche, voilà ! »

Ça sent le vécu, non ? Ouais… c'est pas l'année pour vous inscrire à Questions pour un champion, quoi ! Et surtout, les zones cérébrales dédiées aux émotions vont se suractiver, voire décupler : la mère acquiert alors de nouvelles capacités cognitives (ah, ouf, quand même !) afin de mieux percevoir et interpréter les émotions, intentions et désirs, que ce soit les siens ou ceux d'autrui. Cela lui permettra d'être plus réceptive à ceux de son bébé et d'y répondre plus rapidement. Notons que, de façon plus surprenante, cette évolution du « cerveau émotionnel » est également attestée chez les pères, quoique dans une moindre mesure, et même chez les parents adoptants ! Voilà démontrée toute la force de l'amour, capable de modifier physiologiquement et structurellement nos circuits cognitifs…

Devenir mère va donc impacter très sérieusement nos sphères physique, psychologique et émotionnelle, nous plaçant dans une position de vulnérabilité psychique qui, si nécessaire soit-elle (en cela qu'elle permet cette adaptation à l'enfant), n'est pas pour autant facile à vivre. Le post-partum, au sens médical et physique du terme, est considéré comme les 45 jours qui suivent l'accouchement. Mais le post-partum « psychologique » peut, quant à lui, durer jusqu'à 3 ans. Aussi puissants que soient les changements intérieurs alors occasionnés, ils ne sont pourtant pas tellement considérés ou explicités en société, ainsi que le précisaient déjà Bruschweiler et Stern dans leur livre *La Naissance d'une mère*[11] :

J'ai l'impression que les mères savent instinctivement qu'elles sont submergées chaque jour par de nouvelles émotions dévorantes – un amour farouche, une douloureuse volonté de protéger, un besoin de soigner et d'élever cet enfant – mais qu'elles savent rarement se l'expliquer à elles-mêmes, encore moins aux autres. Les professionnels de la santé et de la société dans son ensemble n'ont pas su non plus aborder cette expérience psychologique intime. La société parle facilement des nausées […] des montées de lait […] ou de l'épuisement postnatal. Nous discutons publiquement des avantages de l'allaitement ou du biberon ; nous débattons de l'opportunité pour une mère de retourner travailler à tel ou tel moment […] mais nous sommes étrangement muets sur les transformations souvent radicales qui surviennent dans la vie intérieure d'une mère. Et pourtant, n'est-ce pas dans ce royaume intérieur que les mères vivent vraiment, confrontées à d'étranges vagues d'angoisses, de désirs et d'incertitudes qui accompagnent la vie au jour le jour avec un nouveau-né ?

D'après les réponses des femmes de notre équipage, 29 % considèrent qu'elles ont été bien préparées à la réalité du post-partum tandis que 70 % estiment qu'elles ne

[11] Précisons que ce livre date de 1998, et qu'on a quand même fait un bout de chemin depuis, notamment avec la parution d'ouvrages comme *Ceci est notre post-partum d'Illana Weizman* (2021) ou *Post-partum – Paroles de mères : pour en finir avec les tabous* de Réjane Ereau (2021), deux livres qui donnent une voix à celles pour qui cette traversée est cause de lourdes souffrances, trop souvent censurées, au détriment de la mère et de l'enfant.

l'ont pas été (33 %) ou pas véritablement (37 %), que ce soit par l'entourage ou par le corps médical.

Chaque enfant qui naît fait donc naître une mère (et ceci est évidemment plus vrai que jamais pour le premier enfant, mais ça l'est également, dans une certaine mesure, pour les enfants suivants, puisque la maternité ne sera jamais deux fois la même). Tandis que j'accouche de mon bébé, j'accouche également de moi, de ce nouveau moi encore inconnu et fragile, mais déjà si volontaire ! Toutefois, le nouveau vient toujours prendre la place de l'ancien, et mon Moi-super-maman vient occasionner la mort de mon Moi-jeune femme-responsable de mon nombril-*only*. Ce deuil inéluctable prend énormément d'énergie dans notre subconscient, mais nous n'avons pas le temps de le traiter puisque, au même moment, toute notre attention est focalisée sur l'accueil de Bébé : nous n'en prendrons donc la pleine mesure que très progressivement, au fil des ~~semaines~~, ~~mois~~, années suivantes (quand on pourra, quoi !). Au cours de ces journées durant lesquelles nous n'avons « plus envie d'être maman » (au gré des chutes d'hormones, des nuits sans sommeil et des heures de don de soi). Pour l'heure, en plein post-partum, il est difficile de réaliser tout à fait que nous avons renoncé ~~pour toujours~~, pour un bon bout de temps, à l'individualisme confortable que nous connaissions depuis notre naissance. Je ne parle pas ici d'égoïsme, quoique l'égoïsme puisse être sain, et parfois même vital. J'entends par « individualisme », ainsi que le définit le dictionnaire, *« l'initiative individuelle, l'indépendance, l'autonomie, la tendance à ne pas faire corps avec un groupe »*. Nous n'étions responsables que de nous-mêmes, de notre corps, de notre santé, de nos émotions et de nos décisions, et nous disposions de nos heures comme nous l'entendions (heures de travail incluses, puisque notre emploi est souvent, lui aussi, le fruit d'un choix personnel). Soudainement, nous voilà devenues mamans, responsables de la vie, du corps, de la santé et des émotions d'un autre être vivant, alors même qu'il n'était déjà pas toujours évident de bien s'occuper des nôtres. D'ailleurs, ce passage du « je » au « nous » est bien clair lorsqu'on écoute parler des parents : « Attends voir, c'était l'année où Nino a eu la varicelle. » Ou : « Tu te souviens de ces vacances ? C'était l'été où Zoé ne marchait pas encore. » Réinitialisation des compteurs et avènement d'un nouvel an zéro : désormais et pour toujours, notre calendrier est fondé autour de cet événement fondateur qu'est la naissance de Bébé ! Par là même, nous voilà aussi devenus « famille », soit un « groupe », avec lequel nous allons donc « faire corps » pour toutes les années à venir. Inéluctablement, notre part « jeune femme libre de toute contrainte » se rappellera violemment à nous au cours de ces mois de post-partum, où nous découvrons le don de soi le plus absolu que nous ayons vécu. Avant d'être mère, imaginiez-vous un instant donner à un autre l'ensemble de vos ressources : votre énergie, votre temps, votre corps, votre cœur, votre esprit, vos muscles, votre dos, votre attention, vos mots, vos nuits, vos jours, et vos temps de douche ou de repas ?

L'auriez-vous cru possible ? Imaginiez-vous les courbatures et les tendinites ? Les T-shirts et les draps tachés de lait, de sang, de bave, de régurgitations et de pipi ? Ou encore les dizaines de choses à faire désormais avec un seul bras, d'une seule main ? D'autant que vous veniez tout juste de terminer votre grossesse, époque bénie durant laquelle votre entourage prenait peut-être soin de toutes vos ressources, économisant votre énergie et votre temps, dorlotant votre corps, reposant vos bras ou votre esprit, soignant votre sommeil, vos repas ou votre détente… L'atterrissage est rude et les premières semaines, difficiles. Éprouvantes, épuisantes, anarchiques, terribles parfois. Nos besoins de liberté, d'autonomie, d'indépendance, de repos, de détente, de calme, de légèreté, voire d'inconséquence, ces besoins émotionnels et physiques que l'on apprenait encore tout juste à nourrir correctement, en jeunes adultes encore en quête d'équilibre que nous étions alors, ces besoins crient désormais famine. À l'instar de Bébé… qui crie plus fort encore ! Ainsi que le disait Alfred Adler, l'un des piliers de la psychologie moderne : « *Si nous nous demandions quelle est la personne la plus forte dans notre culture, la réponse logique serait le Bébé : le Bébé règne et ne peut être dominé.* » Adler soulignait, à l'époque, le positionnement social de la Victime (entendons ici « une personne exposant sans cesse ses malheurs ») comme une position de domination, au même titre que celle du Bourreau ou du Sauveur[12]. Par ces mots, Adler entendait donc que le Bébé règne sur ses parents grâce à sa faiblesse (et non en dépit d'elle). Si petit soit-il, notre Bébé impose sa loi, son rythme et ses besoins[13]. Vivre cela comme une tyrannie ou comme un exercice d'équilibrisme, materner au détriment de ses propres besoins ou nourrir ceux de Bébé tout en veillant aux siens, voilà autant de problématiques à l'œuvre, dans vos vies comme dans cet ouvrage.

[12] Les rôles sociaux de la Victime, du Bourreau et du Sauveur, leurs dynamiques relationnelles et leurs jeux de pouvoir sont explicités dans mon ouvrage *21 jours de pratique émotionnelle* (Enrick B. Éditions, 2021).

[13] Aletha Solter, au sujet des principales sources de stress chez le bébé, donne la liste des **9 besoins insatisfaits du bébé conduisant aux cris et aux larmes** : sentiment d'abandon (physique ou affectif) ; contact physique insuffisant ; retard dans la satisfaction ou interprétation erronée des besoins ; impossibilité de former des liens ; manque d'attention, d'empathie ou de réponses éclairées ; manque de stimulation ; manque d'autonomie ; promesses non tenues ; manque d'informations. Brazelton et Greenspan listent, quant à eux, les **7 besoins incontournables de l'enfant pour grandir et s'épanouir** : relations chaleureuses et stables ; protection physique, de sécurité et de régulation ; expériences adaptées aux différences individuelles ; expériences adaptées au développement ; limites, de structures et d'attentes ; communauté stable, soutenante et génératrice de culture ; protection de l'avenir.

Qu'ont pu en dire les 108 membres de notre équipage ? Qu'est-ce qui a été pour elles (et pour vous) le plus difficile à vivre émotionnellement ? Voici le palmarès des défis émotionnels de ces jeunes mamans.

- En première place, vous l'attendez toutes, grand vainqueur de l'arrachage de cheveux post-partum (et non, même pas besoin, ils tomberont tout seuls avec la chute d'hormones, provoquant horreur et effroi autour du quatrième mois [rire jaune] !) : **le manque de sommeil** (66 %) !

- Suivi de très près par **le manque de temps pour soi** (63 %) : en même temps, conséquence directe du premier item, le peu de temps que l'on pourrait avoir pour soi, on se retrouve finalement à le dépenser en… siestes. Arf !

- Arrivent ensuite, parfaitement ex æquo (avec 37 votes, très exactement, pour chacune de ces 3 réponses, soit 34 % chacune) : **les douleurs physiques** (points de suture des suites de la césarienne, de l'épisio ou de la déchirure naturelle ; douleurs aux seins, au dos et au périnée) ; **la confusion mentale et émotionnelle** (dans la lignée de l'imagerie navale de cet ouvrage, nous pouvons dire sans peine que nous voilà tout à fait larguées en pleine mer) ; **le rapport à notre corps**, un corps difficile à se réapproprier, qui ne nous appartient plus tout à fait, si l'on a fait le choix de l'allaitement, et qu'il faut réapprendre à connaître, avec ce ventre nouveau et ces autres « vestiges » de notre grossesse.

- **Nourrir bébé** (que ce soit avec un lait infantile ou le lait maternel) arrive ensuite avec 22 % des votes.

- Suivi de la difficulté à **oser demander de l'aide, du relais ou du soutien** (que ce soit à la famille, aux amies, en PMI ou en centre social, ou encore auprès de thérapeutes) pour 17 %.

- Et, enfin, **le sentiment d'ennui et de solitude**, chez 14 % de l'équipage, pour qui les journées seules avec Bébé sont longues en comparaison du dynamisme de la vie socioprofessionnelle qu'elles ont quittée. De fait, nous sommes toutes différentes : le retour au travail est ardemment attendu par certaines, pour qui ces dix semaines de congé mat' sont bien longues, quand d'autres le redoutent terriblement, et feront peut-être même le choix de s'occuper des enfants durant des années avant d'avoir de nouveau l'envie de se consacrer à un projet professionnel. À chacune son évidence. Et quoique chacune ait son opinion bien tranchée sur la question, entre faire garder ou non son enfant, gardons-nous à la fois des jugements (violence envers l'autre) et de la culpabilité (violence envers soi). À celles qui choisissent la vie familiale, il va sans dire que le travail de maman vaut bien un emploi professionnel, travail à plein temps, nuits incluses, et sans vacances. Et à celles qui choisissent le retour à l'emploi, par peur d'étouffer à la maison ou de perdre leur identité, il est certain qu'une maman épanouie et nourrie par sa journée est incontestablement plus bénéfique à Bébé qu'une maman éteinte en mal de réalisation. Il me semble qu'au contraire de ces deux situations, la plus difficile à vivre est celle de la maman qui n'aime absolument pas son travail et qui s'y rend chaque matin la mort dans l'âme, dans le seul but de ramener de l'argent, alors même qu'elle rêverait de garder son enfant. À celle-ci, je ne pourrais que conseiller d'opérer un revirement, quel qu'il soit, car la seule urgence véritable qui existe est celle de vivre. Edgar Morin le dit mieux que moi :

> « *À force de sacrifier l'essentiel pour l'urgence, on finit par oublier l'urgence de l'essentiel.* »

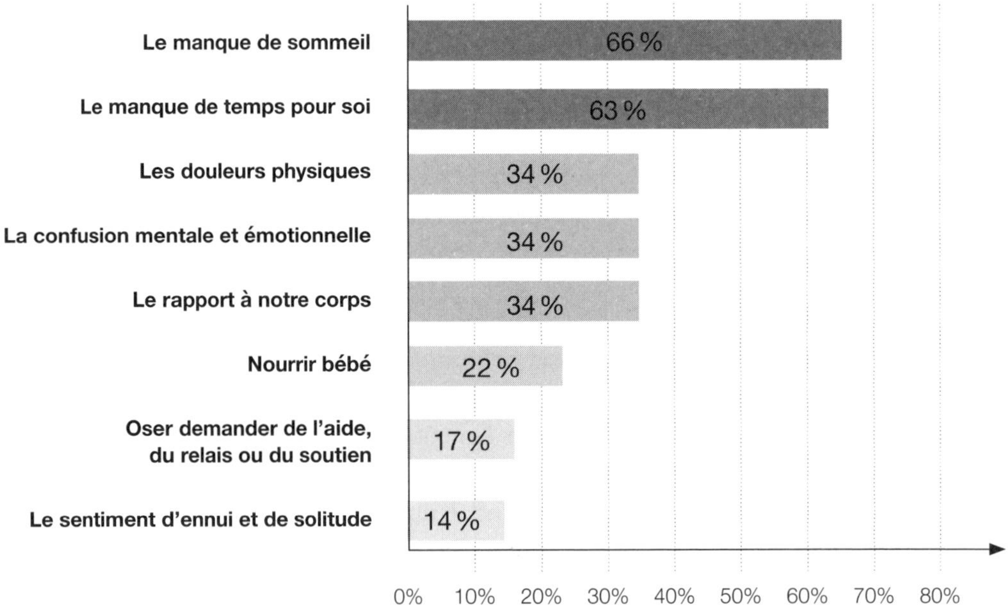

Devenir mère est l'acte le plus irrémédiable de notre existence. Mariage, crédit, prise de poste, construction d'une maison, création ou liquidation d'une société : si inconfortable que ce puisse être, toutes les plus grosses décisions de notre vie sont pourtant « remédiables », car, même si cela peut sembler inenvisageable, j'ai, en vérité, toujours le choix de divorcer, de revendre, de démissionner ou de déménager. Je peux tout quitter. Non sans larmes ni tracas, bien sûr, mais je le peux. Et une part de moi sait qu'elle conservera toujours cette liberté-là, cette liberté fondamentale. Mais, une fois devenue mère, jamais je ne pourrais cesser de l'être. Jamais. Même si je donne mon enfant à l'adoption, même s'il vient à mourir, pour toujours et à jamais je serai devenue mère, et cela restera présent dans chaque fibre de mon corps. Nous le savons instinctivement depuis toujours. Et la science le démontre aujourd'hui : au travers du placenta, maman et Bébé communiquent en continu tout le long de la grossesse. Mais saviez-vous que des cellules de Bébé migrent au travers du placenta, parcourent la circulation sanguine de la mère et s'installent dans le corps maternel ? On nomme cela « le microchimérisme fœtal ». Pour celles qui ont oublié leur bestiaire fantastique à la maison, la chimère, c'est cette créature à tête de lion et queue de dragon (oui, voilà, c'est un peu vous au réveil, après cette bonne nuit de deux heures de sommeil, alors que vous entendez votre mari, qui dort dans la chambre d'à côté et vient de faire ses neuf heures pépère, vous dire, dans un grand bâillement, qu'il est bien fatigué ce matin !). Mais revenons à nos moutons, ou plutôt à nos chimères, quoique celles-ci soient tout à fait réelles. Les cellules de Bébé, donc, s'installent dans les tissus, les os et le cerveau de maman, et y resteront non pas jusqu'à la naissance, mais durant des décennies ! Quelque part, nous ne cessons donc jamais de porter nos enfants en nous… Et le miracle ne s'arrête pas là : ces cellules fœtales, agissant à la manière de cellules souches, ont un effet réparateur. Elles vont tantôt favoriser une cicatrisation (notamment du foie ou encore de l'utérus à la suite d'une césarienne), tantôt se transformer en neurones (si elles ont migré dans le cerveau), tantôt créer de nouvelles cellules cardiaques pour réparer le cœur de maman (en cas d'insuffisance cardiaque, par exemple, migrant spontanément vers le cœur si la mère est atteinte de cardiopathie durant la grossesse). Nous guérirons nos enfants quantité de fois, pour mille et un petits bobos. Mais n'oublions pas que nos enfants nous guérissent également.

Et l'accouchement, on en parle ? Les heures qui suivent la naissance, la première nuit avec Bébé, si tout s'est bien passé, c'est, pour la plupart d'entre nous… un moment sans mots. Une fenêtre hors du temps. On se regarde. Et, pour la première fois peut-être, on n'a rien à se dire. Pour la première fois de nos vies, tout est dit. Et les regards suffisent. Pas un seul mot ne pourrait exprimer la puissance de ce qui se vit là, dans notre poitrine, dans ce cœur démesurément grandi, comme nos pupilles, shootées à l'ocytocine. On est là. On ne l'est pas. On est dans cet Ailleurs Nulle-part-Partout. Une mer sombre et lumineuse, sous le clair de lune, une mer dont les vagues, apaisées, viennent tendrement caresser le rivage après que la tempête a pris fin. Une mer infinie, hors de toute mesure, dont les seuls repères sont à des millions d'années-lumière, là-haut, dans les étoiles. Vastitude. Silence. Magie. Paix. Peau. Sensations. Voilà peut-être ce que nous vivons, dans ces instants-là, quand deux sont devenus trois, dans une chambre de maternité. Oui, c'est ça, une naissance… Et c'est aussi tout le reste. Tout kiné ou ostéo chargé de vous retaper dans les semaines qui suivent vous décrira l'accouchement comme un traumatisme physique suivant la définition du mot « traumatisme » qu'en donne l'OMS : « *Dommage physique subi par un corps humain lorsqu'il est brutalement soumis à des quantités d'énergie qui dépassent le seuil de tolérance physiologique* » (et de l'énergie, on peut dire qu'il y en a, suffisamment pour nous ouvrir littéralement en deux de l'intérieur). Pourtant, il semblerait que, trop souvent, le corps médical nous infantilise en nous taisant beaucoup de choses (se pense-t-il chargé d'assurer la survie de l'espèce, croyant que, prises d'effroi face à la réalité, nous choisirions toutes l'avortement ou la stérilisation ?). Personnellement, j'aurais aimé qu'on m'explique franchement qu'en début de travail, j'allais saigner, et saigner vraiment, pas « comme si j'avais mes règles » (ou alors, OK, comme si j'avais trois jours de règles d'un coup, peut-être). Cela m'aurait évité ce moment de panique, où les larmes montent si vite dans ces instants de vulnérabilité extrême. J'aurais aimé qu'on me prévienne que déclencher mon accouchement occasionnerait des contractions très violentes, plus douloureuses et plus rapprochées (mais moins efficaces) que des contractions naturelles, au point que la poussée serait compliquée à cause de leur irrégularité et que mon périnée en garderait une crampe pendant des mois (ça s'appelle l'« hypertonie périnéale » pour celles à qui ça évitera de chercher des semaines afin de comprendre ce qui peut bien leur arriver, car ce cas est extrêmement courant et tout à fait typique d'un déclenchement). J'aurais aimé que le personnel médical soit formé à l'impact psycho-émotionnel de sa pratique, conscient qu'un accouchement ne se passe pas uniquement dans le corps, mais également (et peut-être même avant toute chose) *dans le cœur et dans la tête*. Nous cesserions alors sans doute d'entendre ces petites phrases assassines, d'apparence anodine, qui peuvent faire culpabiliser pendant longtemps (ou même compliquer le travail) : « Bah, alors, vous voulez le garder pour vous, ce bébé ? Va falloir accepter de le laisser sortir, hein ! Faut le lâcher, là, votre bébé ! Allez, c'est l'heure, on y va, là ! » Comme si l'accouchement était un effort de volonté, ou une performance que l'on se révélera ou non *capable* d'accomplir... Tristesse. J'aurais aimé qu'on ait l'honnêteté de me dire que la péri n'est pas une procédure garantie à 100 % et que certaines peuvent foirer : ça m'aurait évité cet instant d'incompréhension et d'impuissance au moment de pousser sur une jambe seulement (puisque la jambe droite avait alors à peu près la même utilité qu'un chêne mort de deux tonnes qu'on aurait accroché à ma hanche). Et j'aurais aimé que les cours de préparation à l'accouchement nous parlent du post-partum, de ces chamboulements et de ce baby-blues, qui est plus violent qu'on ne le pense (et qui dure plus que trois jours, contrairement à ce qui est dit). Heureusement, Fée Ocytocine débarque, en fin de poussée, sur sa grande licorne blanche, pour charrier avec elle douleurs et angoisses : elle nous inonde le bulbe à grands coups de shoots d'amour. On plonge notre regard dans celui de ce petit être et, là, badaboum ! Exit le trauma. Oui, c'est vrai, ce qu'on nous dit, que c'est comme si le cerveau faisait reset et que tout ça s'effaçait alors de notre mémoire vive. Oui, il y a cette minute de grâce, durant laquelle on dépose cet être tout neuf sur notre sein et où tout le reste est balayé (quoique certaines, et ne les oublions pas, ne ressentiront pas ce shoot d'ocytocine qui fait tendrement aimer Bébé au premier regard[14]). Mais tout de même, le trauma reste là, quelque part au fond des disques durs internes.

[14] Certaines d'entre nous, à la suite d'une grossesse ou d'un accouchement trop difficile et/ou trop médicalisé (ex. : accouchement très long, produits anesthésiants, césarienne sous anesthésie générale), se retrouvent privées de ce premier moment d'attachement. Et si certaines d'entre elles tomberont amoureuses de Bébé dans les heures qui suivent, sans même y penser, d'autres vivront la création du lien d'attachement comme un chemin plus laborieux, voire une véritable souffrance, due à la fois au sentiment d'être passées « à côté » de cet instant magique et à la remise en question de leurs compétences maternelles : *« Mais si "je n'ai pas su" accoucher, comment saurai-je être une bonne maman ? Et puis ce bébé, que je perçois soudain comme catapulté sur ma poitrine, alors même que je n'ai pas vécu sa sortie de mon ventre... c'est presque comme si ce n'était pas tout à fait le mien... Qui est-il ? Qui suis-je désormais ? Qui sommes-nous vraiment l'un pour l'autre et qu'allons-nous bien pouvoir faire ensemble ? »* Autant de ressentis douloureux qui peuvent perdurer quelque temps et qu'il est important de s'autoriser à partager sans se juger (sage-femme, amies, famille, PMI, thérapeute, ostéopathe). Il est tout naturel de ressentir cela lorsqu'une transition aussi importante que celle de l'accouchement n'a pas permis de réunir solidement l'avant et l'après-grossesse. Une ellipse, un chaînon manquant, une scène coupée : comment ne pas ressentir confusion et incompréhension ? Mais cet instant magique de l'attachement, de l'évidence et du grand amour n'est pas perdu pour autant : la plupart du temps, il arrivera dans les semaines qui suivent, au hasard d'un biberon, d'une tétée ou d'un câlin. Soudain, sans que rien ne vous y ait préparée, et sans même savoir pourquoi, vous croiserez le regard de Bébé, et voilà. Ce sera là, aussi simple que puissant. Ce sera fait. Et pour toujours. Merci à celles d'entre vous qui ont eu le courage d'en témoigner, tout particulièrement Cindy P., dont l'histoire et la confiance m'ont touchée.

Et ça ressort en séances de thérapie des années plus tard. Ou dans l'intimité des cercles de femmes. Ou encore par dix ans d'écart volontaire entre deux grossesses tant il aura fallu attendre pour trouver le courage de « remettre ça » (il sera, en effet, primordial d'avoir « guéri » de son premier accouchement avant de pouvoir envisager sereinement de faire un autre enfant, si forte soit la volonté d'agrandir la famille). Pourtant, il y a comme un tabou à reparler des douleurs de l'accouchement, de la force que cela nous a demandée, des angoisses vécues ou des violences obstétricales. Comme s'il était de mise, dans notre inconscient collectif, de ne pas venir « ternir le plus beau jour de notre vie ». Comme s'il était ingrat (envers qui : la vie, Bébé ?) de « se plaindre » de ce qu'on a pu vivre alors. Mais, si je vous disais qu'après un long travail, j'ai enfin réussi, l'été dernier, à faire pousser les plus belles des roses, de cette espèce hybride que je cajole depuis longtemps, et que cette récolte me comble de joie, de fierté et de sentiment d'accomplissement. Devrais-je, pour autant, me censurer et ne rien vous dire de la peine que cela m'a demandée ? Aurais-je l'interdiction de vous parler de mes mains écorchées par les épines de ces roses ? « Parce que, bon, quand même, t'es contente au final, non ? » Oui, je le suis. Mais les épines n'enlèvent rien à la beauté des pétales. En moi, les deux se côtoient. Et beaucoup d'entre nous ont besoin qu'on leur dise que c'est OK. Alors, si personne ne vous l'a encore dit, je vous le dis ici : « C'est OK. Tout comme tu as le droit de pleurer de bonheur sur la beauté des pétales que tu as fait naître, tu as le droit de pleurer sur la violence et sur la douleur des épines qui t'ont ensanglantée. Et je salue ta puissance et ton courage. »

La plupart des femmes que je connais personnellement, à quelques exceptions près (une pensée pour ces amazones du « sans-péri » qui non seulement l'ont fait, mais n'ont pas ensuite regretté leur courage), sont plutôt restées « sur leur faim » quant à leur accouchement. Regardons de plus près ce qu'ont pu en dire les femmes de notre équipage :

Sur 108 femmes, **63 ont gardé un souvenir positif** de leur accouchement (fierté ou magie), **25, un souvenir négatif** (insatisfaction ou traumatisme), et pour **20 d'entre elles** (autre), **ce sont des sentiments mêlés**, à la fois fierté et déception, qui priment. En conclusion, l'accouchement est resté tout à fait positif pour 58 % de ces femmes (soit juste un peu plus de la moitié) et demeure négatif ou ambivalent pour 41 % d'entre elles. Comme un petit goût d'irréalisé dans la bouche, comme une note de déception, de frustration, d'insatisfaction : césarienne, déclenchement, temps de travail interminable, prématurité, douleurs intenses, surmédicalisation…

Là, encore, à chacune son histoire et à chacune ses cicatrices. De ces cicatrices qui peuvent rester au cœur plus longtemps qu'au vagin. Mais du fantasme du projet de naissance à la réalité de notre accouchement, le fossé est souvent bien grand, et l'apprentissage est le même pour toutes : ici s'arrête le connu, ici s'arrête toute notion de contrôle ou de maîtrise. Ici commence le vortex. L'animalité reprend ses droits, et la vie et la mort se côtoient, plus près que jamais, de chaque côté d'un voile qui se déchire et après lequel nos vies ne seront plus jamais les mêmes. Sans lâcher-prise, sans abandon, comment traverser une telle épreuve initiatique ?

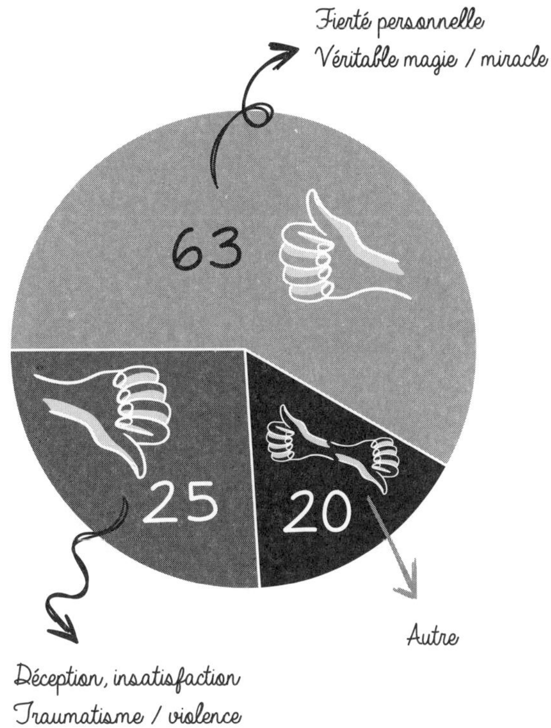

Car c'est bien cela qu'incarne un accouchement. Mais nos sociétés modernes et médicalisées ne nous permettant plus de le vivre comme l'Initiation qu'il est depuis toujours, il est alors difficile de concilier les polarités et de leur donner sens : corps et spiritualité, vie et mort, puissance et vulnérabilité extrêmes, grâce et désespoir, miracle et sauvagerie… Voilà, peut-être, pourquoi il est souvent plus compliqué de soigner la cicatrice émotionnelle de notre accouchement. À qui en parler ? Sage-femme et gynéco ? Ils ont autre chose à faire. Généraliste ? Il nous étiquetterait trop vite « baby-blues » (« C'est normal, ma petite dame. Vous en faites pas, ça va passer. ») ou « dépression post-partum » (« Tenez, deux cachets le midi, et vous vous sentirez mieux. »). Les amies ? Je crois que les jeunes accouchées ont peur du jugement de l'autre (« Ah bon, tu n'es pas que pur amour, là ? »). Nos mères ? Peut-être ont-elles oublié tout ça, entre le passage de Fée Ocytocine et celui de Maître Temps. Peut-être ont-elles eu peur de nous faire peur en nous racontant tout ça pendant notre grossesse.

> *En général, les mères ignorent à quel point leur expérience est partagée par d'autres, et du même coup elles ne savent pas comment en parler. Les jeunes mères se demandent souvent si leurs congénères éprouvent les mêmes bouleversements qu'elles, et lorsqu'elles finissent par trouver une autre mère, elles passent le plus clair de leur temps à comparer et à essayer de formuler ce qu'elles ressentent*[15].

Et puis quoi dire ? Que toutes les émotions de la terre nous traversent en même temps ? Que l'on revient de quelque part dont on ne se souvient même plus, mais dont le goût nous reste dans la bouche ? Et puis parler quand ? Les premières semaines, quand tout est frais, mais que l'on n'a pas une seconde à soi ? Ou les mois suivants, quand le temps nous revient doucement, mais qu'il ne reste de tout cela que de vagues sensations, encore plus indéfinissables qu'elles ne l'étaient déjà... Aussi ai-je envie de vous proposer l'exercice suivant, à vous qui avez accouché (celles qui me lisent alors qu'elles sont encore enceintes peuvent réaliser cet exercice dès maintenant, en préparation de l'accouchement, puis le refaire dans les jours qui suivront la naissance de Bébé).

PS – Vous avez senti que la tonalité mélodramatique reprenait un peu le dessus, là, non ? Ça redeviendra plus tranquille après, promis. C'est comme dans la vie : le plus dur, c'est l'accouchement et les débuts, et ça redevient plus tranquille après...

[15] Daniel N. Stern, Nadia Bruschweiler-Stern, *La Naissance d'une mère*, Odile Jacob, 1998.

JE PARLE À MON CORPS ET À MA MATRICE SACRÉE

Vivez cet exercice au calme, dans un espace qui vous est réservé. Vous n'avez besoin de rien d'autre que de votre corps, de votre cœur et de quelques minutes de votre temps. Le texte que je dépose ici est un exemple, une trame. Libre à vous de dire à votre corps ce qui est juste pour vous, ce qui vous vient à vous. Les mots qui vous viendront seront les bons. Aussi, n'appréhender le texte suivant que comme une source d'inspiration à lire à votre guise avant de laisser, plus tard, monter à vos lèvres vos propres paroles de célébration, votre propre hommage.

Mon corps. Mon corps courageux. Mon corps fatigué. Mon corps-offrande, qui donne et donne encore, de ses bras, de son odeur, de ses baisers, ou de son lait si c'est le choix que j'ai fait. Mais aussi de ses heures de sommeil. Et de l'apparence qu'il avait avant que cet enfant ne nous rejoigne. Mon corps, qui peut-être a changé : ces vergetures sur mon ventre, ces seins brunis et veinés, ces cheveux perdus et ces cernes gagnés, ces abdos disparus, ces nouveaux kilos, ces dents légèrement déplacées, ce dos courbaturé, ce nouveau nombril que j'arbore. Mon ventre, qui s'est donné, encore et encore, arrondi à l'extrême alors qu'il abritait la vie grandissante, contracté à l'extrême pour que la vie en jaillisse, vidé soudain pour aujourd'hui porter contre lui mon petit bambin… Mon corps offert, donné, partagé, qui ne m'appartient plus en exclusivité ; mon corps tété, tapoté, pétri, agrippé, parfois mordu ou griffé, harnaché d'un porte-bébé ; mes bras sans cesse portant, berçant, caressant, nourrissant, nettoyant, soulevant, faisant et défaisant, recommençant.

Je suis Matrice de Création, je suis porteuse et portail de Vie, je suis passeuse et je suis le passage. Aujourd'hui, je prends le temps de parler à ma matrice et de la remercier, de la bénir, de lui donner comme elle a donné, de lui offrir comme elle a offert : temps, présence, chaleur, amour. Je lui exprime ma gratitude et mon admiration. Je célèbre un instant mon bel utérus, puissant et fécond, qui s'est étiré jusqu'aux confins de lui-même avant de doucement retrouver sa place et de réinstaller en moi ma Féminité… Je célèbre mon vagin, ma vulve, eux qui se sont ouverts démesurément et en portent peut-être encore les marques. Je rends hommage à leurs cicatrices, et je leur envoie amour et guérison. Les mots montent de mon cœur à mes lèvres sans même que j'aie à les penser : une main sur le cœur, une autre sur le ventre, l'esprit vidé de tout jugement, je laisse monter les images et les sensations. Je laisse mon corps me parler. Et mon cœur lui répondre.

Humble observatrice, humble témoin de la magie de mon corps de femme, je n'ai qu'à le laisser faire ce qu'il sait si bien faire depuis que le monde est monde : s'ouvrir. Pour laisser passer la lumière[16].

J'HONORE MON CORPS

Je passe un pacte avec moi-même. J'ai un mois pour prendre rendez-vous avec deux de ces praticiens (au choix) :

- Réflexologue plantaire. Nos pieds sont connectés à l'ensemble de nos organes et de notre structure osseuse : les masser permet de soulager maux de dos et tensions nerveuses, de soulager nos organes, ou encore d'activer notre système lymphatique.
- Masseuse. J'opte pour un soin rebozo, soin traditionnel de resserrement du bassin et d'hommage au Féminin, ou encore pour un bon modelage du dos ou du visage.
- Ostéopathe. Il existe de multiples écoles d'ostéopathie : je choisis le/la praticien(ne) qui m'inspire le plus pour libérer les mémoires de mon accouchement et m'offrir un moment de douceur et de reconnexion profonde à mon corps.
- Étiopathe. L'étiopathie est une discipline qui gagne à être connue : traitant la cause, et non les symptômes, elle offre un soulagement durable aux douleurs vertébrales, digestives ou gynécologiques (sciatiques, tendinites, règles douloureuses, etc.).

Bonus : Bébé peut, lui aussi, profiter de ces quatre disciplines, puisque certains praticiens proposent également ces soins aux tout-petits !

[16] Saviez-vous qu'en espagnol, « accoucher » se dit justement dar la luz, qui signifie littéralement « donner la lumière » ? Que de beauté dans cette locution…

III. TRIANGLE DES BERMUDES

Devenir mère dans le triangle « moi – mon enfant – ma mère (et mes aïeules) »

Notre premier amour, c'est notre mère. Quels qu'aient pu être leur histoire et leur attachement, c'est pour sa mère que l'enfant éprouve, pour les premières fois de sa vie, attachement, affection, dévotion, admiration, amour… Devenir mère, c'est immanquablement revivre plus que jamais le lien à la nôtre. Et, comme dans le triangle des Bermudes, il s'agira de ne pas se perdre, de faire le tri entre ce qui est « elle » et ce qui est « nous ». Notre inconscient et notre conscient commencent à « faire le bilan » pendant la grossesse, ce temps précieux où nous sommes souvent maternées avant de materner à notre tour : où en suis-je dans ma relation à ma mère ? Quelle place occupe-t-elle aujourd'hui dans ma vie ? Sur quoi porte ma gratitude envers elle ? Ai-je quelque rancœur envers elle ? Comment a-t-elle vécu sa grossesse pendant qu'elle était enceinte de moi ? Comment s'est-elle occupée de moi durant ma petite enfance ? M'a-t-elle allaitée ? Si oui, comment l'a-t-elle vécu, que cela ait duré longtemps ou non[17] ? Autant de questions qui peuvent mener à évoquer avec notre mère son propre récit d'enfance et sa propre naissance. Qu'a-t-elle vécu, elle-même, dans le ventre de sa mère, lors de son arrivée au monde ou durant ses premières années ? A-t-elle été allaitée ? A-t-elle été maternée comme son cœur d'enfant l'espérait ? Il est infiniment riche de travailler sur notre lignée maternelle alors que nous devenons mère à notre tour.

Avez-vous conscience d'avoir été portée non seulement par votre mère, mais aussi par votre grand-mère (bon, OK, dans une *certaine* mesure, mais quand même !) ? En effet, au contraire des spermatozoïdes, qui, chez un homme, sont produits tout au long de la vie, les ovules de la femme sont produits *une fois pour toutes* alors qu'elle n'est encore qu'un fœtus : notre réserve d'ovules est donc faite, une fois pour toutes, tandis que nous sommes dans le ventre de notre mère. Attention, suivez-moi bien : cela implique donc – puisque l'ovule qui m'a produite, *moi*, en tant que femme, était déjà dans le corps de ma mère alors qu'elle n'était que fœtus dans le ventre de la sienne – qu'une petite partie de moi (l'ovule duquel je proviens) a séjourné dans le ventre de ma grand-mère ! Vertigineuses lignées de femmes, nous sommes ainsi de véritables petites poupées russes… Et c'est là tout l'intérêt de la psychologie transgénérationnelle, qui a pour objet l'étude des mémoires que nous avons héritées de nos ancêtres (peurs, phobies, réactions émotionnelles de toutes sortes, blessures et mécanismes). Voici deux anecdotes personnelles qui permettront de mesurer la mémoire inconsciente de nos premières années et de nos premières semaines (intra-utérines comprises !).

Alors que j'étais enceinte de quatre mois et demi, et que j'avais donc largement dépassé ce fameux premier trimestre sur lequel règne tant d'anxiété, j'ai commencé soudainement à avoir très peur de perdre mon bébé. Fausse couche, accident, que

[17] Il est évident que l'allaitement est un sujet sensible pour toutes les mamans, qu'elles en aient fait le choix ou non, qu'elles allaitent quelques jours, quelques mois ou quelques années. Chacune ressent le besoin de « défendre » sa position, sein ou biberon. Chez certaines, ce sujet provoque même un réel malaise, voire se révèle très douloureux. Et c'est peut-être bien parce que ce rapport difficile à l'allaitement ne vient pas toujours de la maman seulement, mais qu'il lui préexiste, déjà présent dans sa lignée. Questionner nos mères et nos grands-mères à ce sujet peut mettre en lumière beaucoup de choses intéressantes (rapport au corps, à la pudeur, au féminisme, transmission de ce qui a été dit de mère en fille au sujet de la sexualité, de l'accouchement, de ce qu'est une « mère », etc.).

sais-je encore. Tous les scénarios possibles me venaient en tête. J'ai parlé de ces angoisses à mon mari et à mes parents, qui m'ont rassurée comme ils l'ont pu. Est arrivé le repas de Noël, lors duquel j'ai retrouvé ma grand-mère maternelle, qui me voyait enceinte pour la première fois. Une fois le déjeuner terminé, alors que nous faisions une sieste ensemble, est venu le temps des confidences. Et ma grand-mère de me révéler une histoire que j'entendais pour la première fois en trente ans et que ma mère, elle-même, n'avait que vaguement entendue des dizaines d'années auparavant, avec bien moins de détails que je n'en ai eu ce jour-là. Alors qu'elle était enceinte de son tout premier enfant, ma grand-mère l'avait perdu dans un accident de voiture, à cinq mois de grossesse. Elle ne savait pas où il avait été enterré. Et la prise en charge psychologique des « fausses couches » était, à cette époque-là, tellement inexistante qu'elle n'avait jamais pu faire correctement son deuil... Ces angoisses qui m'assaillaient, au même stade de grossesse que ma grand-mère, quelque soixante-dix ans plus tard, ne venaient-elles pas de là ? Et que dire des ressentis de ma mère, qui avait revécu, en hypnose régressive, sa vie intra-utérine et avait ressenti une grande distance de la part de ma grand-mère ? Ce désengagement émotionnel de ma grand-mère envers l'enfant qu'elle portait dans son ventre (ma mère) trouvait maintenant une explication. Après le traumatisme de ce premier enfant tant attendu et brusquement arraché, ma grand-mère, par crainte de revivre ce bouleversement, avait fait le choix de ne plus s'attacher à ses enfants avant leur naissance, ce qu'elle m'a avoué ce jour-là. Si je vous raconte cette anecdote, c'est parce que je sais à quel point elle est partagée dans l'histoire de chaque famille, et comme il peut être important de la mettre en lumière pour la guérir.

Laissons maintenant défiler les mois de grossesse, durant lesquels j'ai suivi des cours de chant prénatal avec la formidable Sonia Péguin[18], et avançons jusqu'à la naissance de ma petite. Alors que je disposais, désormais, d'une large gamme de berceuses et comptines en tous genres, je me suis retrouvée, sans savoir pourquoi, une fois rentrée de la maternité, à chantonner sans cesse à ma fille la chanson du *Tourbillon de la vie*. Un jour que ma mère séjournait chez nous, aux 3 mois de ma fille, je l'ai soudain entendue lui chanter cette chanson pendant qu'elle la tenait dans les bras. Très interloquée, puisque je ne l'avais, pour ma part, jamais chantée devant elle et que je n'avais « jamais » entendu ma mère le faire, j'ai arrêté ma conversation, me

[18] Doula, thérapeute et animatrice d'ateliers « bébés chanteurs » (en prénatal et postnatal). Retrouvez-la sur http://soniapeguin.com/

suis tournée vers elle et lui ai demandé d'où lui venait le choix de cette chanson. Et ma mère de me répondre : « Oh, je ne sais pas... Je te la chantais tout le temps quand tu étais bébé ! Et ça m'est revenu. » Il s'avère qu'à moi aussi, « ça m'est revenu », remonté des limbes de ma conscience de nourrisson, une trentaine d'années plus tard ! C'est dire comme la conscience du tout-petit enregistre déjà tout, et quoique ces souvenirs-là ne restent pas « conscients », ils sont bel et bien sauvegardés quelque part. Nous manquons encore de conscience sur l'impact de ces mémoires familiales qui sont non seulement psycho-émotionnelles, bien sûr, mais également génétiques. Et il me semble tellement primordial d'augmenter notre conscience sur le sujet que j'ai bien peur que mes deux petites histoires personnelles ne suffisent pas à vous convaincre. Allez, on est entre nous, vous pouvez le dire... Bon, alors, j'appelle à la barre un témoin de poids. J'ai nommé : les travaux scientifiques ! Vous allez voir, c'est un peu moins rigolo, mais ça pèse lourd.

En 2012, le Centre médical universitaire de Genève (l'Unige, en Suisse) a mené des recherches attestant que les victimes de violences, de maltraitances et d'abus sexuels voient leur ADN modifié de manière proportionnelle à l'intensité des traumatismes subis. Non seulement les traumatismes s'inscrivent dans notre génome, mais les découvertes vont plus loin encore : la trace de ces traumatismes survit à chaque division cellulaire, et peut donc se transmettre héréditairement durant trois à quatorze générations. Ariane Giacobino, généticienne de l'Unige, a notamment pu constater, dans le cas d'un inceste, que ce n'est pas dans le génome de la victime que l'on trouve le plus grand nombre de marqueurs génétiques de cet inceste (alors même qu'elle est celle qui a été violée), mais dans celui de son enfant, l'enfant issu de cet inceste : cet enfant n'a pas vécu le viol, mais son ADN en est informé plus clairement encore que celui de sa mère[19]. Notre corps sait donc des choses dont nous n'avons pas conscience (ce sur quoi travaillent d'ailleurs la kinésiologie ou la microkinésithérapie, pour ne citer que ces deux disciplines). Le Dr Brian Dias, de l'Université Emory (États-Unis), a pu démontrer, quant à lui, que les expériences d'un parent, *avant même la conception de son enfant* et aussi banales soient-elles (il s'agissait ici, en l'occurrence, de l'aversion pour une odeur) peuvent

[19] Article universitaire sur www.unige.ch/communication/communiques/2012/cdp120112 et vidéo disponible dans les archives télévisées du journal de la chaîne RTS.

être transmises génétiquement et impacter le comportement, la structure cérébrale, et la structure ainsi que la fonction du système nerveux de sa descendance[20]. OK, cette expérience a été menée sur des souris, mais ne sommes-nous pas, nous, de gros mammifères ? Cela étant dit, ne sombrez pas dans le fatalisme (« Oh, mon Dieu, moi qui déteste le chocolat, je vais donc priver mon fils de la joie des truffes : mais c'est terrible ! ») : les travaux de l'Unige attestent également que ces mémoires psychiques, *ainsi que leurs traces génétiques*, peuvent être effacées par un travail thérapeutique de conscientisation et de guérison émotionnelle. Vous avez déjà entendu des « gourous » new age répéter que « la pensée est créatrice » ? Ils n'ont pas tort, en cela que réencoder notre psyché permet de réinformer notre ADN et de lui faire supprimer le ou les gènes traumatiques !

What ? Ce que je choisis de penser peut modifier mon ADN ? (Roulements de tambour.) Eh OUI ! Mais attention, hein, tu peux pas la lui mettre à l'envers, à ton inconscient, il te voit venir de loin. Tu vois la pointe d'un iceberg ? Voilà, ça, c'est ton conscient, ton petit mental de tous les jours. Et l'iceberg en dessous, tu le vois ? Bah, c'est ton inconscient, c'est-à-dire tout ce que tu « sais, penses et crois » sans « savoir, penser ou croire » que « tu le sais, penses et crois ». Donc, pour que ça marche, il faut que ton conscient et ton inconscient soient bien raccord. Et alors, donc, quelques preuves scientifiques de ce que je raconte ? Allons-y. Ce coup-ci, direction l'épigénétique, une science qui étudie la mémoire cellulaire et l'influence de l'environnement sur nos gènes. Le Dr Bruce Lipton, biologiste cellulaire de l'Université Stanford (États-Unis), renverse cette croyance séculaire avec laquelle nous avons tous grandi : nous avons appris, à l'école, que notre ADN (notre héritage génétique) déterminait notre génome et nos gènes (nos caractéristiques personnelles : traits physiques et tempérament général), et que ce génome déterminait, à son tour, une large part de nos comportements et de nos perceptions. En clair, on a longtemps pensé que notre patrimoine génétique nous soumettait à une certaine fatalité : si le cancer (ou l'aversion pour le chocolat) courait, par exemple, dans la famille ou que c'était de famille d'être nul en maths (ou doué en consommation d'alcool), il y aurait donc de fortes chances que nous ayons, nous aussi, à lutter contre ces difficultés. Et cela,

[20] Article universitaire sur www.news.emory.edu/stories/2013/12/smell_epigenetics_ressler/campus.html et vidéo.

nous l'avons vu, n'est pas entièrement faux. Pour autant, les données nouvelles que vient apporter l'épigénétique à ce constat redistribuent complètement les cartes ! Bruce Lipton a pu démontrer que *l'inverse est tout aussi vrai* : nos comportements et nos perceptions (notre manière de penser, nos croyances sur le monde et leur impact sur nos manières d'agir) viennent modifier notre génome qui, à son tour, modifie notre ADN[21]. Notre ADN n'est donc pas une chose figée, fatale et irréversible, distribuée une fois pour toutes au début de notre vie : il est modifiable à volonté. J'insiste sur ce mot, que je choisis expressément : *à volonté*, c'est-à-dire dépendant du choix *volontaire*, *conscient et délibéré* que nous faisons quant à notre manière de percevoir (et donc de vivre) les choses. Je le constate tellement de fois en thérapie alors que je travaille avec mes clients à dénouer blocages émotionnels et mémoires transgénérationnelles : nous avons la capacité de nous réencoder mentalement ET cellulairement ! Les travaux d'Isabelle Mansuy, professeure de neuro-épigénétique à l'Université de Zurich (Suisse), vont également dans ce sens : en 2013, elle a démontré que l'hygiène de vie (alimentation, lieu de vie, maladies et traitements, mais également niveau de stress) marque biologiquement l'ADN de l'individu concerné ainsi que celui de ses descendants. Et que ce processus est effectivement réversible pour peu que la descendance évolue ensuite dans un environnement positif, qui permettra de supprimer peu à peu les marqueurs biologiques traumatiques laissés par la malbouffe, la précarité, un logement insalubre, ou toutes sortes de maladies physiques ou psychiques[22].

[21] Travaux vulgarisés dans l'ouvrage *Biologie des croyances* de Bruce Lipton et vidéoconférence

[22] Travaux vulgarisés dans l'ouvrage *Reprenez le contrôle de vos gènes – Améliorez votre vie et celle de vos descendants avec l'épigénétique* d'Isabelle Mansuy, Jean-Michel Gurret et Alix Lefief-Delcourt, et vidéo.

J'INTERROGE MA LIGNÉE DE FEMMES

Effectuez cet exercice au fil des opportunités qui se présenteront à vous, en interrogeant votre mère, vos grands-mères (je n'ai parlé que de la grand-mère maternelle, mais il est évident que l'influence de votre grand-mère paternelle est tout aussi grande dans votre patrimoine génétique et psycho-émotionnel), mais aussi votre père ou vos grands-pères, qui savent peut-être bien des choses, eux aussi. S'il est difficile d'aborder ce genre de sujets dans votre famille, n'hésitez pas à expliquer que vous lisez ce livre et que vous avez une liste de questions à leur poser dans le cadre de ces exercices pratiques. Que vous soyez enceinte ou que vous ayez accouché depuis quelque temps déjà, tout ce que vous pourrez mettre en lumière sera bénéfique, pour vous et pour votre descendance, mais aussi pour vos aîné(e) s. Où va la connaissance va la conscience et où va la conscience va la guérison : questionner votre lignée peut libérer et guérir non seulement des mémoires de votre inconscient, mais également des mémoires de votre mère ou de votre grand-mère (comme en témoigne mon récit personnel).

- Comment es-tu née, maman ? Et toi, papa ? Est-il arrivé quelque chose de particulier pendant votre naissance ou alors que vous étiez *in utero* ?

- Étiez-vous désirés, tous les deux ?

- Vos mères ont-elles eu des fausses couches avant votre arrivée ?

- Comment s'est déroulée la grossesse pendant que maman était enceinte de moi ? Étais-je attendue ou un bébé-surprise ? Avez-vous considéré l'avortement ? Aurais-je eu un jumeau dont la gestation s'est interrompue ?

- Et comment suis-je née ? Quelque chose de spécial à me raconter ? Ai-je vécu un déclenchement, une naissance prématurée, une mise en couveuse, une césarienne ? Avais-je le cordon autour du cou ?

- Maman, as-tu eu le sentiment de subir ce qu'on appelle aujourd'hui des « violences obstétricales », même si l'on n'en parlait pas à ton époque (expulsion abdominale, déclenchement non consenti, gestes invasifs, péridurale ratée, épisiotomie mutilante, etc.) ? Si oui, as-tu pu en parler par la suite ? As-tu eu l'occasion de « processer » ton accouchement ?

- Étiez-vous heureux de mon sexe ou auriez-vous souhaité un garçon ?

- Maman, as-tu eu le sentiment de vivre un gros baby-blues ou une dépression post-partum, même légère ? T'es-tu sentie soutenue durant cette période ? Avais-tu des angoisses particulières à mon sujet, des inquiétudes irrationnelles dont tu n'arrivais pas à te défaire ? Des émotions spécifiques ?

(Toutes ces informations sont déjà contenues quelque part dans votre subconscient et ont probablement impacté bien des choses de votre vie, à commencer par votre tempérament ou vos craintes. Les conscientiser est essentiel pour mieux vous comprendre.)

- Avez-vous des souvenirs (personnels ou rapportés), ou peut-être des sensations au sujet de votre petite enfance à vous ? Quelle idée en avez-vous aujourd'hui ? Pensez-vous que vous avez été un bébé materné ou plutôt élevé avec rigueur, « à l'ancienne » ? *(Rendez-vous dans la seconde partie pour aborder amplement l'impact de notre éducation sur nos émotions et sur notre maternage.)*

- Enfin, y aurait-il eu, dans notre famille, des attouchements, des incestes ou toute forme de violence physique ou psychologique dont je n'aurais pas encore entendu parler (par souci de me préserver) ?

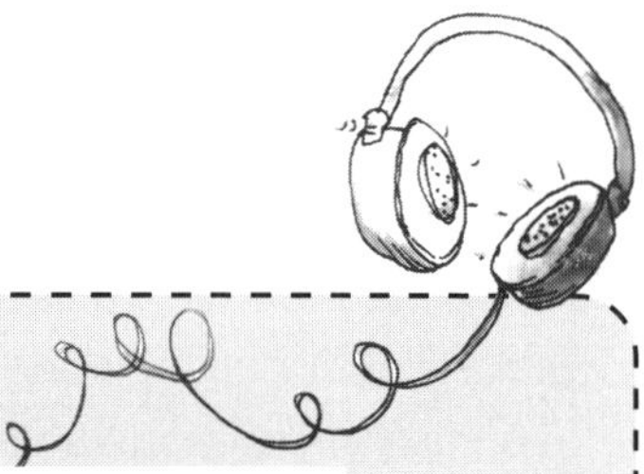

JE LIBÈRE NOS MÉMOIRES

Audio de visualisation thérapeutique

https://youtu.be/t3sHqSYb6yE

IV. À L'ABORDAGE, MON MOUSSAILLON !

Mon enfant est un être à part entière venu vivre *ses* expériences

Un de mes rêves m'a particulièrement marqué au début de ma grossesse. Comme la majorité des femmes enceintes, lors de mon premier trimestre, il m'arrivait de me faire du souci au hasard de choses comme : « Ce dos d'âne n'était-il pas trop violent ? » ; « Ai-je eu raison de remonter ce gros bac de linge mouillé ? » ; « Oula, escalier pentu, attention, j'y vais tran-quille » ; « Est-ce qu'elle grossit assez ? Est-ce qu'elle reçoit assez ? Mon corps lui donne-t-il tout ce qu'il faut ? » Derrière chacun de ces questionnements, un seul et même besoin : le besoin de contrôle. Je me pensais, très sincèrement, la seule et unique garante du confort, du bien-être, du développement et de la santé de ma fille (qui n'était même pas encore née). Et puis, une nuit, j'ai fait ce rêve de ma fille, parmi nous, nue comme un ver, sur sa table à langer, qui me regardait avec le plus grand des sérieux. (Quelle profondeur il peut y avoir dans le regard d'un nouveau-né ! C'est parfois comme si toute la sagesse de la galaxie était venue s'y déposer, non ?) Elle m'a dit alors : « Maman, tu dois me rendre les clés de ma voiture ! » Alors là, tout de suite, pour vous qui n'êtes peut-être pas passionnée par l'analyse des symboles et des rêves, ça a sûrement l'air un peu nul, ce que je vous raconte. Mais attendez le décryptage : en psychanalytique des symboles, donc, la voiture représente notre corps physique (sa santé, son autonomie, son état général). Il est, en effet, notre véhicule sur cette terre, celui que nous « empruntons » chaque jour pour parcourir le monde. Et chacun, de fait, est l'unique possesseur de son véhicule. Ce que j'ai compris, ce matin-là, au réveil, le voici : certes, mon statut de maman me rendait dépositaire du corps de ma fille, et je pouvais l'aider à en prendre soin, mais, fondamentalement, les clés ne m'appartenaient pas, et ne m'appartiendraient jamais. Fondamentalement, je n'étais pas « la seule et unique garante de son confort, de son bien-être, de son développement et de sa bonne santé ». Son corps ne m'appartenait pas plus que son âme. Il n'était pas ma créature, mais une cocréation entre elle, et moi, et son père, et la Vie. Ça en fait, des protagonistes, non ? J. Warren Welch exprime, en poésie, cette désappropriation de l'enfant, qu'il est essentiel de réaliser le plus tôt possible : *« Ton enfant n'est pas une œuvre d'art que tu as créée. Il est son propre chef-d'œuvre. Et tu as reçu le privilège de le regarder en être l'artiste. »* Voilà ce que ce rêve m'a enseigné. À partir de ce moment-là, je me suis donc efforcée d'intégrer que seule ma fille était aux commandes de son véhicule. J'en étais la matrice (ou le garage, pour le dire avec moins de poésie), mais elle était la pilote[23].

Bon, tout ça, c'était avant même qu'elle n'arrive. Avance rapide, jusqu'au moment où votre petite merveille est parmi vous et qu'il ne s'agit plus seulement de gérer le développement heureux de son corps physique, mais également celui de son corps mental et de son corps émotionnel, deux entités par lesquelles nous découvrons très tôt que Bébé est une vraie petite personne, avec son tempérament bien à lui. Et voilà soudain que ses émotions intenses viennent s'ajouter aux miennes, en cette période de grande fragilité post-partum, et que je me demande alors comment survivre aux émotions de mon enfant, à ses cris et à ses larmes, à sa détresse et à ses crises de rage. Moïra Mikolajczak, dans ses travaux sur l'intelligence émotionnelle, nous invite à trouver le juste positionnement empathique en différenciant deux types d'empathie[24]. Se connecter aux émotions de l'autre et les ressentir, en ne distinguant

[23] Pour continuer d'explorer la thématique du lâcher-prise et de l'accueil du flux de la Vie, rendez-vous au chapitre 12.

[24] Travaux vulgarisés dans l'ouvrage Psychologie des émotions – Nouvelles perspectives pour la cognition, la personnalité et la santé, sous la coordination d'Olivier Luminet.

plus vraiment ce qui m'appartient de ce qui appartient à l'autre, est appelé « empathie-miroir » et représente, en fait, une forme de « contagion émotionnelle » : l'émotion de l'autre me « contamine », et puisque je me retrouve à vivre la même chose que lui, comment vais-je finalement pouvoir l'aider ? Remarquons que cela fonctionne dans les deux sens : stressée, je deviens stressante, énervée, je deviens énervante, mais apaisée, me voilà apaisante, etc. L'empathie dite « reconstructive », quant à elle, nous invite à pratiquer la *différenciation soi-autrui* : quelle que soit l'intensité de l'amour qui nous unit, je ne suis pas l'autre, et l'autre n'est pas moi. Je peux tout à fait ressentir ce qui se vit en lui et me connecter à l'inconfort, voire à la détresse qui l'agitent, car ce sont des sentiments que je connais, moi aussi, et, en cela, j'entre en empathie avec lui. Mais, dans un second temps, je me distingue de ce qui le traverse pour reprendre pleinement possession de ma souveraineté émotionnelle et redevenir capitaine de mon navire. Si cela peut sembler égoïste au vu de l'éducation que nous avons reçue et dans laquelle persistent les traces judéo-chrétiennes de la glorification du sacrifice de soi, il est essentiel de prendre conscience que ce n'est qu'en effectuant ce travail de différenciation soi-autrui que je serai réellement en mesure d'accompagner l'autre (à savoir mon enfant) vers un mieux-être véritable. Voyez plutôt :

Mon amie est triste et vient chercher quelque réconfort auprès de moi. Dévastée par la nouvelle, envahie par son chagrin, je me sens impuissante et malheureuse à mon tour. J'ai tellement de peine pour elle ! Je me mets à sa place et je ne sais pas comment je serais capable de traverser cette épreuve. Je le lui dis. Elle se sent plus fragile encore, ne le sachant pas, elle non plus, et ressentant confusément ma détresse s'ajouter à la sienne. Je ne parviens pas à l'apaiser tant ma peine pour elle est grande. Par instants, elle se retrouve peut-être même à me consoler, à me tendre un mouchoir ou à essayer de me rassurer !

→ Empathie dite « miroir », avec contagion émotionnelle : du « je » dans le vécu de l'autre.

Mon amie est triste et vient chercher quelque réconfort auprès de moi. Je ressens, l'espace d'un moment, ce qu'elle peut ressentir. Ainsi entrée en empathie, j'ai alors de la peine, moi aussi. Puis je fais l'effort de retrouver ma place et mon alignement afin de lui offrir l'espace de réconfort dont elle a besoin. Je ne suis pas elle et sa peine n'est pas la mienne. Je me différencie et me distancie. Je reste maîtresse de moi-même et focalise mes efforts sur la présence que je peux lui offrir. Elle se sent suffisamment en sécurité pour s'ouvrir et déverser sa tristesse auprès de moi.

Elle sent qu'elle est écoutée et que cet espace est réservé à ses sentiments, à elle, auxquels ne se rajouteront pas les miens.

➡ Écoute active et empathie dite « reconstructive » : pas de « je », seul le vécu de l'autre.

Aussi bien fondée que soit cette mise à distance des émotions de l'autre, elle nous est particulièrement difficile à appliquer avec nos petits bouts. Pourquoi ? Car chacune de nous connaît, de première main, le sentiment dominant de toute mère dévouée : j'ai nommé… CULPABILITÉ ! La grande vainqueure du concours des blues maternels, le tiercé gagnant qui combine peur, tristesse et colère ! Car, en choisissant de nous distancier des troubles émotionnels vécus par notre enfant, nous réunissons tous les ingrédients pour un bon bol de culpabilité. Je vous en livre la recette :

3 bonnes cuillérées de Peur de ne pas être une bonne mère
assaisonnées de (suite logique, quoique inconsciente)
1 louche de Peur de ne pas être aimée par mon enfant

+

50 cl de Tristesse de ne pas réussir à faire mieux

+

1 pincée de Colère rétro-réfléchie face à ces constats
(un mot savant que vous pourrez sortir au prochain dîner pour impressionner l'auditoire et qui parle de la colère contre soi-même)

Vous aussi, vous vous cuisinez ça un peu ? On est quand même balèzes en autoflagellation, nous, les mamans !

J'insiste là-dessus, car il est important à la fois de bien comprendre ce principe d'empathie reconstructive et de l'appliquer sans *culpabiliser*, car, non, *vous n'êtes pas votre enfant*... Et si nous vivons la contagion émotionnelle à chaque émotion forte de Petitou (si nous « pleurons » de concert avec lui), notre enfant, en grandissant, cessera certainement de partager ses peines et ses peurs afin de nous en préserver, préférant se priver de notre réconfort plutôt que de nous faire vivre de la tristesse, à nous aussi ! Voyez-vous pourquoi cette distinction est donc si importante à faire ?

Ô combien nous aimerions (inconsciemment, honteusement, secrètement, occasionnellement : choisissez votre adverbe) que notre enfant ne vive que selon nos propres termes ! Dans mon cas, comme dans le vôtre, peut-être, ma fille ne vivrait que la joie, ne rencontrerait que de belles personnes, conscientes et douces, et passerait sa vie, en somme, sur un édredon polaire à parler avec Bambi et à se dire que la vie est belle (à peu de choses près, quoi !). Et il peut être difficile de réaliser qu'aussi bonnes que puissent être nos intentions, ce genre de désir est purement dictatorial. Dictatorial, oui, car c'est se comporter en petit tyran que d'obliger l'autre à ne vivre que les expériences qu'on lui souhaite... Voir notre enfant en proie à la frustration, à la rage, à l'impuissance, à la vulnérabilité, à la tristesse ou à l'angoisse est évidemment déchirant pour un cœur de maman. Et pourtant, il est crucial de nous souvenir que ce sont là des expériences qu'il lui faut vivre. Non pas dans l'idée qu'« il faudra bien qu'il s'adapte », que « la vie est dure » et que « l'enfant doit s'endurcir pour survivre », ou encore qu'« il lui faut bien apprendre la frustration, puisque la vie va s'en charger » : je ne suis pas le moins du monde partisane de ces croyances et je ne pense pas que nous soyons ici pour souffrir ou nous endurcir. Je fais même partie de ces mamans qui refusent que leur enfant pleure seul pour s'endormir, même si cela m'a obligée à de longs mois de « réclusion » tant que ma fille ne parvenait pas à s'endormir ailleurs que dans mes bras. Si je crois, cependant, que notre enfant doit bel et bien faire l'expérience des émotions douloureuses, c'est parce que j'ai appris à considérer qu'il est venu faire l'expérience d'une vie *humaine*, et qu'une vie humaine est composée de chacune des nuances de la grande palette émotionnelle, des plus douces aux plus difficiles. ***Mon job de maman, ce n'est pas de l'empêcher de vivre toute épreuve ou toute émotion difficile : c'est de l'accompagner pour qu'il les vive avec le plus de sérénité possible.*** L'aider à retrouver son ancrage et sa boussole après qu'il s'est perdu dans une tempête émotionnelle. L'aider à ressentir qu'il a le droit d'exprimer ses émotions et sa vulnérabilité et que cela ne le diminue pas. Lui apporter confiance en l'idée qu'il est capable de traverser ces tempêtes, mais aussi qu'il a le droit de demander de l'aide à l'autre et qu'il peut compter sur lui. Combien sommes-nous à ne pas avoir appris toutes ces choses ? À nous excuser d'avoir des émotions en public, comme si les émotions étaient des choses un peu honteuses qu'il ne faudrait vivre qu'en privé, voire tout à fait seule ? Combien sommes-nous à refuser de craquer devant l'autre, à nous excuser de pleurer devant lui (« pardon, désolée, je sais pas ce qui me prend, n'importe quoi, j'te jure, c'est rien, t'inquiète pas, ça va passer, fais pas attention... ») ou à considérer la demande d'aide et de soutien comme un aveu de faiblesse et d'échec ? Si je souhaite que mon enfant, lui, grandisse avec la possibilité d'exprimer ses émotions, il me faudra donc apprendre à... le laisser *exprimer ses émotions* ! Ce ne sera pas mon job de me substituer à son expérience ou de le détourner de ses larmes : sa vie lui appartient et n'appartient qu'à lui seul, et il en va de même pour ses émotions. Et, de la même manière que je ne peux pas vivre ses poussées dentaires pour lui ni tomber à sa place, alors qu'il apprend à ramper et à tenir debout, je ne peux pas (et ne devrais pas) l'empêcher de vivre ses premiers chagrins et ses premières frustrations[25]. Je ne pourrai jamais *être* sa ceinture de sécurité. Mais je peux lui apprendre à l'attacher correctement. Et non seulement mon job, mais aussi mon pouvoir personnel s'arrêtent ici. Reste que, bien souvent, on se retrouvera coincées entre le *dynamic duo* que forment notre ego de Mère parfaite et notre vieille copine Culpabilité, duo qui rendra difficile d'adopter cette posture intérieure et d'empêcher le cocon de devenir carcan. Alors, je vais essayer de vous donner trois bonnes raisons pour tenir bon lorsque le transfert émotionnel repointera le bout de son nez.

1. L'enfant opérant par mimétisme, c'est en vous libérant de l'injonction « je dois rendre mon enfant heureux » que vous l'aiderez à ne pas vivre l'injonction « je dois rendre mes parents heureux[26] ». Dieu sait comme cette injonction est

[25] Et pour autant, je ne devrais pas le laisser vivre ses chagrins et ses frustrations seul : laisser leur place aux larmes, oui, mais des larmes accompagnées ! Exit les « je reviendrai quand il se sera calmé », qui n'apprennent strictement rien d'autre à l'enfant que la croyance qu'il doit apprendre à se débrouiller seul et à ne compter sur personne d'autre que lui. Rester dans son champ de vision, réexprimer ma présence soutenante et proposer, encore et toujours, un câlin (cf. la méthode du « câlin progressif » de Mélanie Bilodeau), voilà qui servira de base solide permettant aux larmes de se déverser sans menacer sa sécurité affective et sa confiance en l'adulte. Et voilà qui évitera bien des mécanismes de répression émotionnelle que nous avons dû mettre en place faute d'avoir reçu cet accueil sécurisant.

[26] Pour mieux comprendre le concept de la responsabilité individuelle de chacun face à son propre bonheur, je vous invite à découvrir « les 4 mythes » d'Eric Berne, en analyse transactionnelle.

lourde et comme elle a pu nous modeler tous[27]. Là encore, c'est en remettant chacun à sa place que vous aiderez votre enfant à prendre la sienne avec plus de légèreté : en effet, si notre place de maman est prise au détriment de toutes nos autres composantes (la femme, la compagne, la professionnelle, la couturière, la peintre ou la boxeuse, que sais-je encore), si toute notre vie tourne autour de Bébé et que son bonheur est devenu notre seule et unique mission, nous faisons porter sur notre enfant une terrible responsabilité. Vous imaginez le poids que ce serait de vivre avec quelqu'un pour qui vous êtes absolument Tout et qui ne trouve ni joie ni raison de vivre en dehors d'être avec vous ? Voyez comme l'injonction « je dois rendre maman heureuse » devient alors colossale !

2. Ainsi qu'a pu l'établir le psychologue Giorgio Nardone, dans ses travaux sur les dynamiques familiales[28], un modèle familial à tendance « surprotectrice », se manifestant par *« une intervention immédiate de l'adulte à la moindre difficulté rencontrée par l'enfant »*, donnera le plus souvent à ce dernier le sentiment de ne pas être à la hauteur. Se croyant incapable de faire par lui-même, il aura tendance à se décourager et à se sentir impuissant. Pour que nos enfants aient confiance en nous, il est essentiel que nous les assistions de notre mieux et que nous leur offrions notre aide lorsque celle-ci est requise (pour les plus jeunes) ou demandée (pour les plus âgés). Mais, pour que nos enfants aient confiance en eux-mêmes, il est essentiel que nous leur laissions l'accès à une autonomie et à une responsabilité d'eux-mêmes adaptées à leur âge, régulation émotionnelle comprise.

3. S'il est vrai que les émotions de nos enfants n'appartiennent qu'à eux, il est vrai également que leur perception de ces émotions et leur réaction seront orientées par l'éducation qu'on choisit de leur apporter. *« Nous transmettons en priorité à l'enfant ce que nous sommes, notre façon d'être »*, dit la pédiatre Catherine Gueguen : c'est donc sur *notre* manière de réagir aux choses (c'est-à-dire notre régulation émotionnelle) que nos enfants calqueront la leur. Si nous souhaitons les aider à apprivoiser leurs émotions, il ne s'agira donc ni de changer notre façon de faire ni de changer la leur, mais de travailler sur

[27] Pour mieux conscientiser les injonctions qui vous régissent, rendez-vous au chapitre 5.

[28] *Conflits de famille*, Giorgio Nardone, Emanuela Giannotti et Rita Rocchi, Enrick B. Éditions, 2022.

notre façon d'*être*. Notre éducation nous a souvent appris que nous sommes aimés pour *ce que nous faisons, et non pour qui nous sommes* (je t'aime si tu fais bien comme il faut, sinon...). Notre enfant va nous permettre de désapprendre cela, car, avec lui, on ne peut pas tricher : il ne nous aimera pas pour ce que l'on fait, mais pour qui nous sommes quand on le fait (avec quelle énergie, quelle bienveillance, quel respect et quel souci de la relation ?). Si je choisis, face à Bébé, qui préfère catapulter sa compote plutôt que de la manger, de mettre fin au repas en le débarbouillant et en le retirant de sa chaise haute, car je ne veux pas avoir à tout renettoyer et que je vais donc le mettre à jouer sur son tapis, il est bien différent de le faire agressivement, en y mettant une énergie de punition, ou de le faire calmement, avec une douce fermeté bienveillante. Pourtant, dans les deux cas, les actions et les mots choisis peuvent être les mêmes.

Si les expériences émotionnelles et physiques de mon enfant ne m'appartiennent donc pas, m'appartient, en revanche, la responsabilité de moi-même. Thomas d'Ansembourg, auteur-conférencier en Communication NonViolente et promoteur de la notion d'intériorité en tant qu'acte d'écologie citoyenne, nous dit que « le premier humain dont nous avons la charge, c'est nous-même ». En élevant nos enfants, n'oublions pas que nos enfants nous élèvent... en conscience ! Le métier de parent est un pèlerinage : le chemin est difficile, éprouvant, solitaire, parfois ingrat, mais il est aussi ponctué, çà et là, de purs moments de grâce. Il nous fait « faire retour », c'est-à-dire faire le tour de nous-mêmes pour revenir à qui nous sommes et qui nous choisissons d'être. Durant ce pèlerinage, nos enfants nous guident : ils nous offrent, chaque matin, l'occasion d'être le parent que l'on souhaite être et de nous élever en conscience au-dessus des mécanismes de notre subconscient. Leur tempérament (qu'on les juge trop sages ou trop effrontés), leur communication (violente ou pacifiée, inconfortable ou authentique) et leurs débordements émotionnels de toutes sortes et à tout âge... parlent des nôtres ! Gardons-nous de lire ces mots depuis une perspective égocentrée, qui verrait en eux ce « mini-moi » dont tant de parents se réclament, niant alors l'Être unique qu'est chaque enfant[29]. Mais entendons clairement que nos enfants nous invitent indéniablement à nous remettre encore et encore en question. Leurs réactions nous demandent de nous interroger sur les nôtres et de mieux nous observer afin de prendre conscience des mécanismes psychologiques et des schémas émotionnels qui nous muent inconsciemment[30] depuis toujours. Leurs comportements nous demandent d'aller explorer ces zones d'ombres que nous avons soigneusement scellées : les blessures refoulées dans notre inconscient, l'agressivité que nous imposons au monde et dont nous nous dédouanons par un simple « je suis comme ça, c'est tout, je vais pas changer maintenant », les traumatismes de notre enfance et nos mémoires transgénérationnelles, notre inconfort relationnel, notre manque de communication, notre manque d'authenticité, nos tabous... Autant de points de blessures sur lesquels viendra immanquablement appuyer notre enfant, non pas par sadisme, mais pour nous aider à en guérir. Dans son ouvrage *La Connaissance interdite*, Alice Miller, psychanalyste jungienne qui a travaillé sur le concept de l'Enfant intérieur, dans la lignée de Carl G. Jung, déclare qu'il existe, en chacun de nous, une pièce dans laquelle sont enfermés tous nos vieux monstres et vieilles blessures, et que le seul qui en a la clé... c'est notre enfant. Envisager ainsi notre rôle de parent, recevoir notre enfant non comme un disciple, mais comme un enseignant, cela demande une grande humilité et un véritable courage. Cela demande d'oser porter nous-mêmes un regard d'enfant sur les choses, de reprendre cette place d'étudiants de la Vie, et pour cela de quitter celle de l'adulte sachant.

« Mon enfant exprime ce que je réprime. »

De fait, notre enfant nous renvoyant le miroir de ce qu'il faut régler *en nous*, c'est en le travaillant nous-mêmes que cela pourra ensuite « bouger » chez notre enfant : sa santé et son énergie physique nous ramènent aux nôtres ; le soin de ses besoins vitaux nous oblige à nourrir sainement les nôtres en amont ; le respect de son rythme nous demande de questionner le nôtre ; le développement de sa personnalité et de son rapport à l'autre nous offre de réajuster nos traits de caractère et notre manière d'interagir ; et ses émotions et sa communication, inévitablement, parlent des nôtres. Ce fonctionnement en miroir est tout particulièrement puissant en ce qui concerne le lien entre la mère et le nourrisson, Bébé faisant siennes les

[29] *« Vos enfants ne sont pas vos enfants. Ils sont les fils et les filles de l'appel de la Vie à elle-même. Ils viennent à travers vous mais non de vous. Et bien qu'ils soient avec vous, ils ne vous appartiennent pas. Vous pouvez leur donner votre amour mais non point vos pensées, car ils ont leurs propres pensées. Vous pouvez accueillir leurs corps mais pas leurs âmes, car leurs âmes habitent la maison de demain, que vous ne pouvez visiter, pas même dans vos rêves. Vous pouvez vous efforcer d'être comme eux, mais ne tentez pas de les faire comme vous. Car la vie ne va pas en arrière, ni ne s'attarde avec hier. Vous êtes les arcs par qui vos enfants, comme des flèches vivantes, sont projetés. »* Le Prophète de Khalil Gibran (1923).

[30] Cf. chapitre 5, « La boussole inconsciente ».

émotions de maman et s'en imprégnant comme une véritable éponge[31]. Vous êtes tendue et énervée ? Que vous en ayez conscience ou non, Bébé, lui, en a tout à fait conscience et manifestera son/votre irritabilité par l'excitation ou la colère. Cette fusion émotionnelle et énergétique durera en moyenne jusqu'à ses 5-6 ans, âge auquel l'individualité de Petitou se forme et se renforce[32]. C'est d'ailleurs pour cela que, face à un « problème » comportemental, émotionnel ou relationnel que vous observez chez votre enfant, nombre de thérapeutes (psychologues, ostéopathes, kinésiologues, etc.) vous inviteront d'abord à venir faire une séance vous-même, séance qui, bien souvent, règle le problème sans que le praticien ait à rencontrer l'enfant. L'éducation que nous avons reçue nous a rarement enseigné ces choses : la génération de nos parents et celle des leurs, avant eux, usaient plutôt de contrôle et de domination pour corriger ce qu'ils refusaient chez leurs enfants, sans observer qu'il s'agissait souvent de ce qu'ils refusaient de voir en *eux*. Et nous reproduisons ces modèles, oublieuses de notre nature originelle.

« *Tout le monde peut avoir ce que tu as. Mais personne ne peut être qui tu es* », dit-on. La majorité d'entre nous, mamans bien-veillantes et mères-veilleuses, ne souhaitent-elles pas effectivement accompagner leur enfant à ÊTRE (être soi-même, libre et heureux) plutôt que d'avoir ou de faire ? Pour cela, encore faut-il l'incarner, encore faut-il être capable de nous dépouiller de nos certitudes, de nos illusions, de nos croyances et de nos mécanismes pour retrouver qui nous étions à l'origine, avant les masques des blessures d'ego, les formatages socioculturels et les conditionnements éducatifs. Notre petit, lui, durant ses années de petite

[31] Attention, ne partez pas du principe qu'il vous faut donc réprimer vos émotions sous prétexte que Bébé les éponge. Bien au contraire ! Car Bébé « épongera », quoi qu'il arrive, ce qui est réprimé, refoulé ou exprimé. Vous manifestez peur, tristesse ou colère ? Il le vit aussi. Vous réprimez peur, tristesse ou colère ? Il le manifestera *à votre place*. Vivez donc vos émotions quand elles se présentent (quel que soit l'âge de Bébé).

[32] « *Attends, Jade, je n'y comprends plus rien ! Tu me dis que mon bébé éprouve mes émotions à moi, alors que tu racontes, plus haut, qu'il s'agit de faire en moi cet effort de défusion émotionnelle pour le laisser vivre ses émotions à lui. Alors, comment faire le tri ? Ça vient de moi ou de lui, ce qu'il vit là ?* » Je te répondrais qu'il n'y a évidemment pas de recette magique tant que Petitou ne peut pas te raconter ce qui agite son cœur, mais mon amie énergéticienne Tessa m'a un jour donné cet indicateur, qui m'a beaucoup servi la première année -> Sa couche est propre et sèche, il n'a pas sommeil, il n'a pas faim, il n'a pas soif, je suis quasiment certaine qu'il n'éprouve pas de douleur (colique, poussée dentaire, coup de chaleur, mauvais positionnement, torticolis, otite, etc.) ni d'angoisse (la tombée de la nuit, un changement de lieu, une nouvelle personne, un bruit non identifié, etc.), et je ne vois aucune cause de frustration immédiate (le jouet qui a roulé au loin, sa mobilité réduite, tellement frustrante, la balade qui prend fin ou cette fourchette que je lui ai enlevée des mains, etc.). A priori, aucune raison à cette crise, et je me demande vraiment : « Mais qu'est-ce qui peut bien y avoir, là ?! » Eh bien, LÀ, c'est peut-être bien que ça vient de moi : étais-je en train de penser à des choses désagréables ? Suis-je dans un certain inconfort ? Traversée par une irritation, une anxiété, un mal-être, une crispation ? Est-ce que je me force à faire quelque chose de manière très mentale, à contrecœur ? Est-ce que mes gestes trahissent un certain ras-le-bol, une envie de me débarrasser de la « corvée » (même avec le sourire et une voix douce, bébé ne s'y trompe pas) ?

enfance, est encore préservé des formatages et conditionnements. N'est-ce pas lui qui nous enseigne alors à être avant d'avoir ou de faire ? Lui qui a la faculté de réapprendre, à celui qui sait l'entendre, non pas « comment faire », mais « comment être », en toute simplicité, c'est-à-dire vivre au présent, une chose à la fois, ralentir et s'arrêter pour contempler ; se montrer authentique, dans chaque parole et dans chaque geste ; nourrir ses besoins, lâcher prise, observer la vie avec enthousiasme et confiance ; faire de chaque opportunité un jeu et une occasion d'apprendre ; se moquer éperdument de déborder de la ligne ou d'être sale et barbouillé, et ne pas se croire pour cela moins aimable ; faire preuve, enfin, d'Amour inconditionnel (entendons par là l'amour de l'autre tel qu'il est et non tel qu'on voudrait qu'il soit, mais aussi l'amour de la vie, l'amour des choses, l'amour de Ce qui Est, libéré du perfectionnisme ou du désir de contrôle).

JE TE RENDS LES CLÉS, MON ENFANT

Audio de visualisation thérapeutique

https://youtu.be/fbwm28OqqAI

JE COMMENCE À FAIRE LE TRI

Je vous invite maintenant à observer ce que vous ne supportez pas que Bébé vive (ex. : je ne supporte pas qu'on l'ignore, qu'on lui prenne un jouet des mains, qu'il reste seul, ou au contraire qu'il soit sollicité par un autre enfant, qu'il soit empêché de faire seul, ou au contraire qu'on le laisse se débrouiller seul, etc.). Puis prenez conscience qu'aussi difficile à croire que ce puisse être, ceci n'est pas universel et vous appartient à vous, et à vous seule. Une autre maman que vous n'aurait pas de mal à supporter que son enfant vive ceci. En revanche, elle ne supporterait pas cela, qui chez vous n'éveille pas la même pénibilité du tout. Pourquoi donc ? Comment cela s'organise-t-il ? C'est que toutes ces choses qui vous semblent relever de Bébé et de son bien-être à lui parlent, en fait, de VOUS. Nous y reviendrons au chapitre suivant, notamment lors de l'étude de vos réactions, de vos drivers et de vos blessures d'enfance[33].

[33] Cf. l'exercice « J'établis mon profil émotionnel et éducatif » au chapitre 5.

2ème partie

MON ENFANT, MON ENFANCE

Souveraineté
Croyances limitantes
Loyautés familiales
Conscience
Mémoire traumatique
Auto-empathie
Injonctions
Guérison

V. LA BOUSSOLE INCONSCIENTE

Quitter mes programmations familiales

Spoiler : nous entrons ici dans le vif du sujet. Ce chapitre sera particulièrement volumineux et accompagné de plus d'exercices, et ce, pour la très bonne raison que cette thématique (les mécanismes émotionnels en lien avec l'intergénérationnel) est au cœur de ma pratique d'accompagnement. Vous allez comprendre pourquoi.

À l'exception de quelques marqueurs génétiques[34], chacun de nous est arrivé au monde vierge de tout conditionnement, posant sur les choses un regard neuf et curieux, sans idées préconçues, ni sur l'autre ni sur lui-même. Mais, très vite, parents, grands-parents, amis de la famille et enseignants vont prêter à l'enfant certaines caractéristiques : « Ah oui, c'est tout son père ! » ; « Il est Gémeaux, alors tu vois ? » ; « Oh, mais il est timide/bon dormeur/difficile/très tranquille… » Que ces étiquettes soient valorisantes ou dépréciatives, elles sont autant de couches d'identification qu'il nous faudra ôter trente ou quarante ans plus tard si l'on veut à nouveau accéder à notre identité profonde et apprendre à nous connaître en deçà de ces calques[35]. Avez-vous déjà eu l'occasion de mesurer à quel point notre vision du monde a été conditionnée par l'influence familiale ? Notre rapport à l'argent, au travail, à la réussite sociale, à l'autre, aux hommes ou aux femmes, à la sexualité, à la colère, à la peur et à la tristesse ou à la joie et au plaisir, à l'éducation, à la violence, à l'amour et à l'estime de soi, voilà qui a été majoritairement construit sur la vision de la famille dans laquelle nous avons grandi. De même qu'une société se doit d'adopter des codes communs afin de garantir une certaine cohésion citoyenne, chaque famille, en tant que microsociété, adopte ses codes, son langage, sa mythologie familiale et ses traditions. Et ces codes sont transmis de génération en génération, au travers

[34] Cf. chapitre 3.

[35] Ce dépouillement de l'identité que nous nous sommes fabriquée, Jung l'appelait « le processus d'individuation », processus nécessaire pour me libérer de ce qui ne me convient plus, ne plus être assujetti à mon ego et devenir maître de moi-même. Ceci fait suite au « processus d'individualisation », au cours duquel nous avons justement fabriqué notre ego du « je suis comme ceci et comme cela, j'aime ceci/je n'aime pas cela, je veux ceci/je rejette cela, etc. », processus nécessaire à la création de notre identité, de notre individualité, de notre personnalité.

de l'éducation des enfants et de « ce qui se fait » ou « ne se fait pas » dans cette famille. Dans chaque famille, ces codes peuvent être de deux types : explicites ou implicites. Clairement explicités, ils peuvent être des injonctions issues du bon sens, de l'altruisme bienveillant, de la raison ou de la conscience morale (ex. : on respecte les femmes ; on ne maltraite pas un animal ; on essaie de rendre service lorsqu'on le peut ; on nourrit son corps de manière saine et équilibrée). Ou bien des interdits invoqués au nom d'une religion, d'une culture, d'une classe sociale ou d'un schéma d'éducation choisi et conscientisé (ex. : on mange du poisson le vendredi ; on vouvoie son père). Face à ces codes explicites, l'enfant devenu grand aura le choix de se positionner, de conserver ou de rejeter certains d'entre eux. Mais bien plus difficile est le positionnement face aux codes implicites, ceux dont on ne parle pas en famille, soit parce qu'ils n'ont pas été conscientisés par les générations antérieures, soit parce que, semi-conscientisés, ils n'ont jamais été verbalisés pour autant. La transmission n'a pas lieu ici par ce qui est dit, mais par ce qui est fait ou ressenti (manières d'être, réactions, attitudes, stratégies d'évitement, tabous), autant de plafonds de verre auxquels on se heurte sans même en avoir vraiment conscience avant bien des années. Prenez un moment pour passer en revue ce qui vous saute aux yeux dans le cas de votre famille lorsque vous lisez ceci : par exemple, dans ma famille, « ce qui se fait », c'est de se tuer à la tâche pour avoir le sentiment de contribuer, et donc le droit d'être fier de soi. Et « ce qui ne se fait pas », c'est de rester « oisif » ou de gagner de l'argent à « ne rien faire ». Vous voyez l'idée ?

Et cette transmission des codes (étiquettes, conditionnements, programmations : choisissez le mot qui vous convient) a commencé déjà tout doucement *in utero* par le type d'alimentation de notre mère, par les émotions qui la traversaient et sa manière de les vivre, par les chansons qu'écoutaient nos parents ou les rapports qu'ils entretenaient… Elle s'est poursuivie, durant une trentaine d'années, avant qu'on ne devienne parent à notre tour ! Difficile, alors, d'adopter une perspective différente de celle que l'on a toujours connue et que l'on utilise au quotidien, à la fois pour penser les choses, mais aussi pour repenser… notre propre manière de penser ou de réfléchir à nous-mêmes[36] ! Pour devenir pleinement soi en tant que parent, instaurer notre propre modèle éducatif et ne pas rester tributaires de

[36] Aïe, le sac de nœuds ! C'est pourquoi l'aide d'un tiers neutre (ex. : thérapeute) sera toujours essentielle pour vraiment nous sortir de nous-mêmes. À commencer par prendre pleinement conscience de notre positionnement : en effet, que l'on ait adopté les croyances et comportements de nos parents (schéma de reproduction) ou que l'on ait choisi de se construire en négatif de leur référentiel et d'incarner l'inverse de celui-ci (schéma de rébellion), ce ne sont là que les deux extrémités d'un même système ! Un système dont nous ne sommes donc toujours pas libres…

celui de nos parents (que nous le recopions ou que nous le rejetions), il nous faut passer, à l'âge adulte, par une réelle et définitive émancipation du contrôle parental. Cesser d'être soumis inconsciemment au regard et à l'approbation de nos parents sur ce que nous choisissons de faire, de penser ou d'être, et pour cela cesser d'être toujours inconsciemment cet enfant qui désire leur plaire et leur faire plaisir. Il s'agit également de distinguer ce qui nous appartient de ce qui ne nous appartient pas : quelles injonctions, réactions et croyances avons-nous faites nôtres en intériorisant le système de croyances de nos parents, alors qu'en vérité elles ne nous conviennent pas[37] ? Un petit exemple :

Tes parents avaient un travail stressant qui leur prenait beaucoup de temps et les épanouissaient peu, et ils te répétaient qu'ils faisaient cela pour vous (toi ou ta fratrie).

- Enfant, tu t'es donc mis à penser que, le travail, c'est forcément stressant, chronophage et rarement épanouissant, mais qu'il faut le faire pour ses enfants.

- Une fois adulte, tu crois alors qu'au travail, tu dois encaisser le stress, ne pas compter tes heures et accepter de ne pas t'épanouir, car c'est maintenant à ton tour de faire cela pour tes enfants.

- Tu te blindes et poursuis, jour après jour, ce travail stressant et chronophage, dans lequel tu ne te réalises pas, mais tu continues de le faire pour tes enfants.

- En conclusion, ton expérience personnelle a donc renforcé ta croyance, puisque tu vis bel et bien ce que tes parents ont vécu : il te semble donc qu'ils avaient raison et que leur manière de faire (vivre/être/penser) était ici la bonne.

- Plus tard, il y a une chance sur deux pour que tes enfants souffrent à leur tour de ce schéma (tristes de voir leurs parents fatigués, stressés, peu épanouis et moins présents que ce qu'ils souhaiteraient). Il y a également une chance sur deux pour qu'ils reproduisent à leur tour ce schéma et continuent de le transmettre à tes petits-enfants, etc.

Il existe une autre possibilité : plutôt que de croire que « les choses sont ainsi » et que « c'est comme ça », nous pouvons admettre que c'est peut-être bien *notre croyance* qui a généré *cette* expérience. La bonne nouvelle, c'est qu'il est alors

---

[37] Attention, certaines d'entre elles nous conviennent peut-être tout à fait. Si, quoique héritées de nos parents, certaines injonctions et croyances nous portent et nous font vraiment du bien, il ne s'agit pas de « tout jeter ».

possible de travailler sur nos croyances, et donc de vivre une expérience différente ! Une expérience qui ne générerait pas plus tard, chez nos enfants, cette croyance qu'ils devront à leur tour sacrifier leur épanouissement au nom de leur devoir… Mais pourquoi est-il difficile de travailler sur nos croyances, nos schémas et nos mécanismes ? Parce qu'en grandissant, l'image que l'on s'est faite de soi-même est devenue une sorte de boussole que l'on interroge lors de chaque décision à prendre (« Suis-je capable de faire ça, moi ? », « Non, je suis trop/pas assez… », « Non, moi, je ne pourrais pas… », « Moi, je suis plutôt du genre à… »). **Et pour ne pas risquer de perdre nos repères, il nous est très important de préserver au maximum l'idée que nous nous sommes faite de nous-mêmes.** Si défectueux soient-ils, nous allons donc continuer d'adopter, encore et encore, certains de ces comportements, dans lesquels, « au moins, on s'y retrouve ». Mais est-ce qu'on se retrouve dans ces comportements ? Cette manière de vivre nos émotions, de réagir à notre enfant ou à notre mari, de communiquer ou de prendre soin de nos besoins nous correspond-elle vraiment ?

Personnellement, je me retrouve tout à fait dans ces mots de Thomas d'Ansembourg : *« Oui, j'ai reçu ce qu'on appelle une bonne éducation : j'ai grandi dans une famille aimante, à la campagne, et mes parents sont deux êtres généreux et bien intentionnés. J'ai vécu dans l'amour et reçu de belles valeurs. J'ai aussi appris à ne pas me mettre en colère même si ça bouillonnait à l'intérieur, à dire oui même si je pensais non, à faire les choses par devoir parce qu'il le faut, plutôt que par amour, et à faire des choix raisonnables. »* Voilà ce qui rend effectivement difficile le travail de déconstruction de nos programmations familiales :

- Alors qu'elles sont mises en place durant l'enfance par amour et par besoin d'être aimée, je continue, une fois adulte, de croire ces programmations garantes de l'amour que je continuerai ou non de recevoir et de mériter. Et je continue aussi de les croire garantes de ma survie elle-même, car, lorsque j'étais toute petite, ma survie dans ce monde n'était assurée que par l'amour de mes parents envers moi et, suite logique, il me fallait donc essayer de les satisfaire (et donc de leur ressembler !) pour continuer de me garantir leur amour (et donc ma survie). Voyez-vous le raisonnement inconscient de notre Enfant intérieur, raisonnement que nous continuons de trimballer (et qui pèse sacrément lourd dans le baluchon) ?

- Incarner d'autres modèles que ceux que prône ma famille peut donc bien naturellement générer une peur d'être mise au ban des miens et de vivre rejet, abandon, humiliation, etc. Et cette peur de ne pas appartenir à un clan est certainement inscrite profondément dans mes gènes, depuis l'époque lointaine où celle qui était bannie et exclue de la tribu était vouée à une mort certaine, seule dans le désert ou la forêt, sans ressources et sans protection. C'est donc une peur inconsciente (et irrationnelle) de la mort elle-même qui plane sur l'idée de suivre mon chemin en dehors du sentier tracé par les miens.

- Ces programmations sont engrammées en moi depuis si longtemps qu'elles me semblent faire partie intégrante de moi et qu'il m'est bien difficile de faire le tri. Mais, comme le dit Gandhi : « *Ne confondons pas ce qui est naturel avec ce qui est simplement habituel.* »

- Quoiqu'elles soient bel et bien des programmations familiales, certaines d'entre elles me vont tout à fait : elles me conviennent, me font du bien et sont profondément harmonisées non seulement avec mon personnage (mon identité sociale et familiale), mais aussi avec l'Être que je suis (ma nature profonde). Dans ce cas, il ne s'agit évidemment pas de m'en débarrasser.

- Il peut me sembler que remettre en question les modèles de cette famille, somme toute aimante, n'est pas juste, pas noble, voire déloyal. Ce travail nous confronte effectivement à ce que l'on appelle les « loyautés invisibles », un terme qui englobe tout ce que nous reproduisons inconsciemment par sentiment de loyauté envers nos parents, y compris des mécanismes que nous n'aimons pas chez eux (ex. : réactions émotionnelles, gestion de la frustration, schémas amoureux ou professionnels, rapport à l'argent, communication, comportements dépressifs, manipulatoires, victimaires, etc. ; la liste est sans fin). En effet, que l'on ait le sentiment de procéder par *imitation* (en répétant le comportement du parent) ou par *rupture et rébellion* (en choisissant d'adopter le modèle inverse), je répète que ce ne sont là, en vérité, que deux faces d'une même pièce : dans les deux cas, notre comportement est dicté par le leur, et nous n'en sommes pas libérées.

- Réaliser ce travail commencera donc souvent par nous donner le sentiment d'être égoïstes ou d'être un enfant indigne qui trahit et blesse les siens en manquant de gratitude pour les bienfaits reçus. Et pourtant, comme le dit Thomas d'Ansembourg, « *la connaissance de soi n'a rien d'un repli narcissique, c'est un service rendu à la communauté* », un geste d'écologie intérieure participant à l'écologie citoyenne !

Enfin, il est important de conscientiser que la responsabilité d'une transmission « négative » (ex. : « Être jaloux [de ta sœur/de ton frère]/être en colère, c'est mal ! ») est double : cette responsabilité appartient aux parents, mais aussi aux enfants, envoyée et reçue de manière tout aussi inconsciente des deux côtés. De fait, le parent est certes transmetteur en bien des occasions, mais il faut également se souvenir que l'enfantreproduit énormément, sans qu'on le lui ait forcément demandé, souvent bien plus que ce que le parent lui-même souhaiterait. On sait également à quel point les enfants sont sensibles à l'« inconscient familial », cet inconscient qui cohabite avec l'« inconscient individuel » de chacun : les enfants savent intuitivement tout ce qui se passe dans la famille, qu'on le leur ait dit ou caché : *« Tout ce qui n'est pas dit sera répété »*, disait Anne Ancelin Schützenberger, mère de la psychogénéalogie moderne. En bref, enfants et parents (et vous êtes désormais les deux, chère maman qui lisez ces mots) sont donc communément responsables mais non coupables, car eux-mêmes sont les héritiers des vécus non guéris et des loyautés familiales invisibles qu'ils ont intégrés[38]. Le véritable travail d'émancipation et de retour à soi ne consiste donc pas seulement à mettre le doigt sur la création de cette programmation (pourquoi, quand, héritée de qui, etc.), mais de s'en affranchir dans la paix. Dans le cas contraire, vous auriez enfin mis un nom sur cette maladie que vous traîniez sans pour autant la traiter, continuant alors d'en éprouver quotidiennement tous les symptômes. C'est dommage, quand même ! Car, tant que nous sommes dans la *réaction*, nous ne sommes pas libres : la réaction émotionnelle est involontaire et conditionnée ; elle est une dépendance, une répétition inconsciente qui nous soumet encore à notre passé, aux désirs et aux interdictions des autres, à leur emprise inconsciente. Elle est induite par notre mémoire traumatique[39], à des années-lumière de la conscience que nous pouvons avoir développée aujourd'hui. En revanche, l'*action* est libre et consciente, et c'est

[38] Il est essentiel de garder cela en mémoire pour ne pas entrer dans un jeu de rancœurs et de culpabilités sans fin, qui occasionnerait de nouvelles blessures en lieu et place de l'évolution de conscience attendue ! Gare à ne pas lire ce livre avec l'idée que nos parents sont donc la cause de toutes nos difficultés…

[39] La mémoire traumatique, dont l'existence dans le cerveau a été scientifiquement démontrée par la chercheuse en psychotraumatologie et en victimologie Muriel Salmona, est ainsi rendue par C. Dumonteil-Kremer : *« Les neurosciences assimilent aujourd'hui à des traumatismes toutes les situations que nous avons vécues enfant et qui mettaient en jeu notre survie physique ou psychique. Parfois violentes, dégradantes et incohérentes, elles ne pouvaient en aucun cas être analysées par notre cerveau supérieur. Comment comprendre en effet que la personne en qui nous avons le plus confiance nous fasse mal, ne réponde pas à nos besoins, nous terrorise ? Le bébé qui attend seul d'être nourri, qui pleure et qui reste dans cette solitude désespérante sans pouvoir mettre un terme à sa souffrance vit une situation traumatisante. Pour survivre à ces événements, le cerveau déclenche des sécrétions d'adrénaline et de cortisol, qui préparent en général l'individu à réunir ses forces pour gérer la situation. Mais quand cette dernière ne peut pas être analysée, ces sécrétions peuvent être trop importantes et mettre en péril la vie de l'individu. Le cerveau se retrouve en survoltage et il fait en quelque sorte disjoncter le système. Dans ce cerveau littéralement "en panne", seule l'amygdale (siège de la mémoire émotionnelle dite implicite, c'est-à-dire non consciente) est activée. Le traumatisme y est stocké. Certains appellent "refoulement" ce processus qui nous aide à survivre. Sans lui, la réalité aurait été invivable, puisque personne ne venait à notre secours. Le problème de l'amygdale, qui au bout du compte a stocké toutes les situations difficiles non intégrées de notre enfance, c'est qu'elle se réactive à chaque fois qu'elle rencontre un élément qui lui rappelle la situation traumatisante passée. » « Mémoire traumatique, mode d'emploi »*, article disponible sur le site www.cdumonteilkremer.com

à nous qu'appartient de retrouver notre pouvoir d'action : un pouvoir libéré de « la règle » inconsciente qui régit notre quotidien (ce qui se produit régulièrement suit en effet une *règle*, probablement celle engrammée dans notre mémoire traumatique). « *Notre plus grande liberté, peut-être même la seule véritable liberté qui soit, réside dans notre manière de choisir comment réagir aux choses*[40]. » Pour atteindre cette liberté-ci, il nous faut comprendre pourquoi nous agissons comme nous le faisons, et donc faire la lumière sur notre mémoire traumatique, car :

> « *Voilà pourquoi une forme de violence peut remonter en nous lorsque notre enfant, bien malgré lui, nous fait revivre certaines situations. Peut-être avons-nous été forcés à manger et nous sommes alors tendus lorsque notre enfant ne finit pas son assiette, ou bien, si lorsqu'il se dandine parce qu'il a envie d'uriner nous lui hurlons d'aller aux toilettes, il se peut qu'enfant nous ayons reçu une fessée dans les mêmes circonstances. Notre amygdale cérébrale nous signale un danger, en face duquel nous avons tendance à rejouer ce que nous avons vécu enfant. Chaque fois que nous avons subi de la violence, des humiliations, des punitions, nous n'avons rien appris car nous étions en état de choc. La crainte dominait, et l'apprentissage ne pouvait pas se faire. De même, nous ne pouvons rien apprendre à notre enfant lorsque la violence nous domine*[41]. »

JE CONSCIENTISE UNE RÉACTION EN CHAÎNE

Je prends quelques minutes pour trouver un exemple qui est clairement du domaine de la réaction épidermique, incontrôlable et tout à fait personnelle. Par exemple : je deviens dingue quand Bébé envoie de la compote partout, alors que mon compagnon s'en fiche (mais lui ne supporte pas que Bébé pleure quand on lui mouille la tête alors que, moi, je peux tolérer ça sans souci).

À vous…

[40] *L'Enfant, la Taupe, le Renard et le Cheval*, Charlie Mackesy.

[41] Suite et fin de la citation de C. Dumonteil-Kremer.

Je m'énerve très vite quand Bébé...

Je cherche ensuite à conscientiser la chaîne Pensée-Émotion-Réaction qui me mène à la vitesse éclair à réagir intérieurement avec violence envers Bébé (ex. : envie de lui crier dessus, de lui attraper les poignets, de lui serrer fort le bras).

Par exemple, quand Bébé envoie de la compote partout en cherchant à saisir la cuillère, je note que j'ai la pensée : « Je ne supporte pas le gaspillage ! » (Une autre que moi aurait peut-être la pensée : « Je vais devoir encore faire une machine, marre d'être bobonne ! »)

→ Cette pensée *(« Il est intolérable de gaspiller la nourriture ! ») génère l'émotion de la colère, derrière laquelle se tapit de la peur : la peur d'être jugée comme étant inconsidérée, ingrate, inconsciente de la valeur des choses (dans l'inconscient collectif, cela nous amène certainement à ces années d'après-guerre, où il était impensable, dans certaines familles, de perdre un précieux pot de compote alors que la nourriture se faisait rare ou que le grand-père se massacrait le dos à cultiver son jardin pour nourrir la famille, que le père se faisait exploiter pour gagner de quoi acheter une occasionnelle confiserie à ses enfants, etc.)*

→ Cette émotion *(la peur d'être jugée ingrate, qui est masquée derrière ma colère) me pousse à réagir vertement en intimant à Bébé de ne pas s'agiter comme ça (alors même qu'il est tout naturel qu'il ait envie d'attraper cette petite cuillère brillante et virevoltante !). Pour finir, je conscientise à nouveau que, lorsque je réagis avec cette violence incompréhensible, c'est certainement parce que j'ai moi-même reçu cette violence étant toute petite (ma mère/ma nounou/la dame de la cantine devait virer au quart de tour et me réprimander sévèrement si je m'emparais de la cuillère, parce que sa mère devait en faire de même avec elle, parce que sa propre mère devait en faire de même, etc.).*

À vous...
Quand [ceci] arrive, j'ai [cette pensée] : ...
Cette pensée génère une émotion de colère derrière laquelle il y a en fait une émotion de : ...
Et c'est en vérité cette émotion-là qui me pousse à : ...

Maintenant, je conscientise qu'enfant, j'ai certainement vécu la même chose.
Je m'en souviendrai la prochaine fois que cela arrivera et je ferai de mon mieux pour réagir autrement, peut-être en...

Reprenant en cela les notions de la philosophie stoïcienne d'Épictète, qui appelait à prôner l'indifférence devant les pénibilités de la vie, le modèle « Pensée-Émotion-Réaction » de Brooke Castillo, outil de déconstruction cognitive, nous rappelle aussi que les circonstances sont toujours neutres. Seule ma perception des choses en fait quelque chose de positif ou de négatif, d'acceptable ou d'intolérable, d'accueilli ou de rejeté par mon système de référence interne. Et ce, pour la très bonne raison que mes pensées ne peuvent qu'être subjectives, immanquablement schématiques et, pour nombre d'elles, héritées (comme en témoigne l'exercice ci-dessus). « Il n'y a pas de fait, il n'y a que des interprétations », disait Nietzsche : gardons précieusement en mémoire ce petit sésame, qui se révélera mille et une fois utile tandis que notre enfant grandira.

> *Je prends maintenant un temps pour débusquer quelques-unes de mes croyances de maman qui répondent peut-être bien à une loyauté familiale...*
> Par exemple, il est évident pour moi qu'une jeune mère doit rapidement reprendre le travail pour rester « femme » et ne pas être « que mère ». Ou, au contraire, il est impensable pour moi de faire garder mon enfant par une autre. Je réalise que je reproduis, en cela, le modèle de ma mère, et peut-être de la sienne avant elle (je procède par imitation). Ou que, à l'inverse, je suis ici en réaction (je procède par rupture/rébellion) contre ce que j'ai vécu (souffrant, dans mon enfance, par exemple, d'avoir été mise en nourrice ou, au contraire, d'avoir été gardée par ma mère, car je me sentais seule et délaissée dans un cas ou dans l'autre).
>
> À vous...

J'ÉTABLIS MON PROFIL ÉMOTIONNEL ET ÉDUCATIF

Notre manière d'accueillir une situation, de réagir émotionnellement, puis de traiter cette émotion, de nous donner des injonctions inconscientes ou encore de nous situer vis-à-vis de nos pairs, c'est autant de choses encodées en nous depuis bien longtemps. Il est l'heure d'établir votre profil psycho-émotionnel afin d'en prendre conscience et de laisser à votre enfant le loisir d'être simplement lui-même, au-delà de vos mémoires, de vos représentations ou de vos répétitions inconscientes.

1° Blessures d'enfance

Nos blessures d'enfance, ainsi que les besoins insatisfaits qu'elles ont tout particulièrement générés, peuvent être difficiles à conscientiser (pour les nombreuses raisons que l'on a évoquées plus haut). En atelier ou en séance, j'aide mes clients à les identifier en leur posant parfois ces questions : « Qu'est-ce que vous ne voulez surtout pas que votre enfant vive ? De quelle douleur voulez-vous à tout prix le garder ? Quelle(s) blessure(s) voulez-vous *particulièrement* lui éviter ? » (Que l'on ait un enfant ou non, la réponse est déjà là.)

Ces blessures d'enfance, communément au nombre de cinq, sont les suivantes[42] :

- Rejet
- Injustice
- Abandon
- Trahison
- Humiliation

Le propre, face à une blessure, c'est d'adopter des mécanismes de survie et de défense pour éviter qu'elle ne se répète. Et c'est justement à cause de ces mécanismes-ci qu'on finit par la répéter *nous-mêmes* et qu'on la fait se répéter ! À défaut d'être conscientisée, une blessure d'enfance aura tendance à se répéter de génération en génération, et l'on assistera souvent au cas de figure suivant : l'aîné porte la même blessure d'enfance que sa mère, et l'enfant suivant la même blessure d'enfance que son père. Comme tout ce qui relève de la psychologie, rien n'est systématique (d'autant que nous sommes souvent porteurs, à tout le moins, de deux blessures majeures). Mais ces quelques indicateurs peuvent être bons à prendre en considération. Les pistes de travail que je propose pour dépasser ces mécanismes sont à la fois simples et complexes, comme tout ce qui concerne la

[42] Théorisées dans les années 1950 par W. Reich, puis par A. Lowen, ces blessures d'enfance ont été popularisées au Québec par Lise Bourbeau, dans les années 2000, puis reprises par nombre de thérapeutes français tels que A. Chevillon, P. d'Angeli, ou encore T. Janssen. J'ai, moi aussi, pour habitude de travailler avec ces blessures en accompagnement thérapeutique, lors des séances de travail consacrées à l'intergénérationnel ou à la reconnexion avec l'Enfant intérieur. Si elles participent d'une démarche étiologique (l'étude des causes d'un phénomène plutôt que de ses finalités) et qu'il est essentiel de ne pas s'arrêter là pour véritablement transmuter le mécanisme émotionnel, elles offrent, sans nul doute, un éclairage que je pense judicieux de conscientiser. C'est, du moins, ce à quoi j'assiste auprès de tous ceux que j'accompagne.

psyché humaine. Un paragraphe ne suffira jamais à rendre la profondeur de ces mouvements et changements intérieurs. Si vous sentez que, malgré toute votre bonne volonté, vous bloquez sur un point ou sur un autre, je ne saurais que trop vous inviter à travailler ces questions avec un thérapeute. Elles sont essentielles à notre équilibre intérieur et à notre bien-vivre.

Je vous invite à lire ces cinq profils et à trouver celui (ou ceux) dans le(s)quel(s) vous vous retrouvez le plus.

Quand je pense à l'évolution future de mon enfant, je peux facilement imaginer et/ou craindre...

... qu'il ait du mal à s'intégrer, qu'il soit mis à l'écart, isolé ;

... qu'il soit perçu comme un enfant « différent » ;

... qu'il se réfugie dans la solitude et la rêverie ;

... qu'il manque d'estime de lui-même, qu'il n'ose pas partager ses opinions, pensant qu'elles ont peu de valeur.

Il est fort possible que j'aie vécu, moi-même, **une blessure de rejet**.
Comment cela m'a-t-il impactée dans la gestion de mes émotions ?

- J'ai tendance à intellectualiser plutôt qu'à ressentir, à penser mon émotion plutôt qu'à la ressentir dans mon corps et dans mon cœur, voire à me couper de mon émotion.
- J'ai du mal à reconnaître ou à identifier mes besoins, j'ai tendance à me couper de mes besoins (physiques, affectifs, d'expression de soi, etc.).
- J'ai un grand besoin d'écoute et d'attention.
- Je suis peu consciente de mon corps, je ne l'habite pas vraiment (manque d'enracinement, gestion difficile de l'espace ou du temps).
- J'ai tendance à porter un masque de sérénité qui fait croire aux autres que je suis quelqu'un de serein, maîtrisant bien ses émotions, alors qu'en fait j'ai très peur de perdre le contrôle et d'entrer dans des colères noires.

Que faire pour dépasser ces automatismes ?

1. *J'apprends à nourrir par moi-même mes besoins d'intégration et d'appartenance. C'est ainsi que je pourrai ensuite oser la connexion aux autres en étant authentique, en étant « moi-m'aime ».* Lorsque je souffre de rejet, j'attends inconsciemment qu'on me donne ma place plutôt que de la prendre moi-même. Je n'ai pas encore compris que prendre ma place peut se faire sans heurts ni violence ; que prendre ma place ne veut pas dire prendre celle d'un autre ; et que prendre ma place peut se faire en dehors de tout rapport de domination ou de jeu de pouvoir. J'observe en moi quelles croyances m'empêchent de vivre cela : qu'est-ce qui me fait peur à l'idée de m'intégrer aux autres et de faire réellement partie d'une communauté (de la plus large, celle de la grande famille terrienne des êtres humains, à la plus petite, celle de ma famille, en passant par les cercles sociaux et les relations amicales) ? Malgré toute mon envie de vivre cela, ai-je peur, au fond, d'être entendue, d'être soutenue et accompagnée ? De jouer mon rôle sur cette grande planète ou d'être vue pour qui je suis, tout simplement ? La véritable connexion aux autres ne sera possible que lorsque je m'autoriserai à vivre la connexion à moi-même, en intégrant chacune de mes parts, sans en rejeter aucune. Alors, quelles parts de moi est-ce que je juge indésirables, quelles parts de moi est-ce que je censure et rejette à mon tour ?

2. *Je prends ma place dans ce monde et je m'enracine.* Je m'assieds, ferme les yeux et visualise toute l'énergie qui se concentre dans mon mental. Je choisis de la faire redescendre de ma tête à mes pieds, lentement mais fermement. Je visualise également de grandes racines qui se déploient depuis mon utérus… Souples et délicates, mais puissantes… elles se connectent à la Terre et ne cessent d'y plonger… jusqu'à ce qu'elles en atteignent le centre rougeoyant et vibrant. Alors, elles se fixent à lui solidement… Une fois la connexion établie, je prends le temps de ressentir l'énergie de la Terre faire le chemin inverse… et remonter lentement depuis ce centre de Vie et d'Abondance… tout le long de mes racines… jusqu'à atteindre ma matrice et remplir mon ventre… Là, fermement enracinée à la Terre… **je prends ma place**. Je me tiens là, droite, puissante et connectée… Le temps nécessaire… le temps de recevoir cette énergie d'abondance, d'appartenance et de légitimité. Je suis fille de la Terre-Mère et j'y prends ma place. Je suis un cadeau de la Vie. J'appartiens au Vivant et j'y prends ma place : ma place à moi et à moi seule, unique au monde, faite pour moi seulement.

3. *Je ressens mes émotions dans mes sensations physiques plutôt que de les penser.* La prochaine fois que je me dis que « je suis triste » ou que « je suis lasse », par exemple (et que cette pensée est peut-être bien immédiatement intellectualisée et rationalisée : « Eh oui, j'ai pas arrêté, c'est à cause de ceci/cela », et/ou suivie d'un mouvement de rejet du type : « Je suis fatiguée/triste ? Eh bien, c'est comme ça, on fait avec ! »), je m'arrête. Pause. Je fais l'effort de quitter le discours, le mental, la pensée (« je me dis que », « je sais bien que c'est parce que… », « donc, il faut que… »), et je me replace dans mon corps : je reprends place dans mon corps. Comment ça fait, dans mon corps, de vivre ça ? Comment s'y manifestent cette tristesse, cette fatigue ? Où sont-elles dans mon corps, quels espaces occupent-elles ? Je dépose mon attention sur mes ressentis physiques, sur ce qui se manifeste dans mon corps, et non dans ma tête. Et je reste un moment avec ces sensations : gorge nouée, poitrine serrée, souffle court, jambes lourdes, douleurs articulaires, nuque tendue, sensation de nausée… Si désagréable que ce puisse être, je reste là, présente à mon corps. Plutôt que de reproduire le rejet en rejetant ces sensations et ces sentiments inconfortables, je les accueille et je les intègre. Je fais l'effort de respirer tranquillement à l'intérieur de ces sensations. Le temps nécessaire…

4. *J'apprends à prendre soin de mes besoins physiques et matériels plutôt que de les mettre en sourdine (me nourrir quand j'ai faim, m'habiller quand j'ai froid, aller aux toilettes dès que j'en ai envie… et non pas remettre à plus tard !).* De la même façon que mon bébé est intimement connecté à ses besoins physiques, et donc à son instinct (urinant et déféquant, réclamant à manger et à boire, cherchant le sommeil dès que le besoin s'en fait sentir, cessant de manger dès qu'il a atteint la satiété ou que son corps, malade, a besoin d'une diète pour se concentrer sur sa guérison), je suis née, moi aussi, avec cet instinct et cette connexion étroite aux besoins de mon corps. Je les ai perdus en grandissant, remplaçant les rythmes de mon corps par ceux de l'autre, de l'horloge, de l'école et des conventions sociales. Mais je peux me rééduquer et apprendre de nouveau à écouter les rythmes et besoins de mon corps plutôt que de les rejeter en les subordonnant à ce que dicte ma tête (« je meurs de faim, mais je patiente, on dîne dans trente minutes », « j'ai vraiment besoin d'aller aux toilettes, mais je vais d'abord finir d'étendre le linge », « je ferais bien une sieste, mais c'est pas du tout une heure pour faire la sieste… », etc.). Cette reconnexion à mon corps passe aussi par la reconnexion à mes cinq sens : pour cela, il peut être utile de me détacher du sens de la vue, qui toujours monopolise mon attention et éclipse les quatre autres. Quand je cesse de ne compter que sur mes yeux, je reprends conscience de ce que j'entends, de ce que je respire, de ce que je goûte, de ce que je sens sur ma peau ou dans mon corps... Je peux me prêter à cet exercice de temps en temps, les yeux fermés, pour une minute ou pour une heure...

À vous ! Où en êtes-vous sur chacun de ces 4 points ? Notez vos réflexions :

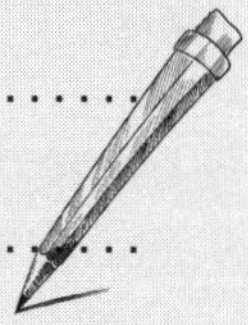

1. ....

2. ....

3. ....

4. ....

Quand je pense à l'évolution future de mon enfant, je peux facilement imaginer et/ou craindre...

... qu'il manque, tout court, qu'il manque de tout (d'amour, de temps, d'argent, de présence, de passions...) ;

... qu'il ait plein de problèmes et soit souvent victime des autres, de la malchance ou de la vie elle-même ;

... qu'il ne sache pas s'en sortir tout seul et qu'il ait constamment besoin d'aide ;

... qu'il ait de très (trop) grands besoins d'attention et de soutien ;

... qu'il fuie les autres ou qu'il m'abandonne moi-même un jour.

Il est fort possible que j'aie vécu, moi-même, **une blessure d'abandon**.
Comment cela m'a-t-il impactée dans la gestion de mes émotions ?

- J'ai tendance à croire que c'est l'autre qui peut combler mes besoins, et qu'à moi seule je n'ai pas les ressources pour m'en sortir.

- Je crois inconsciemment que c'est l'autre qui me permet d'exister, et que, si la relation prend fin, « je » prends fin, moi aussi.

- J'ai tendance à fusionner avec l'autre ou à être, au contraire, hyper indépendante.

- J'ai souvent envie de pleurer.
- J'ai tendance à ne jamais m'arrêter, à rendre constamment service et à m'en plaindre, attendant secrètement, en retour, que l'on s'occupe de moi, comme je m'occupe des autres, et que l'on me donne validation et approbation.

Que faire pour dépasser ces automatismes ?

1. *Je reprends possession de ma puissance personnelle et de mes capacités à faire et à vivre les choses* ***seule***. Si je place ma puissance (mon pouvoir d'action, de décision, d'amour de soi, de droit au bonheur, etc.) en l'autre (père, mère, partenaire, amis), je perds le sens de mon identité : je ne suis plus définie que par l'autre (par notre relation et la place qu'elle me donne, mais aussi par les choix et envies de l'autre). Or, chacun de nous est un être souverain et libre. Personne d'autre que moi ne fait respirer mon corps ou battre mon cœur chaque seconde. C'est la Vie en moi qui me rend vivante, et personne d'autre. Il s'agit de me souvenir que, la seule personne au monde avec laquelle je suis assurée de finir mes jours, c'est moi-même. N'est-il donc pas primordial de ressentir pour cette personne (« moi-m'aime ») respect, admiration et tendresse, de veiller sur son intégrité et de l'accompagner sur le chemin de la liberté ?

2. *Je prends des responsabilités et j'opère des choix de manière autonome, libérée de l'approbation ou du soutien de l'autre.* Même si personne ne me « dit quoi faire » textuellement, je ne suis pas en train de faire des choix autonomes si je les fais en fonction des désirs de l'autre (explicites ou implicites), de son approbation (explicite ou implicite) ou de ce que je crois comprendre de ses attentes. Dès lors que je m'efforce de plaire ou de faire plaisir, et de privilégier la tranquillité de la relation plutôt que de suivre l'élan de mon cœur, je me renie et me coupe de ma spontanéité. Il me faut donc apprendre à dire non, en réalisant, comme on le dit en Communication NonViolente, que, « lorsque je dis non à l'autre, je dis oui à l'un de mes besoins. Et lorsque l'autre me dit non, il dit oui à l'un des siens. » C'est ainsi, en développant l'affirmation sereine de soi, que je peux apprendre à réaliser des choses pour moi. Chaque être est souverain et indépendant, responsable de lui-même et responsable de ses choix. Loin de menacer la relation et de me faire courir le risque de perdre l'autre, c'est au contraire cette indépendance et cette assise intérieure qui feront de moi quelqu'un dont on recherche la compagnie.

3. *Je dédramatise les choses et m'attache à prendre plus de recul, à être moins dans la réaction émotionnelle et dans le « drame ».* Être dirigée par la blessure d'abandon, c'est refuser tout processus de deuil : refuser la perte, la rupture, la séparation, la fin du lien, la fin d'un cycle, tout ceci s'apparentant à la Mort. *« Et si l'autre (la relation, l'échange, si douloureux soit-il) prend fin et "meurt", alors qu'il me "définissait" et me "donnait vie", alors que reste-t-il de moi ? Je meurs, moi aussi ! »* : voilà les méandres inconscients qu'empruntent mes pensées. Il s'agit de sortir du drame, de me souvenir que tout ceci n'est que croyances limitantes d'une part blessée de moi, à qui il faut apprendre que toute chose a une fin, et que c'est bien ainsi. De même que les hivers se terminent un jour, les amitiés ou les amours, les vies humaines ou les offres d'emploi, les lieux de vie ou les bons moments prendront fin, que ce soit aujourd'hui ou au dernier jour de notre vie. Accepter notre finitude n'est pas une mince affaire, mais fait partie de notre existence terrestre au même titre que le reste.

4. *Je nourris mes besoins de sécurité et d'autonomie.* Dès lors que je réalise que je suis en train de compter sur l'autre pour me rassurer sur ma valeur (et donc me donner le droit de me sentir digne d'amour), je me retire en moi l'espace d'un moment. Un moment pour retourner voir la petite fille que j'ai été et qui est inquiète de ne pas être suffisamment aimable. Je lui donne alors amour et sécurité affective, l'assurant de ma présence. Je lui rappelle qu'elle est capable, et que son pouvoir personnel lui appartient, à elle et à elle seule, tout comme la couleur de ses yeux, le cœur qui bat dans sa poitrine ou le bout de ses dix doigts.

À vous ! Où en êtes-vous sur chacun de ces 4 points ? Notez vos réflexions :

1. ....

2. ....

3. ....

4. ....

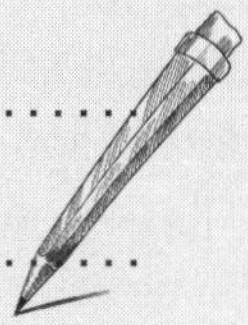

Quand je pense à l'évolution future de mon enfant, je peux facilement imaginer et/ou craindre…

… qu'il se fasse duper par les autres, qu'on abuse de sa crédulité, qu'on lui mente ou qu'il ne puisse pas compter sur un environnement *secure* et cohérent ;

… que les autres ne respectent pas ses frontières psycho-émotionnelles et « l'envahissent » ;

… qu'il dévoile sa sensibilité et que les autres en profitent pour profiter de lui ;

… qu'il manque de confiance envers les autres ou envers lui-même ;

… qu'il se juge très sévèrement et ne se laisse rien passer ;

… qu'il soit perfectionniste et très exigeant avec lui-même.

Il est fort possible que j'aie vécu, moi-même, **une blessure de trahison**.
Comment cela m'a-t-il impactée dans la gestion de mes émotions ?

- J'ai tendance à contrôler l'autre, sous couvert de le protéger, parce que je cherche, en fait, à me protéger, moi.
- Je porte le masque de la sérénité afin de cacher ma grande émotivité, une émotivité qui me panique et m'insécurise, car je pense qu'elle me rend vulnérable et que l'autre risque de profiter de moi.
- Je peux avoir tendance à utiliser la culpabilisation, la colère et la force si la « méthode douce » (une forme légère de manipulation) n'a pas permis que les choses se passent comme je le voulais.

Que faire pour dépasser ces automatismes ?

1. *Je travaille mon lâcher-prise en quittant mes illusions de contrôle et j'apprends à accueillir la vie telle qu'elle est.* Si rassurant que ce puisse être de croire que je contrôle ma vie en contrôlant mon environnement (mon corps, mon temps, ma maison, mon gazon, mon entourage, mon travail, mon compte en banque, ma voiture), il me faut me souvenir que ceci est une illusion. Je ne contrôle pas plus la Vie que la météo. Bien sûr, je peux opérer des choix éclairés et prendre, chaque jour, la meilleure décision possible concernant ma santé ou mon argent. Mais la vie, à l'image d'un jardin, ne peut pas toujours être bien délimitée, nette et coupée ras : elle est tantôt sauvage et tantôt civilisée, tantôt bordélique et tantôt bien rangée. Les herbes sauvages y trouveront toujours de quoi pousser, et je ne suis à l'abri d'un orage ni d'une sécheresse ravageant mes parterres. Pour atteindre la véritable sérénité, et non le masque de sérénité que je m'efforce de porter pour masquer mon besoin de contrôle, il me sera nécessaire d'accueillir cette vérité et d'accepter que mon pouvoir soit limité, et qu'au-delà d'un certain rayon d'action, je ne puisse que m'en remettre à la Vie, m'incliner devant elle et lâcher prise. Lâcher prise. Non avec rancœur et sentiment d'impuissance, mais avec humilité et confiance. Avec cette certitude qu'une intelligence plus grande que la mienne œuvre en silence et sait mieux que moi[43].

2. *J'accepte ma vulnérabilité, je l'accueille et je la distingue de la « fragilité ».* Si je souffre d'une blessure de trahison, il est probable que je sois constamment – quoique inconsciemment – en train d'exhiber ma capabilité : quelque chose en moi est toujours en train d'envoyer un message comme « yes, I can ! » ou « je t'ai à l'œil, tu ne m'auras pas ». J'ai pourtant le droit de déposer les armes. Elles pèsent si lourd ! Cette armure, qui devait me protéger, est devenue prison et me coupe du contact avec moi-même. Il est important que je prenne conscience que je peux vivre mon humanité dans toute sa vulnérabilité sans pour autant être ouverte aux quatre vents et courir le risque que l'autre m'écrase, me domine ou me trahisse. C'est, au contraire, dans cette ouverture authentique, dans cette vulnérabilité partagée que je découvrirai que l'autre a envie de me tendre la main et de m'honorer de la confiance que je lui ai offerte.

3. *Différencier le « pouvoir » de la « puissance ».* Appelons ici « pouvoir » ce qui s'exerce plutôt verticalement, partant de moi pour agir sur mon environnement et sur mes proches, dans un rapport de domination et de contrôle. Et appelons « puissance » ce qui se développe plutôt dans un rapport horizontal, allant de moi à moi, dans une quête de maîtrise de soi bienveillante. En caricaturant un peu, nous pouvons y voir la même différence qu'entre un combat de boxe (multiplication du geste, bruit et agitation, écrasement de l'adversaire) et un combat d'art

[43] À ce sujet, je vous invite à pratiquer la visualisation thérapeutique « Je me relie à la Grande Mère » (chapitre 9) et à découvrir le chapitre 12, consacré au lâcher-prise.

martial (maîtrise et économie du geste, calme et silence, respect de l'adversaire). À moi de pratiquer la puissance plutôt que le pouvoir et de chercher à être supérieure à moi-même plutôt qu'aux autres.

4. Je deviens plus tolérante avec moi-même et je me lâche un peu les baskets. Je suis un être humain, un être de chair et d'émotions, arrivé au monde avec des glandes lacrymales. J'ai le droit de pleurer, j'ai le droit de ne pas réussir, j'ai le droit d'être fatiguée et de baisser les bras. J'ai le droit de ne pas comprendre, j'ai le droit de ne pas savoir, j'ai le droit de ne pas maîtriser : rien de tout cela ne fait de moi quelqu'un d'inférieur, pour la simple raison que nul n'est inférieur ou supérieur 4. à l'autre. Ces rapports de hiérarchie ne sont qu'une triste croyance partagée par l'inconscient collectif. Mais, au fond de moi, la sagesse de mon cœur sait que chacun détient un petit morceau de la Vérité, et que ce n'est que dans l'interdépendance et l'intelligence collective que nous pouvons rassembler son puzzle. Alors, je me fous la paix et je profite de mon petit morceau de puzzle : après tout, il ne détiendra jamais ni l'intégralité ni le monopole de la *big picture* (et c'est très bien comme ça !).

À vous ! Où en êtes-vous sur chacun de ces 4 points ? Notez vos réflexions :

1. ....

2. ....

3. ....

4. ....

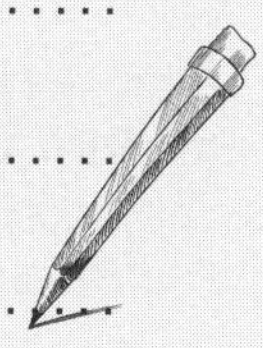

Quand je pense à l'évolution future de mon enfant, je peux facilement imaginer et/ou craindre...

... qu'il ne se sente pas libre d'être lui-même, qu'il se sente obligé de verrouiller sa spontanéité et son authenticité pour s'adapter au monde ;

... que les autres le jugent, le cloisonnent et l'enferment dans leurs projections ;

... qu'il s'efforce constamment de plaire aux autres, d'être conforme à leurs attentes ;

... qu'il se juge comme n'étant ou ne faisant « jamais assez » ;

... qu'il s'épuise dans l'effort avant de se donner le droit d'être fier de lui.

Il est fort possible que j'aie vécu, moi-même, **une blessure d'injustice.** Comment cela m'a-t-il impactée dans la gestion de mes émotions ?

- J'ai du mal à demander ou à recevoir de l'aide.
- J'ai tendance à me suradapter pour satisfaire les attentes de tout le monde, en devançant même ses attentes pour que l'autre se sente toujours bien, au détriment de mon authenticité et de mes besoins.
- Je peux avoir tendance à culpabiliser dès que j'essaie de me détendre, car j'ai la croyance que, « le repos, ça se mérite ». Et ma grande auto-exigence me rend très exigeante envers les autres et rapidement colérique.

Que faire pour dépasser ces automatismes ?

1. *Je me donne le droit (tout court !).* Je profite de chaque occasion de la vie pour faire un pas de côté et observer les limitations que je m'impose (injonctions, interdictions...). Et, doucement, petit à petit, j'apprends à me lâcher la grappe et à me donner le droit : le droit d'être moi sans être parfaite, le droit de commettre des erreurs sans dramatiser, le droit de me reposer, le droit de nourrir mes besoins et de me faire passer en premier, le droit d'exprimer mes émotions et de pleurer devant l'autre, le droit d'être plus indulgente et plus souple, avec moi-même comme avec l'autre, ou encore le droit de pratiquer l'autodérision !

2. *Je me libère du besoin de faire mes preuves pour me sentir en sécurité ou digne d'amour.* Je me souviens que le pire des juges envers moi-même n'est autre que moi. Le regard de l'autre, que je crains en permanence, est loin de se préoccuper de moi comme je m'en préoccupe ! Je peux observer cette partie de moi qui me juge à chaque occasion et la rassurer en lui répétant que je peux être aimée, estimée et digne de recevoir, sans toujours chercher à faire mieux ou à faire plus. Je fais ce que je peux, un jour après l'autre. Je fais avec mes ressources du jour, toujours changeantes, et c'est très bien comme ça : ne dit-on pas que « le mieux est l'ennemi du bien » ?

3. *Je remplace l'auto-jugement par l'auto-empathie.* Dès lors que j'observe cette part critique de moi en train de me tendre le bâton, je me mets en pause et fais un pas de côté : je me donne alors un temps d'auto-empathie (une minute, quinze minutes, peu importe : je fais avec ce que j'ai) et je suis alors les étapes ci-après[44]. J'écoute les jugements, injonctions et critiques que ma part « psychorigide et exigeante » est en train de me faire. Je m'efforce de les écouter avec détachement, en prenant du recul. Puis je cherche la peur qui se cache derrière cet auto-jugement sévère (ai-je peur de me sentir… rejetée, méprisée, blâmée, incomprise, incapable, etc. ?) et quel est le sentiment que ces autocritiques me font ressentir (je me sens alors… stressée, frustrée, tendue, découragée, impuissante, coupable, honteuse, fatiguée, vidée ?). Enfin, quel est le besoin que je cherchais à combler en réalisant cette action qui ne s'est pas déroulée comme je le souhaitais (j'avais besoin de… préservation de mon rythme, d'harmonie, d'ordre, d'estime de moi, d'appréciation, de contribution, de réalisation, etc.) ? Je prends ensuite une minute pour convoquer en moi l'énergie positive de ce besoin, c'est-à-dire pour ressentir comment je me sens dans mon corps et mon cœur quand ce besoin (d'ordre ou d'appréciation, par exemple) est nourri. J'infuse cette énergie dans tout mon corps et je fais baigner ma petite critique psychorigide dedans (avec bienveillance et douceur, il ne s'agit pas de chercher à la noyer !).

À vous ! Où en êtes-vous sur chacun de ces 3 points ? Notez vos réflexions :

1. ....

2. ....

3. ....

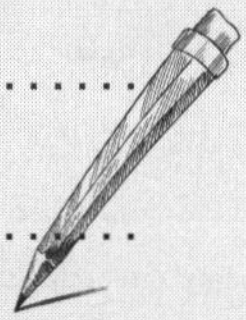

Quand je pense à l'évolution future de mon enfant, je peux facilement imaginer et/ou craindre…

… qu'il se fasse écraser par les autres ou qu'on se moque de lui ;

… qu'il ne sache pas dire « non » et soit incapable de poser ses limites ;

[44] Nous reviendrons à l'auto-empathie au chapitre 11. Cet outil est indispensable à chacun et en tout temps, que nous soyons mus par une blessure d'injustice ou par une autre, que nous soyons en difficulté ou non, que nous soyons parents ou non, enfants ou adultes, etc. Elle est à la base de la santé psychique et de la régulation émotionnelle qui a trop longtemps fait défaut à notre éducation, génération après génération. À nous de changer cela en offrant à nos enfants l'exemple de mamans et de papas qui savent se donner ces temps d'amour et de connexion à soi. C'est ainsi que nos enfants, naturellement, sauront se l'offrir aussi et pratiquer, côte à côte, l'empathie et l'auto-empathie de manière juste et équilibrée.

... qu'il manque d'estime de soi et se trouve nul ;

... qu'il ait besoin de se construire une carapace pour survivre à tous ceux qui abusent des autres.

Il est fort possible que j'aie vécu, moi-même, **une blessure d'humiliation**. Comment cela m'a-t-il impactée dans la gestion de mes émotions ?

- J'ai tendance à étouffer mes émotions.
- Je porte un masque de gentillesse pour me protéger de l'autre et de ce que je perçois comme ses exigences ou ses moqueries.
- Je n'ose pas dire « non », poser mes limites, prendre soin de mes besoins ou exprimer ma colère : quand je me mets enfin en colère, j'explose violemment et je prends peur.

Que faire pour dépasser ces automatismes ?

1. *Je travaille à me détendre physiquement.* Chaque jour (au réveil ou au coucher, après le repas, etc.), je prends quelques minutes pour détendre et étirer doucement mes épaules, ma nuque et mon cou, mais aussi mes lèvres et ma gorge, ainsi que mes pieds et mes poings. Je peux rouler les épaules en arrière et tracer doucement un cercle avec mon crâne en faisant rouler ma tête d'un côté, puis de l'autre, avant de la laisser délicatement tomber sur ma poitrine (étirement de la nuque) et de l'incliner vers l'arrière (étirement du cou), en caressant ma gorge vers le bas, d'une main, puis de l'autre, comme si je mettais de la crème. Je peux faire vibrer mes lèvres en imitant le bruit d'une voiture, en soufflant dans une paille (« brrrr »), ou encore en pratiquant les « r » roulés de la langue espagnole (détente de la bouche). Je peux ouvrir et refermer mes mains et mes pieds, masser et étirer chacun de mes doigts et de mes orteils, une zone après l'autre, lentement, en conscience.

2. *J'apprends à exprimer ma colère.* Il est essentiel que j'apprenne à m'offrir tout le respect que je mérite. Pour cela, apprendre à dire « non » pour protéger mes besoins et poser mes limites sera très important. Chaque fois que je me sens en colère, je me souviens que ma colère est un indicateur venu me signaler que je n'ai pas osé exprimer mon « non » suffisamment tôt. Et c'est OK : c'est un apprentissage, et je ferai mieux la prochaine fois ou celle d'après. Mais je ne dois pas répéter cet irrespect initial envers moi-même (celui qui m'a menée au-delà de mes limites, et donc à la colère) en choisissant maintenant de censurer cette colère ! Alors, j'apprends à l'exprimer sainement, notamment au travers de la Communication NonViolente, une école qui, contrairement à ce que l'on pense, se focalise avant tout sur la violence que chacun exerce envers lui-même. Comment exprimer cette colère, alors ? Tout simplement en expliquant peut-être à l'autre, sans crier, que « je suis en colère parce qu'à l'occasion de..., j'ai eu le sentiment de ne pas être *respectée / entendue / considérée / consultée*... et cela me fait beaucoup de peine. J'ai besoin de sentir que je suis considérée, que mon opinion compte et que j'ai le droit de dire "non", même si cela n'est pas facile pour moi[45]. »

3. *Je cesse de me plier aux désirs de l'autre.* Lorsque je souffre d'une blessure d'humiliation, me plier aux désirs de l'autre est en fait un motif caché et inconscient, celui de ne pas avoir à m'occuper de moi-même. En effet, m'occuper de moi-même – et surtout me sentir libre de le faire – me fait peur ! Comme un prisonnier habitué à sa cellule et qui, soudain, verrait sa porte grande ouverte, sur un champ ensoleillé, je peux avoir tendance à me replier dans ma prison par peur de ne pas savoir quoi faire de toute cette liberté. Il s'agira alors, en premier lieu, de prendre le temps de découvrir ce qui me met en joie, ce que j'ai envie de faire, ce qui me donne de la légèreté et de la gaieté. (Eh non, ce n'est pas rendre service à la petite mamie d'à côté ou concocter un bon petit plat pour la famille ! Cherchez plutôt du côté des loisirs, des arts créatifs, des pratiques sportives, bref, de tout ce qui se pratique pour soi et divertit agréablement[46].)

À vous ! Où en êtes-vous sur chacun de ces 3 points ? Notez vos réflexions :

1. ....

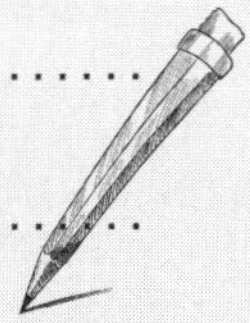

2. ....

3. ....

[45] Au sujet de la colère et de son expression, rendez-vous au chapitre 10 !

[46] Rendez-vous au chapitre 11 pour l'exercice de création de votre *tout-doux* liste à vous !

2° Drivers / injonctions de l'enfance

Nos « drivers[47] », concept que l'on pourrait traduire par « ce qui me conduit ou me propulse », sont issus de certaines injonctions de notre enfance que nous avons internalisées et faites nôtres. Ce sont ces petits messages que je me répète inconsciemment, tout au long de la journée, et qui déterminent l'énergie avec laquelle j'ai tendance à faire les choses. S'ils ne sont pas négatifs en soi, m'offrant même de belles qualités (comme vous le verrez plus loin), ils le deviennent si nous les appliquons de manière rigide ou excessive. Il est utile de conscientiser quels sont nos drivers principaux pour apprendre à nous en distancier lorsque nous commençons à trop nous les asséner. C'est ainsi que nous apaiserons la tyrannie du mental pour laisser plus de place à la conscience de soi et de nos émotions.

Là encore, je vous invite à lire ces 5 profils et à trouver celui ou ceux dans le(s)quel(s) vous vous retrouvez le plus.

Face à toute situation de stress avec Bébé (situation dans laquelle je ressens un sentiment d'impuissance, d'endurance forcée ou encore d'urgence) :

- J'ai tendance à me dire des choses comme : « J'aurais pu faire mieux » ; « On fait les choses bien ou on ne les fait pas » ; « Aïe, les invités arrivent : il faut que tout soit nickel ! »
- J'ai tendance à me focaliser sur les méthodes, les moyens, le « comment faire (plus/mieux) ».
- J'ai tendance à perdre de vue l'essentiel, ce qui compte vraiment.
- J'ai tendance à être insatisfaite, exigeante, voire intolérante (avec moi comme avec l'autre) et susceptible. Mais aussi persévérante, consciencieuse et engagée.

[47] Ces concepts sont issus de l'analyse transactionnelle, courant de psychologie dont le fondateur, Eric Berne, a été l'un des premiers à travailler sur la manière dont les injonctions parentales nous structurent et impactent nos choix de vie. Je vulgarise son travail sur « les 4 mythes » (« Nous ne pouvons faire ni le bonheur ni le malheur de l'autre. ») et celui de son collaborateur Stephen Karpman sur le « triangle dramatique » (Victime-Bourreau-Sauveur) dans l'ouvrage *21 jours de pratique émotionnelle*. Taibi Kahler a repris, par la suite, ce travail sur les injonctions parentales pour développer le concept des « drivers » (ou « messages induisant une contrainte/injonction »).

Au fond, j'ai besoin qu'on me rassure, qu'on me manifeste de la compréhension, de la reconnaissance et de l'attention, qu'on me donne le droit de commettre des erreurs, qu'on m'aide à être dans l'Être plutôt que dans le Faire.

→ Mon driver principal est certainement : « **Sois parfaite.** »

Dans ma manière de prendre soin de moi (prendre du temps pour moi, m'en donner le droit, et me donner de l'amour et de l'empathie), cela peut se traduire par une perpétuelle remise à plus tard, car, si je dois attendre d'avoir atteint la perfection et d'en avoir suffisamment fait sur une liste par définition interminable, alors ces temps de pause n'arriveront jamais !

Et si je ne conscientise pas ce driver et le reproduis sur mon enfant, je lui dirai peut-être ces choses que j'ai dû entendre moi-même : « *Recommence* » ; « *Regarde, là, tu as débordé* » ; « *8/10 ? C'est dommage. À cause de quoi tu n'as pas eu 10 ?* » ; « *Range ta chambre, il y a une serviette qui traîne.* » Comment remplacer ces remarques ? Peut-être en prenant l'habitude de pointer d'abord le positif, en décrivant ce que nous pouvons apprécier de l'action ou des efforts de notre enfant : « *Je vois que tu as été soucieux de bien faire et tu peux être fier de ça* » ; « *Tu as réussi la moitié des exercices, tu peux être fier de ça. L'autre moitié n'est pas aussi bien réussie, mais tu vas apprendre grâce à ces erreurs. C'est normal d'en faire, tu sais. C'est comme ça qu'on progresse* » ; « *Ta chambre est plutôt rangée et j'apprécie beaucoup cela. En même temps, je vois une serviette au sol : peux-tu la ranger, elle aussi ?* »

Face à toute situation de stress avec Bébé (situation dans laquelle je ressens un sentiment d'impuissance, d'endurance forcée ou encore d'urgence) :

- J'ai tendance à me dire des choses comme : « Il faut que j'en fasse plus » ; « Si on fait quelque chose, on ne le fait pas à moitié » ; « On obtient tout à la sueur de son front » ; « Si c'est trop facile, ça n'a aucun mérite. »
- J'ai tendance à me focaliser sur l'effort plutôt que sur le résultat, allant même jusqu'à complexifier les choses et me rendre la tâche plus difficile.
- J'ai tendance à perdre de vue que je peux déléguer ou demander de l'aide.

- J'ai tendance à être épuisée, incapable de profiter des plaisirs simples et de me poser. Mais aussi persévérante, travailleuse et très serviable.

- Au fond, j'ai besoin qu'on me rassure, qu'on manifeste de la confiance en mes capacités, qu'on me propose aide et soutien, en m'expliquant clairement que j'en ai le droit, et qu'on m'invite à prendre plaisir à ce que je fais sans m'auto-challenger en permanence.

➡ Mon driver principal est certainement : « **Fais des efforts.** »

Dans ma manière de prendre soin de moi (prendre du temps pour moi, m'en donner le droit, et me donner de l'amour et de l'empathie), cela peut se traduire par le mécanisme inconscient de rendre compliqués même les moments simples qui devraient me ressourcer. Si c'est trop facile, trop directement atteignable (« Comment ça ? Il suffit de s'asseoir et de respirer ? C'est ça, oui… »), alors ce n'est pas « mérité », et donc pas digne d'intérêt !

Et si je ne conscientise pas ce driver et le reproduis sur mon enfant, je lui dirai peut-être ces choses que j'ai dû entendre moi-même : *« On n'a rien sans rien »* ; *« Je pense que tu pourrais faire plus d'efforts »* ; *« Allez, on s'y remet »* ; *« Tu es sûr que tu as tout donné, là ? »* Comment remplacer ces remarques ? Peut-être en prenant l'habitude de souligner les efforts qui ont déjà été fournis et en invitant à faire des pauses pour mieux les apprécier : *« Je vois qu'on arrive au bout de notre élan : arrêtons-nous un moment pour regarder tout ce qu'on a déjà fait ! »* ; *« Ça n'avait peut-être pas l'air de grand-chose, mais en fait ça nous/t'a déjà pris pas mal de temps, tu as vu ? »* ; *« Je pense qu'on mérite une petite pause, tu crois pas ? »*

Face à toute situation de stress avec Bébé (situation dans laquelle je ressens un sentiment d'impuissance, d'endurance forcée ou encore d'urgence) :

- J'ai tendance à me dire des choses comme : « Il faut que je pense aux autres » ; « Je dois partager, il faut être gentille » ; « J'espère que ça lui fera plaisir » ; « J'ai peur de lui faire de la peine » ; « Allez, je vais le faire pour rendre service. »

- J'ai tendance à me focaliser sur les besoins de l'autre plutôt que sur les miens.

- J'ai tendance à perdre de vue que je peux dire « non » sans être blessante.

- J'ai tendance à me sentir coupable, à avoir peu d'estime de moi, à craindre de décevoir et à peu m'affirmer. Mais je suis aussi altruiste, empathique et à l'écoute.

Au fond, j'ai besoin qu'on me rassure, qu'on reconnaisse tout ce que j'ai fait pour l'autre, qu'on m'invite à prendre aussi soin de moi et à m'écouter, et qu'on me manifeste que j'ai le droit d'exprimer mes émotions et que, si j'ose dire « non », cela saura être reçu et ne menacera pas la relation.

➡ Mon driver principal est certainement : « **Fais plaisir.** »

Dans ma manière de prendre soin de moi (prendre du temps pour moi, m'en donner le droit, et me donner de l'amour et de l'empathie), cela peut se traduire par le besoin de m'assurer que tous ceux qui m'entourent ont tout ce qu'il faut, avant que je puisse me poser et m'occuper de mes besoins à moi, ce qui n'arrivera donc jamais, puisque l'être humain est, par définition, un être vivant qui ne finira jamais d'avoir de nouveaux besoins !

Et si je ne conscientise pas ce driver et le reproduis sur mon enfant, je lui dirai peut-être ces choses que j'ai dû entendre moi-même : *« Allez, pour faire plaisir à maman ! »* ; *« Oh, allez, sois gentil ! »* ; « Tu veux pas me faire de la peine, quand même ? » ; *« Allez, fais-le pour moi, s'il te plaît ! »* Comment remplacer ces remarques ? Peut-être en prenant conscience que mon enfant ne me doit rien : il n'a pas de dettes envers moi parce que je prends soin de lui. Et il n'est pas non plus responsable de faire mon bonheur (moi seule suis chargée de mon bonheur). Alors, je l'invite à trouver des solutions par lui-même pour dénicher le point d'équilibre entre ce qui lui fait plaisir et ce qui fait plaisir à l'autre, sans sacrifices ni égoïsme : *« Comment pourrait-on faire pour que tu puisses avoir… et que X puisse avoir… ? As-tu une idée ? »* ; *« Je vois que nos besoins et nos intérêts divergent… »* ; *« En fait, quand tu me dis que tu refuses… est-ce que c'est parce que tu as besoin de… ? Ah, je vois. Comment pourrait-on à la fois nourrir ton besoin de… et faire cette chose que j'ai besoin que l'on fasse[48] ? »*

[48] Ces alternatives sont issues de la parentalité positive, qui invite à prêter attention aux besoins et aux émotions de l'enfant pour une saine communication en famille. Ce dernier exemple fait partie du super protocole de la « résolution de problème », qui nous vient des ouvrages d'Adèle Faber ou de Thomas Gordon (cf. liste en fin d'ouvrage). Joanna Faber, fille d'Adèle Faber, a coécrit, trente ans après les travaux de sa mère, une variante pour les tout-petits : Parler pour que les tout-petits écoutent – Un guide de secours pour le quotidien avec des enfants de 2 à 7 ans. C'est pour moi une bible (et pas de celles qui nous culpabilisent !), que je recommande avec enthousiasme, ainsi que le recours au protocole de la « résolution de problème » dès que les enfants sont en âge de s'exprimer.

Face à toute situation de stress avec Bébé (situation dans laquelle je ressens un sentiment d'impuissance, d'endurance forcée ou encore d'urgence) :

- J'ai tendance à me dire des choses comme : « Il faut que je me dépêche » ; « Allez, vite, vite, vite ! » ; « Je devrais déjà avoir terminé » ; « Et ensuite, je fais quoi ? »
- J'ai tendance à me focaliser sur l'action et le mouvement plutôt que sur le résultat et la satisfaction tranquille qui en découle.
- J'ai tendance à perdre de vue que je peux faire autrement que dans la précipitation ou le dernier moment, et que je pourrais planifier tranquillement les choses une à une.
- J'ai tendance à être impatiente, brouillonne, négligente, en retard, stressée, incapable d'évaluer correctement le temps nécessaire. Mais aussi dynamique, efficace, réactive et motivée.
- Au fond, j'ai besoin qu'on me rassure, qu'on me dise que je peux prendre le temps (et que j'ai même le droit d'en perdre), qu'on m'aide à apprécier le résultat de mes efforts et qu'on m'invite à m'en tenir là pour aujourd'hui.

➡ Mon driver principal est certainement : « **Dépêche-toi.** »

Dans ma manière de prendre soin de moi (prendre du temps pour moi, m'en donner le droit, et me donner de l'amour et de l'empathie), cela peut se traduire par l'habitude de vivre dans la précipitation ces moments mêmes qui sont censés me ressourcer et m'aider à me poser (« Allez, zou, je cale un petit quart d'heure de médit' ici, juste après l'appel à Virginie, et je retourne dare-dare finir mes comptes avant d'aller aux courses, hop, hop, hop ! »).

Et si je ne conscientise pas ce driver et le reproduis sur mon enfant, je lui dirai peut-être ces choses que j'ai dû entendre moi-même : *« C'est pour aujourd'hui ou pour demain ? » ; « T'es pas encore prêt ? » ; « On n'a pas qu'ça à faire ! » ; « On avait dit 8 heures ! » ; « C'est pas encore terminé, ça*[49] *? »* Comment remplacer ces remarques ? Peut-être en rendant le temps plus rigolo ou en rendant l'enfant plus responsable : *« Tu es le maître du minuteur : dès que la zone rouge est terminée et que ça sonne, il faut être dans la voiture, d'ac ? À tout à l'heure ! » ; « On imite quel animal pour aller au bain aujourd'hui ? Les sauts de la biche, le vol de l'aigle, les bonds de la grenouille, la course du léopard ? »* (Bon, sur celle-là, faut croiser les doigts pour qu'il ne choisisse pas la tortue ou le canard tout pataud.) ; *« Tu as besoin de quoi avant qu'on parte ? Dès que tu es prêt, on y va, je t'attends. »* Et puis remplacer : *« Bon, moi, je m'en vais »* par : *« Je commence à faire la queue/m'avancer/gagner la sortie… et tu me rejoins ? »*

Face à toute situation de stress avec Bébé (situation dans laquelle je ressens un sentiment d'impuissance, d'endurance forcée ou encore d'urgence) :

- J'ai tendance à me dire des choses comme : « Il faut que je sois courageuse » ; « Je ne lâche rien » ; « Non, je ne pleurerai pas » ; « La vie est un combat. En avant, soldat ! »
- J'ai tendance à me focaliser sur mes objectifs et leurs résultats mesurables.
- J'ai tendance à perdre de vue les objectifs des autres et leurs besoins.
- J'ai tendance à être psychorigide, intolérante envers ce que je juge comme de la faiblesse, incapable de déléguer, et je refoule mes émotions. Mais je suis aussi persévérante, ambitieuse, bonne leader et capable d'une grande maîtrise.
- Au fond, j'ai besoin qu'on me laisse du temps et de l'espace, qu'on me manifeste le droit de rire de moi sans risques (l'autre ne tirera pas avantage de mon autodérision pour m'enfoncer), et qu'on me rassure en me disant que j'ai le droit de demander de l'aide et qu'il est naturel que, comme tout le monde, j'aie des forces et des faiblesses.

→ Mon driver principal est certainement : « **Sois forte.** »

[49] Une anecdote de T. d'Ansembourg à ce sujet. (Encore ? À croire qu'elle ne lisait que lui pendant la rédaction de son bouquin !) Il rapporte, dans son livre, l'histoire d'Antoine, petit bonhomme de 8 ans qui, excédé, un jour, des impératifs permanents de sa mère, lui a lancé du haut de l'escalier : « Maman, je ne m'appelle pas "Dépêche-toi" ! » La mère, hébétée, ayant pris un coup de massue et ayant eu l'humilité de se remettre en question, rapporte qu'elle a tiré de cet échange deux grandes leçons : « Premièrement, je ne l'ai pas mis au monde pour qu'il range sa chambre, se lave les dents et fasse ses devoirs, mais pour qu'il participe avec moi à ce miracle qu'est la vie et que nous partagions cela ensemble. Deuxièmement, son rapport au temps, au contraire du mien, est encore doux et paisible. Conditionnée comme je l'ai été à un rapport au temps qui n'était pas le mien, non plus, à l'origine, voilà que je le conditionne à mon tour… » Nous poursuivrons cette réflexion au chapitre 6. Au passage, savez-vous combien de consignes de temps (« Tu as encore 5 minutes pour… » ; « On part dans 30 minutes » ; « Vous avez 20 minutes de récré et on rentre… ») un enfant entend dans une seule journée ? En moyenne, 150 ! Soit 150 stresseurs en 12 heures, rien qu'autour de la gestion du temps…

Dans ma manière de prendre soin de moi (prendre du temps pour moi, m'en donner le droit, et me donner de l'amour et de l'empathie), cela peut se traduire par un refus pur et simple de prendre ces temps de ressourcement et de connexion à moi-même pour la bonne raison que je les perçois confusément comme un aveu de faiblesse : si j'en arrive à en avoir réellement besoin, c'est que « je n'ai pas su gérer correctement », que « je suis trop faible » ou que « je fais ma chochotte » !

Et si je ne conscientise pas ce driver et le reproduis sur mon enfant, je lui dirai peut-être ces choses que j'ai dû entendre moi-même : « *Ne pleure pas, c'est rien, c'est pas grave !* » ; « *Il faut être courageux. T'es un(e) grand(e) garçon/fille.* » ; « *Arrête ton cinéma.* » ; « *Tu es trop sensible.* » ; « *Tu sais, tous les enfants n'ont pas ta chance !* » ; « *Moi, à ton âge…* » ; « *Eh oui, la vie est dure !* » Comment remplacer ces remarques ? Peut-être en reconnaissant, tout simplement, les émotions de l'enfant. Nous pouvons craindre que cela ne soit la porte ouverte à une crise prolongée. C'est pourtant tout le contraire qui se produira, parole de psy. Pour nous comme pour nos enfants, il est précieux d'entendre l'autre valider notre émotion, l'accompagner avec respect (c'est-à-dire tendresse et patience) et s'en faire le reflet. Ne vous sentez-vous pas mieux quand vous videz votre sac devant une amie qui valide votre colère (« C'est clair ! Mais tellement ! Je comprends que tu aies été furieuse ! ») ? N'est-elle pas préférable à cette autre amie qui vous dirait : « *Calme-toi, maintenant, ça va bien, dis !* » ? Vous pourriez donc dire quelque chose comme : « *Je vois que tu es triste et que ça t'a blessé que…* » ; « *C'est difficile pour toi de voir que…* » ; « *Eh oui, c'est difficile, les frustrations, c'est vrai : tu aurais bien aimé que… et je le comprends !* » Et souvenez-vous que, s'il est difficile pour vous de voir votre enfant exprimer ses émotions, c'est parce que vous avez, vous aussi, du mal à le faire. Ces moments sont donc de merveilleuses opportunités d'apprendre ensemble à vous donner le droit d'être sensible[50].

Une fois débusqués vos blessures et vos drivers, je vous invite simplement à prêter l'oreille les prochaines fois qu'ils chanteront leur rengaine. Certes, ce n'est pas en les conscientisant que leur petite voix se taira purement et simplement. Elle continuera de se faire entendre. Mais plutôt que d'y réagir inconsciemment et « d'obéir », j'ai désormais le choix, lorsqu'elle s'élève en moi, de respirer un coup et de choisir en conscience de prendre une minute d'auto-empathie pour me distancier de mes

[50] Liste des références éducatives en fin d'ouvrage.

automatismes, donner de l'empathie à ces parts blessées de moi et choisir d'agir autrement si j'en ai l'énergie et les ressources[51]. Être parent est un processus : il me faudra peut-être une vie tout entière pour déconstruire mes programmations et devenir la mère que j'ai envie d'être, la femme que j'ai envie d'être. Mais devinez quoi ? C'est ce que nous sommes venues faire !

S'il est aussi laborieux de nous libérer du joug de ces drivers, c'est qu'il nous a semblé, enfant, que c'est grâce à eux que nous avons pu nous faire aimer de nos parents[52].Nous n'en avons pas conscience, et pourtant la plupart d'entre nous sont coincés dans une douloureuse dualité intérieure, déchirés entre ces deux options : *être loyal envers mes parents ou être loyal envers l'enfant que j'ai été*. Dans la famille où j'ai grandi, comme dans la vôtre, peut-être, et dans beaucoup de familles de notre génération, on avait tendance à privilégier la qualité du Faire à la qualité de l'Être. Il fallait faire, et faire bien. Le réconfort ? C'était après l'effort. Le farniente ? Pour les paresseux. Et la devise ? « Pas de repos pour les braves ! » Un modèle éducatif répandu, qui m'a appris le goût de l'effort et du travail bien fait. Mais qui générait, la plupart du temps, un climat de stress ambiant (« Que puis-je bien faire encore ? Après quelle tâche pourrai-je me donner le droit d'être fière de moi et me poser pour ne rien faire ? Juste être là, en silence, simplement, sans même un livre à la main qui "justifierait" cette position ? Est-ce même possible ? Est-ce "tolérable" ou "autorisé" ? Ne va-t-on pas en profiter pour "me trouver quelque chose à faire" ou me juger paresseuse ? »). Un climat qui ne pouvait que mener aux explosions de colère quand les étincelles agitées de chacun entraient en collision avec celles des autres. En fin de compte, et je le comprends aujourd'hui, chacun, parent comme enfant, ne cherchait qu'à *bien faire*, justement, mais je pense que nous nous y prenions mal. Peut-être aurait-il avant tout fallu chercher à *être bien*. Et cette qualité de l'Être avant le Faire, je l'ai découverte des années plus tard, auprès de mon mari, qui, lui, avait grandi dans une famille au rythme plus tranquille. Le meilleur exemple à en donner, si trivial qu'il soit (et c'est en cela qu'il est bon, car la vie familiale est finalement rythmée par une succession de moments triviaux), serait celui-ci : à la fin d'un repas, dans la famille de mon mari, je voyais tout le monde rester assis à table, pour encore une bonne heure et demie, *à ne rien faire*,

---

[51] « Certains jours, je l'aurai, et d'autres, non ! C'est ainsi et tant pis. » C'est aussi cela, l'auto-empathie, véritable exercice de musculation à pratiquer chaque jour : rendez-vous au chapitre 11.

[52] « *Si je fais, vous m'aimez. Si je fais bien, vous m'aimez bien. Et si je fais bien et beaucoup, vous m'aimez bien et beaucoup* », dit Thomas d'Ansembourg au sujet de cet amour conditionnel que ressent l'enfant de la part de ses parents.

alors même que les tasses de café étaient vides depuis longtemps. Chez moi, il n'aurait pas fallu plus de cinq minutes, après la fin du repas, pour que tout le monde soit debout à s'assurer que les assiettes soient débarrassées, la table nettoyée et les casseroles lavées. Dans ma belle-famille, il me fallait donc me faire violence pour ne pas me lever et m'activer une fois mon assiette terminée. Et puis, lors d'un séjour chez mes parents, un séjour en apparence comme les autres, j'ai été prise d'une soudaine et puissante révolte contre ce stress ambiant, qui poussait chacun à s'activer de tous côtés, dans une électricité à peine consciente tant elle leur était « naturelle ». Et j'ai explosé. Explosion qui a mené, l'espace de quelques semaines, à une rupture affective avec mes parents et à quelques échanges de lettres, grâce auxquelles chacun a pu s'exprimer, entendre l'autre, et finalement reprendre sa place au sein d'une dynamique familiale nouvelle, plus en phase avec les âges et les tempéraments de chacun. Ce faisant, je sentais puissamment, à l'intérieur de moi, que j'étais en train de prendre la défense de la petite fille que j'avais été, que c'était pour elle que je me levais aujourd'hui et tenais bon, capable de verbaliser enfin que ce rapport au stress, aux règles et à la communication ne me convenait pas. Il s'est avéré qu'une petite semaine après cette explosion émotionnelle, j'ai découvert… que j'étais enceinte ! Je n'ai absolument aucun doute quant au fait que c'est Pitchoun', dont l'énergie était déjà bien là, qui m'a poussée, durant cette période, à m'exprimer et à poser mes limites (d'autres appelleront ça les « hormones », et pourquoi pas ?). Quoi qu'il en soit, je suis, grâce à cela, retournée voir la petite fille en moi, celle dont les blessures continuaient de me faire réagir. Cet Enfant intérieur, nous le portons tous. Et j'ai alors compris ceci : c'est en soutenant mon Enfant intérieur et en étant garante du respect de ses limites et de ses émotions que je pourrais offrir le même soutien et le même respect à ma fille. Alors, je vous propose ce dernier exercice :

JE ME LÈVE POUR MON ENFANT INTÉRIEUR

Audio de visualisation thérapeutique

https://youtu.be/pojFo0VpUbA

VI. AU RYTHME DU VENT

Gestion du temps et du stress : apprendre la *slow life* et ralentir pour vivre au présent

Être maman, ça ne s'arrête jamais : pas de RTT ni de week-ends, pas même de nuits *off*. Personnellement, à la fin d'une longue journée à la maison avec Pitchoun', lorsque me vient le sentiment que « je n'ai rien fait d'la journée », j'imagine à quoi ça pourrait ressembler si j'avais des caméras de sécurité dans la maison et que je me passais les vidéos. Ce sentiment disparaîtrait bien vite, n'est-ce pas ? Je me verrais m'activer en tous sens, à courir de droite et de gauche, Bébé au bras, Bébé au sol, Bébé au bras, trimballer le sac de linge sale ou les casseroles, ramasser et redonner inlassablement doudous, joujoux, petite balle, ouvrir et fermer la porte à notre chien (environ quatorze fois), ouvrir et fermer les barrières de sécurité dans l'escalier (environ le même nombre de fois), changer la couche, recommencer, car Pitchoun' vient de faire pipi pendant le change, refaire tout le change, car elle vient de finir trempée en buvant seule comme une petite grande, repasser un coup de serpillière ou de balai, ramasser les fruits qu'elle vient de jeter par terre, et repasser un coup d'éponge… Et je me dirais alors : « Wouf… J'en fais, quand même ! » Mais de quelle manière ? À quelle allure ? Dans quelle énergie ? Avec quelle conscience ? Et quelle satisfaction ?

Ne serait-il pas bon de réviser notre rapport au temps ? De, peut-être, prendre conscience, pour commencer, que ce rapport est tout à fait conditionné par la culture occidentale et sa logique de productivité et de gains ? Le temps comme quelque chose à *gagner* ou à *perdre*, le temps à *économiser*, le temps comme quantité dénombrable, « le temps, c'est de l'argent » : si ces conceptions nous semblent universelles, elles ne le sont pourtant pas[53]. Mais, alors, serions-nous les seuls à ne pas nous tromper, à y voir clair ? Les cultures moins attachées à la productivité manqueraient-elles de jugement ou de sens commun ? Seraient-elles tout bonnement trop paresseuses ? Ou seraient-elles tout simplement plus en accord avec le rythme de la terre, du soleil et des saisons, comme nous savions l'être, nous aussi, il y a quelques siècles de cela ? Ne serait-il pas bon de retrouver l'écoute de notre rythme intérieur pour remplacer celui du tic-tac de l'horloge au-dessus du bureau ? Que dis-je ! Me voilà bien désuète. Feu le tic-tac de l'horloge, le nouveau tyran se fait bien plus discret : quatre petits chiffres numériques sur les écrans de nos smartphones, quatre petits chiffres redoutables que l'on consulte à longueur de journée pour leur demander si « on a le temps ou pas, là ». Là encore, éducation oblige, mon mari a été et reste chaque jour d'un grand secours, et je le remercie de contrer régulièrement mes : « Il est déjà 17 heures : si on ne part pas aux courses MAINTENANT, on n'aura jamais le temps de… » (et patati et patata, trois p'tits tours et puis s'en va) par de nonchalants : « Attends, pause, on fait un câlin familial d'abord » ; « Y'a un magnifique rayon de soleil dehors ! On sort cinq minutes dans le jardin en profiter, et ensuite on y va, OK ? » Dans ces moments-là, combien il a raison ! Car il n'y a que le moment. Seul le moment existe vraiment. Et ce n'est

[53] Notamment en Asie ou en Afrique (du moins, traditionnellement parlant, en dehors de l'industrialisation, qui gagne également ces pays), mais aussi en Scandinavie. Et, d'après le quotient du bonheur, établi chaque année dans le monde, Finlande, Islande et Danemark arrivent sur le podium des pays « les plus heureux du monde » en 2020 tandis que la France est en 20e position.

qu'en revenant au moment que nous revenons à nous. Laissez-moi vous raconter le petit *Conte de l'abeille qui rencontra Grand-Mère Lune* :

> *C'est l'histoire d'une petite abeille qui n'arrête jamais : bzzz, bzzz, bzzz, bzzz, un coup d'aile à gauche, un coup d'aile à droite, une fleur, puis une autre, bzzz, bzzz, vite, rejoindre la ruche et poursuivre le travail. Un soir où elle court comme les autres, la voilà qui tombe sur Grand-Mère Lune, en train de se lever.*
>
> *— Attention, vite, vite, laissez-moi passer !*
>
> *— Oh, petite abeille, où cours-tu donc ainsi ?*
>
> *— Mille choses à faire. Pas le temps. Vite, vite !*
>
> *— Toi qui passes tes journées dehors, as-tu senti aujourd'hui les rayons du soleil sur ton petit corps ? T'es-tu arrêté un instant pour contempler les fleurs que tu aides à faire pousser ?*
>
> *— Mille choses à faire. Pas le temps.*
>
> *— As-tu seulement pris le temps de respirer ? Je m'ôterai de ton chemin si tu veux bien respirer un grand coup.*
>
> *— Bien. Alors, je respire : hhhhhhhh... ôôôwwaaa...*
>
> *Et la petite abeille d'étouffer le début d'un long bâillement.*
>
> *— Non, Lune, navrée, pas le temps de respirer. Si je respire, je bâille.*
>
> *— Et donc ?*
>
> *— Si je bâille, je laisse mon corps ressentir la fatigue.*
>
> *— Et donc ?*
>
> *— Si je le laisse ressentir la fatigue, je ne fais plus rien.*
>
> *— Et donc ?*
>
> *— Et si je ne fais plus rien... que faire ?!*

D'autres modèles socioculturels, contemplatifs et tournés vers le dedans, existent depuis la nuit des temps. À nous de nous en inspirer. Bien que l'ère industrielle ait souvent eu raison d'eux, quelques concepts survivent et se répandent, à l'instar de la *slow life*, un art de vivre que nous pouvons choisir d'intégrer dans notre quotidien.

Popularisée dans les années 1980, en réaction à la frénésie de nos vies modernes, la *slow life* est inspirée de la tradition danoise du *hygge*, terme qui décrit le mode de vie particulier que le Danemark adopte chaque année, durant les neuf mois d'un hiver rigoureux, où le soleil n'apparaît que rarement. *Hygge*, que l'on pourrait traduire par « *créer à la maison une atmosphère de cocooning et de chaleur pour profiter des belles choses de la vie avec les personnes que l'on aime* » (rien que ça !), c'est un peu l'ambiance feu de cheminée, chaussettes en laine et thé fumant, avec des enfants couchés à plat ventre sur le tapis, en train de fabriquer des trucs et des bidules (par exemple). Cette période est consacrée au cocon familial et aux activités créatives, qui ont pour maîtres-mots « calme », « harmonie » et « lenteur ». Elle est aussi très attachée à faire entrer la Nature dans notre maison (activités du type herbier, *land art*, guirlandes tressées, etc.) et à faire de la Nature notre maison (balades en forêt avec éveil des cinq sens, ramassage des matériaux végétaux qui serviront à de futures créations artistiques, cosmétiques ou culinaires, etc.). C'est alors toute la famille qui vit au rythme de la contemplation : lever les yeux vers le ciel et res-pi-rer face à l'immensité ; poser les yeux au sol et y débusquer pommes de pin, cailloux ou feuilles colorées ; observer le vol des oiseaux ou les traces du sanglier ; enlacer un arbre ; faire silence... Ces activités sont faisables dès le plus jeune âge de Bébé et lui apprendront très tôt cette qualité inestimable qu'est celle de la contemplation. Le temps devient un allié, le stress diminue, les liens familiaux se renforcent et les échanges se multiplient. Lentement, chacun apprend à découvrir son rythme et à respecter celui de l'autre. Contempler nourrit également notre sécurité psycho-émotionnelle, et la science en atteste : quand notre regard se focalise sur une seule et même petite aire géographique (un exemple, au hasard : écran d'ordinateur ou de téléphone), le cerveau archaïque reçoit le message d'un potentiel danger dans cette zone (puisque Cro-Magnon scrutait avidement l'espace jugé dangereux, ne quittant pas du regard ce buisson d'où semblait avoir jailli le mouvement). Au contraire, lorsque notre regard balaye lentement une large portion d'espace (paysage, ciel, etc.), notre cerveau archaïque se détend, car il sait que, si nous prenons ce temps-là, c'est que nous pouvons nous le permettre, puisque nul danger ne guette.

Quant aux bienfaits de la méditation, des dizaines d'études neuroscientifiques en témoignent : régulation du rythme cardiaque, désactivation de l'amygdale (noyau cérébral qui gère l'émission des signaux de stress/anxiété[54]), suractivation du cortex préfrontal gauche (aujourd'hui connu comme la « zone du bonheur »), augmentations des ondes gamma (ondes cérébrales de l'apprentissage, de la concentration et de la mémorisation) et en ondes thêta (ondes du sommeil). Alors, oui, vous me direz : « C'est bien gentil, tout ça, mais je le trouve où, moi, le temps de méditer ? Ou de contempler ? J'ai plus une minute pour moi ! » Je répondrai que méditation et contemplation peuvent aussi se faire en mouvement (danse, écoute musicale, balade en forêt, gym douce, etc.), si tant est que ce mouvement soit celui de la lenteur et du souffle[55]. Et ces activités se combinent très bien avec Petit Bout ! Pour aller plus loin encore, la contemplation peut s'intégrer aux activités quotidiennes les plus triviales : pourquoi ne pas essayer d'offrir, le temps d'une minute, le même intérêt aux détails de la cuillère en bois avec laquelle nous cuisinons qu'à l'écorce de l'arbre que nous croisons en forêt ? Ou nous prêter à l'observation des superbes reflets colorés des bulles de savon pendant que nous faisons la vaisselle ?

Je crois que la maternité nous ouvre les portes d'un nouvel espace-temps. Un temps des siestes et des tétées, un temps présent, corps contre corps et peau contre peau. Chaleur, moiteur, pénombre et souffles mêlés. Un temps de la nuit des temps, resté le même depuis les cavernes de la femme préhistorique jusqu'au matelas moelleux de la maman d'aujourd'hui. Ce retour archaïque et éternel à la terre et au centre de soi, ce retour au corps qui, au contraire de notre mental vagabond, ne peut être qu'ici et maintenant, dans un seul espace-temps à la fois, nous le vivons avec une puissance infinie lors des premières semaines avec Bébé. J'ai écrit d'ailleurs ceci à ma fille, pour ses 6 semaines, un texte qui, je le sais, résonnera pour beaucoup d'entre vous :

À toi dont le premier foyer
Fut le creux de mon ventre,
Toi qui connais mieux que personne
Les battements sourds de mon cœur
Ou le goût de ma peau.
À toi que mon corps patiemment tissa
Cellule après cellule

[54] Rendez-vous au chapitre 8, avec l'exercice « Je décortique mon stress », pour découvrir la méthode CINE.

[55] Nous y reviendrons et le développerons amplement au sein de nos trois « Kits d'urgence ».

Et qui naquit portant au bout des doigts
Mes empreintes digitales à moi.
À toi qui m'as ouverte en grand, démesurément,
De la matrice au cœur puis du cœur à la tête
Et qui depuis deux mois m'enseigne
Mieux que quiconque
À vivre au présent.
Une heure après l'autre,
Un sein après l'autre,
Une respiration après l'autre...
Toi qui par le plus grand des chaos
Qu'est l'arrivée d'un enfant
Me fait découvrir en même temps
Une harmonie nouvelle...
Toi dont les cris me ramènent au Silence
Toi dont la vie m'amène à la Présence
Toi que je fais grandir de mon lait et de mes soins
Tandis que tu me fais grandir en conscience.
Toi, ma minuscule, qui m'enseigne,
En Maître du Temps implacable,
Que je ne peux contrôler rien d'autre
Que ma réaction aux choses,
Que le lâcher-prise ne peut plus désormais ne rester
Qu'un concept,
Et que l'abandon à la Vie est aussi terrifiant
Que délicieux.
Autant d'enseignements
Que ta naissance a fait quitter les pages des livres
Pour me les rendre tangibles et vivants,
Ici et maintenant.
Autant d'enseignements
Qu'il me tarde d'intégrer
Pour t'en faire le cadeau et t'offrir de vivre

Une enfance libre et joyeuse...
Toi, ma toute petite,
Qui m'enseigne en Miroir parfait
À observer par les mille émotions
Qui illuminent ton visage
Ou contractent ton ventre,
Ma propre sensibilité
Et mon propre corps.
Toi qui exprimes ce que je réprime,
Et m'apprends à me recueillir
Afin de mieux t'accueillir...
Merci mon enfant.

J'avais vécu les chagrins d'amour, les pertes de sens et les angoisses du lendemain,
dans un monde en désarroi, la croyance de la séparation et l'incompréhension mutuelle,
la colère et la peine,
le désamour de soi et le manque de foi,
Mais je n'avais jamais rien vécu d'aussi difficile que devenir maman.
J'avais vécu les levers de soleil sur des lacs indiens ou des montagnes népalaises, le silence des forêts et la fraîcheur des églises, la ferveur des prières de ceux qui se rassemblent dans les temples
et la grâce qui s'élève d'un cœur en communion avec le vivant,
Mais je n'avais jamais rien vécu d'aussi beau et sacré que devenir maman.
Je suis maman et j'apprends l'Amour.
Chaque jour un peu mieux.
Plus juste et plus équilibré, plus harmonieux et plus apaisé.
Merci à toi.

Un temps du ralentissement, donc… Puis (très vite ? trop vite ?) « le temps reprend ses droits » et la machine se relance. Est-ce inévitable ou cela ne tient-il qu'à nous ? Entendons-nous bien, il est tout à fait clair que, dans le « monde de la matière », nous n'avons d'autre choix que de régler l'intendance de la maison (courses, ménage, cuisine, linge, factures). Pas question, évidemment, de ne vivre que d'amour et d'eau fraîche ou de respiration et de peau à peau. Pour autant, n'y aurait-il pas moyen que la « machine » de notre quotidien se relance *autrement* ? Choisir un autre mode que celui de la « marche forcée » ? Trouver le bouton « économie d'énergie » ou « programme doux » ? Voilà, en vérité, ce qui ne tient qu'à nous. Car, fondamentalement, personne ne nous intime le rythme des lessives, des courses ou de l'aspirateur. Personne d'autre que nous. Et c'est pourtant bien dans ces tâches triviales que se concentrent notre « course à la montre » et notre stress (travail mis à part). Mais alors, quoi ? Laisser la pile de linge sale et de bodies tachés s'accumuler jusqu'au plafond ? Poser Bébé sur un sol crado, au milieu des poils de chien et de la poussière ? Non merci : pour moi comme pour la majeure partie de nos 108 « marins », le besoin d'ordre, de « perfection » et d'efficacité fait partie des top priorités[56]. Alors, oui, réaliser nos tâches, mais dans la *présence à soi*.

Réaliser nos tâches en y **engageant véritablement notre corps**, en ayant conscience de ses gestes et de son rythme, des efforts de nos muscles ou de notre respiration, en cessant de le soumettre à une tête qui le pilote sans égard comme sa vulgaire marionnette. À la fin de ma journée, comme à la fin de ma vie, *ce n'est pas ce que j'ai fait qui aura compté, mais l'énergie dans laquelle je l'ai fait (que l'on peut reformuler comme « ce qui compte n'est pas ce que tu fais, mais qui tu es quand tu le fais* »). Qui es-tu, alors, pendant ces actions-là ?

Cette maman pressée, stressée et râleuse, insatisfaite de tout, à commencer par elle-même ? Ou cette maman plus sereine, qui en fait moins mais mieux, à son rythme, présente à elle-même et au monde ?

Réaliser nos tâches en revoyant nos objectifs à la baisse et en acceptant que, puisque l'équation a changé (un nouvel être tout entier y a été ajouté !), nous ne pourrons évidemment pas abattre la même somme de travail que dans la configuration qui précédait. Il va falloir l'accepter, n'en déplaise à notre Critique intérieure tout

[56] Cf. les résultats du sondage au chapitre 1.

azimutée. La technique des PPPP (« plus petits pas possibles ») peut nous aider à revoir ces objectifs à la baisse. Je pense « PPPP » en décomposant les tâches multiples pour me fixer moins d'objectifs (et, gros bonus à la clé, comme j'atteins plus vite mon sentiment d'accomplissement, je recevrai plus vite le « droit » d'être fière de moi !). Exemple : « Faire une lessive, c'est bien. Mais concrètement, c'est déjà : récolter le linge dans chaque pièce, lancer la machine, retourner le chercher, déployer les étendages pour le faire sécher, et plus tard le ramasser et le plier, puis le ranger à sa place dans chaque pièce ! Alors, peut-être que l'étendre, déjà, c'est très bien, tout simplement. Une fois le linge sec, qu'est-ce qui m'empêche de le ramasser le lendemain ? Et une fois qu'il est plié, de le ranger des heures plus tard, ou même le jour d'après ? Je ne suis pas forcée de tout enchaîner. »

> À vous…
>
> Je vous propose de décomposer en PPPP une ou plusieurs de vos tâches, sur ce modèle, et d'essayer de les réaliser de la sorte la prochaine fois : courses, cuisine, ménage, rangement… Comment segmenter ?

Réaliser nos tâches dans **le ralentissement et le choix conscient**. *Pelan-pelan*, comme disent les Balinais, en réponse à tout, qu'on leur parle d'une balade, d'une course au magasin ou de la matinée de travail : « tranquille-tranquille », « tout-doux, tout-doux ». Cela va évidemment nous demander de pacifier notre rapport au temps, pacification qui, elle-même, demandera de faire un retour sur notre enfance, dont les injonctions sont encore et toujours à l'origine de nos mécanismes. Que ce soit le « dépêche-toi », le « sois parfaite » ou le « fais des efforts » qui résonne, c'est bien toujours de lui qu'il s'agit quand nous versons dans le besoin de contrôle, ici manifesté par le besoin que notre liste de tâches soit à tout prix terminée pour l'heure qui suit/la fin de la matinée/d'ici ce soir. Et, là encore, il s'agira de travailler à renverser nos injonctions internes et de les remplacer par *la formulation de choix conscients*. Voilà la seule manière de reprendre possession de notre pouvoir d'action (de notre souveraineté, de notre autonomie, de notre liberté) et de cesser, ainsi, d'avoir le sentiment de subir : non, je ne subis pas une situation injuste ; je vis simplement les conséquences de *mes* choix. Certes, ces conséquences ne sont pas toujours confortables, et certaines peuvent même être franchement désagréables. Mais, lorsque je me reconnecte à l'idée que ces conséquences sont le fruit de *mon* pouvoir décisionnel, je peux déjà les accueillir plus sereinement et regagner mon sentiment de puissance personnelle. Attention, ce que je dis ici est à mille lieues d'un terrible « tu l'as voulu, tu l'assumes (pis personne t'a obligée à faire un môme, que j'sache !) », et j'espère bien que vous en sentirez toute la différence. Il s'agit ici de me souvenir de ce qui a motivé les choix avec lesquels je vis aujourd'hui.

Je peux alors décider soit d'en changer (faire de nouveaux choix), soit de les réitérer en conscience (donc, ne plus me laisser envahir par le sentiment de subir les choses).

> À vous…
>
> Je vous invite à vous souvenir :
>
> – Qu'est-ce qui a motivé votre élan à inviter cet enfant à vous rejoindre, votre élan à donner et à nourrir la vie ?
>
> – Qu'est-ce qui a motivé les choix que vous avez mis en place pour cette première année avec Bébé (lieu de vie, mode de garde, place accordée au travail, organisation familiale, etc.[57]) ?

Entendons-nous bien : il est toujours question ici de changement d'énergie. Les faits, eux, resteront peut-être les mêmes, mais je ne les vivrai plus de la même manière. Attelons-nous maintenant aux *reformulations intérieures*, qui permettent de transformer « injonctions et sentiment de contrainte » en « choix conscients et sentiment de libre arbitre ». Voici quelques exemples :

[57] Cf. Et dans le cas où les choix que j'ai faits ne passeraient pas cet examen de conscience ? Dans le cas où je réaliserais qu'ils ne me conviennent pas/plus ? C'est signe qu'il est temps d'en changer et de réajuster ma vie familiale. Que puis-je faire pour cela ? Quelles actions concrètes puis-je entreprendre ? De quoi ai-je besoin ? Mettre en place un mode de garde ; opérer un rapprochement familial, déménager ; élaborer une reconversion professionnelle ; entamer une thérapie ; démarrer une nouvelle activité hebdomadaire ? Qu'est-ce qui me ferait du bien ? Si l'une de ces choses me semble vitale, mais tout bonnement « impossible à mettre en place », il sera bon que je travaille avec un(e) thérapeute sur les bénéfices cachés que je retire de cette situation inconfortable et sur mes croyances limitantes. Connaissez-vous le proverbe suivant : « Tout le monde disait que c'était impossible. Jusqu'au jour où est arrivé un homme qui ne le savait pas. Et qui l'a donc fait » ?

- « *Je dois encore* donner un bain à Bébé, cuisiner pour lui, lui donner à manger, changer sa couche » (= sentiment de **corvées** à accomplir) peut devenir…

➡ Te donner un bain, cuisiner pour toi et te donner à manger, puis changer ta couche : je choisis de **prendre ce temps** avec toi parce que je suis ta maman et que prendre soin de toi au quotidien est un choix que je renouvelle chaque matin depuis ta naissance. Je ne suis pas une bonne maman parce que je fais ces tâches. Je suis une bonne maman parce que je les fais en prenant mon temps, avec cœur et présence. Je suis une bonne maman parce que je ralentis.

- « *Je suis forcée de m'interrompre dans mon travail* parce que tu réclames mon attention et ma présence pour jouer avec toi » (= sentiment de **ne pas avoir le temps**) peut devenir…

➡ Interrompre mon travail pour jouer un moment avec toi ou te faire un câlin me permet **d'atterrir à nouveau dans le moment présent**. Après cette **pause**, ludique ou tendre, je pourrai me remettre au travail, rechargée en énergie positive. Au lieu de l'acharnement à terminer ma tâche dans l'immédiat, *je fais donc le choix* du relâchement. Non seulement je terminerai ensuite ma tâche plus apaisée, mais, de plus, par ce temps de qualité que je t'ai donné, ton réservoir d'attention et de connexion est désormais rempli, et tu ne ressentiras plus le besoin de m'interrompre toutes les trois minutes durant la prochaine demi-heure : je serai donc bien plus efficace ! Je pourrai même constater que j'ai les idées plus claires, mes pensées s'étant naturellement ordonnées durant ce temps de pause, comme cela arrive bien souvent lorsque l'on arrête de réfléchir consciemment à un problème[58]. Moi qui craignais de manquer de temps et qui croyais en perdre en répondant à ta demande, je découvre, en fait, que je **gagne des moments précieux**. Et puis te regarder jouer, c'est t'observer dans le déploiement de ta créativité, dans ta logique bien à toi et dans la construction de tes raisonnements, dans le dépassement de tes peurs, dans ta patience et ta persévérance, dans ta découverte du monde et de la gestion de tes émotions, dans l'élaboration de ta communication, dans ton acquisition progressive de l'autonomie. Oui, quand on regarde bien, il y a tout ça dans tes cubes en bois et tes doudous !

- « *Tu es tellement dépendant(e) que je n'ai plus une minute pour moi*, tu ne veux que mes bras, encore et toujours » (= sentiment d'être trop indispensable et d'en devenir aliénée) peut devenir…

➡ Tu grandis si vite alors que les mois passent… Je me souviens de ces petites dames qui me répétaient si souvent pendant ma grossesse : « Profitez-en, ça passe trop vite ! » que je n'en pouvais plus de les entendre. Aujourd'hui, je me dis déjà : « Comme elles avaient raison ! Déjà, il me faut faire le deuil de ton berceau, dans lequel tu ne rentres plus. Et je réalise qu'un jour prochain, en un battement de cils, le temps de la becquée sera bien loin. Encore un battement de cils, et tu seras devenu(e) cet(te) ado qui n'aura plus envie de moments avec moi. Tu me remplaceras par une bande de copains, à qui tu raconteras les mille et un petits secrets que tu me confiais, à moi, dans la pénombre du coucher. C'est alors avec le sentiment inverse qu'il me faudra me débattre : celui de **ne plus t'être indispensable** ! Alors, oui, il peut parfois être bien difficile d'être ton monde tout entier, mais ce le sera tout autant de ne plus l'être... » Personnellement, j'ai découvert que pratiquer cela (mes petits coups d'« anticipation de nostalgie », comme je les appelle) m'aide à vivre ces moments de dépendance extrême et à les vivre comme « ce présent qui ne reviendra plus ». *« Tu ne seras plus jamais aussi petite qu'aujourd'hui »* : voilà une phrase que je me répétais beaucoup, lors des toutes premières semaines, avec une Pitchoun' qui ne voulait que mes bras du matin au soir... puis du soir au matin !

- « Je passe *un temps infini à répéter les mêmes gestes*, pour t'habiller membre après membre, te nourrir cuillère après cuillère, laver et relaver ton popotin/ta chaise haute/le sol autour/tes bodies et bavoirs, puis ranger encore et encore tes jouets, etc. » (= sentiment de **perdre du temps, de le gaspiller**) peut devenir...

➔ En t'habillant tranquillement, petit bras potelé après petite cuisse dodue, et en te nourrissant, bouchée d'oisillon après bouchée d'oisillon, en accompagnant tes « à quatre pattes » hésitants ou tes premiers pas chancelants, j'apprends à **vivre à un autre rythme**, un rythme que j'ai perdu depuis longtemps : celui du calme et de l'instant.

➔ Par la répétition des tâches, tu me permets d'intégrer le ***meraki***, ce terme grec qui n'a pas survécu jusqu'à notre époque moderne, trop rapide pour lui, et qui signifiait « réaliser la même tâche, encore et encore, en y mettant chaque fois notre cœur, notre âme et notre créativité » : ce concept m'a portée depuis mon accouchement, et mon esprit y fait souvent appel (à chaque nouvelle couche, alors

[58] Spéciale dédicace à ma Pitchoun' d'amour et à Romy chéri, notre chien : merci à vous deux d'être venus me chercher chaque fois que j'étais assise, devant l'ordinateur, à écrire ce livre depuis un peu trop longtemps. Entre l'une qui me grattait les jambes pendant que l'autre gémissait devant l'escalier (je vous laisse deviner qui est qui, ha !), je n'avais pas d'autre choix que de lâcher mon écran et de retourner, grâce à vous, à l'essentiel. Merci pour toutes ces promenades dehors, qui ont si bien ponctué mon texte, immanquablement inspiré mon verbe et apaisé mon esprit. Je vous aime.

que je viens tout juste de te changer, ou lorsque la chaise haute est à relaver de haut en bas, pour la énième fois depuis lundi...).

➡ Par ton besoin d'attention, tu m'apprends à **ralentir**. À **faire des pauses**. « *En leur rendant ce temps, c'est l'enfance elle-même que nous rendons aux enfants*[59]. » Parce qu'en famille, « amour s'épelle T-E-M-P-S », dit-on. Des choses à faire, il y en aura toujours. Mais notre tout-petit qui vient se coller contre nos jambes, ce n'est que pour un court moment à l'échelle de nos vies. Quand nos petits devenus grands repenseront à leur enfance, ce n'est pas le souvenir d'une maison propre et rangée qui se rappellera à eux, mais les temps de douceur, de soins et de câlins, de jeux, de pagaille et de batailles joyeuses, le temps libre, le temps « perdu » gagné en chansons, en histoires, en constructions qui s'écroulent ou en promenades.

➡ Par ta faculté d'émerveillement et ton goût de la découverte, tu me redonnes **le goût des choses simples**. Pures. Sans chichis, sans complexité et sans projets. Du style purée patates-courgettes. Du style passer dix minutes devant une fleur ou un brin d'herbe, caresser le tapis, observer le chien d'un air béat, sentir le vent et rigoler, mâcher une banane ou entrer en hypnose en écoutant de la musique. Depuis quand n'ai-je pas fait ça *réellement* ? Je me dis parfois : « Et dire qu'aujourd'hui, on paie 200 € pour faire des stages de pleine conscience, alors qu'il suffirait d'observer nos enfants... À quel âge ai-je perdu cette faculté innée, à quel âge ai-je cessé de vivre naturellement en pleine conscience ? *Le Maître est l'enfant* (du nom d'un très joli documentaire)... »

➡ Par ta constante évolution, tu m'apprends à **remplacer « organisation » par « improvisation », « rigidité » par « adaptabilité » et « contrôle » par « maîtrise »**. Tu m'apprends à quitter mes projections et à réaliser qu'en dépit de toutes mes listes et de tous mes programmes, *non, je ne sais pas de quoi demain sera fait*. Je ne fais que supposer, encore et encore (« Elle fait ses dents, donc cette journée sera aussi difficile que celle d'hier » ; « Il n'a rien dormi de la journée, la nuit devrait donc être bonne » ; « Elle n'a rien voulu manger et se couche le ventre vide : on ne va donc rien dormir » : eh non, raté !). Tu m'apprends que rien ne se passe « comme prévu », qu'il n'y a rien de systématique et que, si les jours ont beau se suivre et se ressembler, chacun d'eux est pourtant différent. Comme tu m'éloignes de mon « mode adulte », prévisible, systématique et régulier, fait de causalités claires et définies ! Comme tu me ramènes au mouvement de la vie. La Vie avec un grand « P » : au Présent.

[59] Joan Domènech Francesch dans *Éloge de l'éducation lente*.

Un jour à la fois. Rien de plus. Rien de moins. Merci de me ramener à la seule chose qui soit permanente sur cette terre : **l'impermanence**.

Tout un programme, n'est-ce pas ? Pour autant, il ne faudrait pas que ces idées-là vous fassent violence et que vous les lisiez comme de nouvelles injonctions à devenir « la maman Insta ». Mais si, vous savez bien, l'autre, là, qu'on voit sur Instagram, avec sa plage de sable blanc, en position du lotus pendant qu'elle allaite Bébé d'une main... Zen. Énervante. Irréelle. Parions qu'elle aussi, une fois sa photo prise, elle a son lot de galères et de débordements émotionnels, à commencer par son bambin, qui hurle avec du sable plein les yeux (roh, la mauvaise langue !). L'idée n'est donc pas de vous transmettre une injonction à la lenteur sans laquelle vous ne seriez pas une bonne maman. Simplement, changer ma manière de percevoir les choses changera mon énergie à les vivre. Et changer d'énergie changera ce qui est vécu. Juste comme ça. Instantanément. Et ça, c'est vrai. Plus vrai qu'Instagram, je vous jure. À titre d'exemple, je me souviens des premières fois où j'ai essayé de porter ma fille en écharpe (c'est que, moi aussi, j'avais des velléités de ressembler à la maman Insta, voyez-vous ?). Je craignais terriblement qu'elle ne tombe, et elle le sentait, sans aucun doute. Résultat : elle paniquait, la pauvrette, et se tordait dans tous les sens, en hurlant, renforçant ma peur qu'elle ne tombe. Cercle vicieux. J'ai arrêté là mes expériences de portage l'espace de quelques semaines. Mais zut, quoi ! Je voulais vraiment vivre ce truc, moi (et puis, accessoirement, je l'avais payée 80 €, cette écharpe, dis !). Alors, j'ai réessayé plus tard, « en m'y prenant bien, cette fois-ci ». J'ai attendu que Pitchoun' et moi soyons toutes deux bien disposées, reposées et joyeuses. J'ai mis un joli morceau de musique style Ajeet Kaur[60], et j'ai commencé à l'emmailloter, en me berçant en rythme sur la musique et en poursuivant cette danse douce et lente une fois Pitchoun' emberlificotée. Résultat : miracle ! Pitchoun' s'est mise à adorer le portage. Parce que je m'étais tranquillisée et que mon stress ne la contaminait plus.

[60] Le recours à la musique est l'une des Grandes Solutions que j'ai pu trouver, pour la simple et bonne raison qu'il a très bien fonctionné chez nous. Je vous invite donc à vous composer ce que j'appelle, à la suite d'Issâ Padovani, votre « Sunny Playlist », celle qui fait du BIEN au moral, quelle que soit la météo intérieure. Nous y reviendrons au chapitre 9.

J'ÉTABLIS LE CAHIER DES CHARGES FAMILIAL

J'avais peut-être l'habitude de prendre à ma charge toute l'intendance du foyer (courses, lessive, ménage, cuisine, courrier, rangements divers, poubelles…), et une fois passées les premières semaines avec Bébé, je vais donc naturellement, sans même y réfléchir, essayer de reprendre le rythme, ou plutôt de « tenir le rythme ». News flash : la dynamique a changé, et il est logique de repenser l'organisation du foyer. Prenez donc un moment avec votre partenaire pour distribuer les tâches. Pour que cela fonctionne, choisissez au préalable un moment qui vous conviendra à tous les deux pour vous poser autour de la table et en discuter. Soyez aussi clairs et détaillés que possible en établissant cette répartition (tâches et fréquence des tâches, ce qui vous évitera bien de futurs conflits). Partez des préférences de chacun tout en visant l'équité (par exemple, l'aspirateur tous les deux jours dans une maison de 130 m² n'est pas vraiment équivalent à la tondeuse une fois par semaine pour une pelouse de 50 m²).

Exemple : Tu cuisines un max le dimanche soir pour la semaine qui arrive et je gère les listes de courses durant la semaine. Je m'occupe de l'aspirateur (x fois par semaine) et tu gères la serpillière (x fois par semaine). Je lance les lessives et je les étends ; tu les ramasses et tu ranges le linge. Je descends les poubelles et tu les apportes à la benne. Tu lances le lave-vaisselle et tu le vides ; je mets et débarrasse la table, etc.

Une fois ce cahier des charges établi, JE M'Y TIENS. Je n'interfère pas dans les tâches de l'autre. Répétez après moi : *je n'interfère pas dans les tâches de l'autre*. Oui, j'insiste, car c'est souvent là que le bât blesse : poussée par son besoin d'ordre et d'organisation (besoin traditionnellement plus féminin, s'il en est), madame, jugeant que le linge est sec depuis longtemps et qu'il est quand même bien temps de le ramasser, finira par le faire à la place de monsieur (à vous de choisir votre exemple : à chaque couple les siens). S'ensuivra alors un magistral et coutumier : « On avait dit que… ! Et une fois encore, j'ai dû… ! » ouvrant toute grande la porte aux scènes de ménage (que cette expression est joliment choisie, n'est-ce pas ?). Inversons un moment les rôles et reconnaissons que, si l'on faisait à notre place quelque chose pour lequel nous nous étions engagées (quand bien même nous tardions peut-être), nous pourrions avoir l'impression d'être infantilisées ou jugées incapables par l'autre. Et notre envie de contribuer s'essoufflerait alors bien vite. Interférer dans les tâches de l'autre ne rend donc service à personne. Et, sous prétexte de gagner un peu de temps, j'en perdrai ensuite beaucoup si des heures de dispute s'ensuivent. Alors, oui, je reconnais bien volontiers que cet exercice semble tellement « bête et méchant » qu'il en paraît idiot. Mais ces heures de reproches voilés ou de conflits ouverts qu'il saura vous éviter par la suite le rendent précieux. Méthode testée et approuvée.

PS – Durant l'établissement de ce cahier des charges, on garde à l'esprit, pour monsieur comme pour madame, un joli PPPP, et l'on se fixe moins d'objectifs. Bébé grandira vite, et vous aurez bien le temps de retrouver vos « mille et une petites habitudes pour une maison nickel ». Pour l'heure, « le mieux est l'ennemi du bien » : on fait simple et efficace. Des objectifs réduits, séquencés et modestes. Et on pense au meraki !

JE ME DIGITAL DETOX

Combien de minutes passées, sur les écrans de nos téléphones, à répondre à une copine et à demander quelque chose à une autre, à chercher sur internet une info du style « quel âge bébé manger lentilles ? » ou « bébé caca vert », à se perdre sur le fil d'actu Facebook ou à checker nos emails ? Alors même que nous sommes avec Bébé (en train de jouer sur son tapis ou de manger avec nous), combien de fois jetons-nous un œil sur le téléphone ? Ce réflexe, bien implanté et si typique de notre époque (la peur de rater quelque chose, le besoin du « tout, tout de suite », avec l'habitude de l'instantané et de la réponse immédiate), contribue à élever en permanence notre niveau de stress. En effet, notre charge mentale continue alors de s'étirer inexorablement : « Il faut que je réponde à Inès » ; « Mince, j'ai toujours pas écrit à Émile » ; « Ah oui ! Je devais rajouter "risotto" dans la liste des courses » ; « Attends, du coup, il me reste combien sur le compte ? »… Et nous voilà, une fois encore, sous couvert d'être connectées, tout à fait déconnectées du moment présent, de Bébé et de nous-mêmes.

Alors, j'établis des plages de digital detox pour me sevrer des écrans et, une fois encore, JE M'Y TIENS. Je peux, par exemple, décider que, de 10 heures à midi et de 17 heures à 20 heures, en semaine, ainsi que tous les dimanches après-midi, mon téléphone est éteint. (ÉTEINT, pas en mode avion : j'te vois venir, hé, hé. Trop facile, cette petite glissade rapide du pouce, ni vu ni connu. On a dit ÉTEINT, donc.) Je peux même prévenir mes proches, si je le souhaite, histoire que cette habitude s'ancre pour tout le monde et que personne ne s'inquiète. Quel cadeau je me fais ! Et quel cadeau je fais à mon enfant (sans même parler du bon exemple que je lui donne) !

Autre idée, toute bête et qui change la vie : je m'achète une montre ! Je consulterai alors mon téléphone approximativement 46 fois moins (vé-ri-di-que !).

JE FAIS DES ATELIERS « RIEN » AVEC BÉBÉ

Et si on faisait rien ensemble ? Dans un monde où il est urgent de ralentir, l'apprentissage du far-niente (littéralement « faire-rien ») semble primordial. Car « ne rien faire », c'est déjà beaucoup : ne rien faire, c'est se donner un moment pour être. Contempler ou laisser émerger ce qui se présente, dans le corps, dans le cœur. Il est une équipe de puéricultrices suisses qui l'a bien compris : voilà plus de dix ans qu'elles proposent les ateliers « rien ». Le principe ? Une grande salle entièrement vide, un groupe d'enfants, un adulte qui supervise sans mot dire et sans rien proposer, et une seule règle : « Ne pas faire mal, ni à soi ni aux autres. » L'idée est d'offrir à ces enfants de 2 à 3 ans un espace d'expression libre, dans lequel déployer sa créativité ludique et sociale en laissant libre cours à son imagination :

> Encadrer les ateliers « rien » demande aux adultes de se discipliner pour ne pas être tout de suite et tout le temps dans la suggestion d'activités, mais bien de laisser l'espace aux enfants d'être les créateurs des activités de ce moment. Or, l'absence d'action nous apparaît faussement comme une absence d'activité […] A contrario, on admet couramment qu'un enfant qui, en apparence, « ne fait rien » est en réalité en train d'observer ou/et d'intégrer les éléments de son environnement. Et ces ateliers nous ont permis de constater que l'absence d'objets, jouet et matériel, n'entraîne pas chez eux l'inaction, bien au contraire. Une fois l'effet de surprise passé, les enfants investissent intensément l'espace physique et d'action qui leur est offert. […] Nous avons évalué que la façon de verbaliser l'entrée dans l'atelier avait son importance.

> Dire aux enfants « on ne va rien faire » est faux, il faudrait plutôt parler de « faire avec rien » [...] Enfin, répondre aux enfants qui questionnent : « Qu'est-ce qu'on fait ? » et ne pas dire « rien », mais plutôt : « Fais ce que tu veux. » L'adulte est garant de la sécurité affective et physique, mais il se met le plus possible en retrait pour ouvrir le plus possible l'espace aux interactions[61].

Mettre cela en place avec un tout-petit de quelques mois est d'une simplicité... enfantine ! Que ce soit en intérieur (je débarrasse l'espace de tous les jouets et je reste simplement là, assise près de lui, tandis qu'il explore cet environnement) ou en extérieur (je jette un grand drap sur l'herbe, l'allonge ou l'assieds dessus, et je le laisse contempler la nature qui l'entoure et les brins d'herbe entre ses doigts). Nous le faisons tous le plus naturellement du monde. Car nous savons instinctivement qu'il n'est pas toujours besoin de combler l'espace, le moment ou le silence, et qu'ils se suffisent bien souvent à eux seuls. Particulièrement chez un bébé pour qui tout est déjà une expérience. Alors, offrons-nous, à Bébé comme à nous-mêmes, ces instants de paix, de contemplation et de Rien. C'est une qualité précieuse à lui transmettre dès le plus jeune âge, une qualité qui l'aidera plus tard à accueillir calmement les temps d'ennui lorsque ce sentiment lui apparaîtra (autour des 7 ans, quand se structure son rapport au temps) et qu'il pourra alors le mettre à profit pour vivre des moments de pause, de calme et d'imaginaire.

[61] Extrait de l'article « Créativité sociale : l'atelier "rien" », par Alexandra Osbeck, Bénédicte Cazzola Dufournet, Cécile Borel, Jacqueline Emery et Nathalie Romanens, éducatrices à Vernier (Suisse), publié dans la revue *Petite enfance*, n° 105, mai 2011.

VII. Kit d'urgence pour mal de mère (1)

Air, gonfle mes voiles !

Dans notre culture, le *sentiment* d'urgence est extrêmement fréquent, que l'on soit ou non une jeune maman. Mais, lorsque l'on devient mère, voilà qu'il semble se présenter trois fois plus souvent dans la journée : « Vite, vite, changer la couche ; vite, vite, calmer ses larmes ; vite, vite, comprendre ce qui se passe ; vite, vite, faire chauffer le repas ; vite, vite, manger ; vite, vite, trouver la réponse à son besoin… » Pourtant, la véritable urgence est extrêmement rare. À moins d'avoir vécu un réel danger de mort, la grande majorité d'entre nous n'a même jamais rencontré de sa vie *l'urgence*, la vraie. Rendre un projet dans les temps impartis ? Repasser acheter une boîte d'œufs ou des mandarines ? Rappeler quelqu'un qui attend notre réponse pour caler une date ? Rentrer à temps pour l'heure du dîner ? Ce sont là nos « urgences », de celles qui nous pressent et nous stressent chaque jour. Nous l'avons vu, ce sentiment s'est déposé en nous au fur et à mesure que nous grandissions, d'injonctions parentales en injonctions professionnelles, nourrissant le besoin d'être aimées par la stratégie de satisfaire l'autre, et donc d'être efficaces, ou rapides, ou parfaites, ou capables, ou fortes (pick your poison, comme disent nos amis anglais). Aussi ai-je envie de partager avec vous ces mots d'Edgar Morin, pour la seconde fois, car je ne veux pas que vous les oubliiez trop vite : *« À force de sacrifier l'essentiel pour l'urgence, on finit par oublier l'urgence de l'essentiel. »* La véritable urgence, il semblerait bien que ce soit celle-ci : ralentir et respirer. Ralentir pour respirer.

Bébé se révèle, une fois encore, un Maître inestimable, en cela qu'il nous met en contact avec un autre Maître : le Temps. Oui, le Temps est notre Maître à tous : Pitchoun' me fait toucher cela du doigt, au hasard de ces instants de grâce où mon cœur crie soudain « ô temps, suspend ton vol ! » pour que la vie s'arrête un moment dans cet éclat de rire, dans ce gros câlin, dans cette infinie tendresse partagée. Mais il arrive aussi à mon cœur de pousser la même exclamation en faisant des vœux un peu différents : « Ô temps, suspend ton vol ! Stop ! Pause ! J'en peux plus ! Je veux la paix, je veux le silence, je veux *une minute à moi* ! » Et je vous donne un exemple en direct : là, tout de suite, alors que je tape ces lignes sur mon clavier, par un après-midi d'hiver, ma fille de huit mois, qui, bien que fatiguée, n'a pas fait plus de 45 minutes de sieste malgré mes efforts pour la rendormir, est désormais en train de crier, depuis son tapis d'éveil, pour que je la rejoigne (la grande équation du « plus de fatigue = moins d'autonomie » : vous devez ou vous allez la connaître, oui, oui !). Sa demande (« Maman, mets fin à ce temps pour toi et occupe-toi de moi, comme tu l'as fait ce matin, et cette nuit, et hier soir, et hier après-midi [je m'arrête là, car, vous l'aurez compris, on peut remonter plutôt loin avec ça]. »), mais aussi l'expression de sa demande (« J'émets de petits cris stridents à intervalles réguliers et je gémis, car je ne sais pas encore faire autrement et je n'ai que cela à ma disposition pour le moment. ») font naître chez moi un premier mouvement émotionnel, une première réaction interne : frustration, colère, impatience. Vous souvenez-vous de ce qu'on racontait dans l'intro : « Énervée, je deviens énervante » ? Nous voilà en plein dedans : ma fille, énervée, m'énerve, et alors je me mets à vibrer d'énervement en silence. Pitchoun' ne manque évidemment pas de le sentir et s'énerve de plus belle, ce à quoi je vais réagir (« ré-agir », fruit d'un réflexe conditionné, et non pas « agir », librement et en pleine possession de mes ressources), en déclamant un « deux-mi-nu-tes-s'il-te-plaît », d'un ton pour le moins énergique. Voici pour le premier mouvement. Mais là, ding-dong ! Je me souviens, tiens, tiens, tiens, que je suis en train d'écrire un livre sur les émotions de la jeune maman, avec tout plein de super clés à appliquer, et qu'il ne tient *qu'à moi*, littéralement, de les mettre en œuvre, *là-tout-de-suite* ! Alors, je m'efforce, dans un second mouvement, plus actionnel que réactionnel cette fois-ci, de me mettre sur « pause » à l'intérieur. Je respire… Je me tourne vers elle, qui, non contente d'avoir désormais mon attention, ne veut surtout pas la perdre et se met alors à pousser de grands cris de colère. Ce à quoi je réponds à mon tour par des cris… chantés ! Voilà la (la-la-laaaaa !) « méthode Castafiore », outil ultime que j'utilise plus souvent qu'à mon tour ! Comme il est important que j'évacue, moi aussi, cette énergie de colère par une réaction physique (la colère nécessitant le passage par le corps pour vraiment s'extérioriser), je choisis de chanter mes cris à tue-tête, en mode « cacophonie d'opérette » (et là, j'vous jure, c'est dommage que cet ouvrage soit un livre papier, et non pas un livre audio, car ça aurait valu le détour de l'entendre !). Cette méthode a le don non seulement d'évacuer mon coup de ras-le-bol, mais aussi d'interloquer ma fille, et de finir par nous faire rire, toutes les deux. Ouf, gagné ! Je peux désormais poursuivre le processus du retour au calme (pour nous deux), en allant m'asseoir près d'elle, et effectuer quelques exercices de respiration ou pousser la chansonnette. Après quoi, je jouerai un peu avec elle, le temps de remplir de nouveau son réservoir affectif (par l'attention et le contact), puis je retournerai écrire la fin de mon super paragraphe de démo pendant qu'elle continuerai de jouer (voilà, c'est chose faite, tope là !). Et maintenant, je vous livre ici ces différents outils de notre tout premier kit d'urgence, testé et approuvé.

JE FAIS DES ATELIERS « RIEN » AVEC BÉBÉ

Les exercices de respiration, par l'oxygénation du corps qu'ils permettent, aident à réduire la tension artérielle et à réguler le système nerveux parasympathique. La musicothérapie, quant à elle, a prouvé les bienfaits psychiques de la musique et du chant sur les symptômes dépressifs, sur les mécanismes du stress et sur les troubles neurologiques, diminuant le cortisol (hormone de stress) et dopant la production d'hormones du plaisir. C'est donc loin d'être juste « un truc débile » ou « qui marche seulement pour les véganes adeptes du yoga » !

➡ Je remplace les cris par la « méthode Castafiore », que ce soit des « aaaaa-AAAA-aaa-HAAAAA ! » ou un sonore, puissant et (pas du tout) mélodieux : « Oh-là-là, j'en-ai-mAAArre, maman-peut-rien-fAAAIIIlre ! » À réaliser dans l'exagération, bien sûr, avec mouvement de bras, torse bombé, bras levés au ciel, les yeux qui roulent… Enfin, vous voyez le tableau, quoi : à ce moment-là, vous êtes une diva, une vraie, en plein opéra-comique, sur la scène de l'Odéon ! Rien de moins. Et avec le sourire (y'a du public !).

➡ J'utilise divers bruitages et vocalises pour évacuer l'énergie. Suivant mon humeur, ce sera un sifflant « kssss » (tel que pratiqué en qi gong pour évacuer la tristesse des poumons) ; un joli « kiii-hi-hi-hi-hi-hi-hiiiiiii », qui s'envole et redescend en trilles ; un apaisant « chant des voyelles » avec la suite « A-É-I-O-HOUM » ; un mantra de mon choix (personnellement, j'ai un gros faible pour le A-A-A karnatique ou pour le *Ra Ma Da Sa Sa Se So Hung*, car son rythme en 4 x 4 temps me permet de le poser sur un exercice de cohérence cardiaque[62]) ; ou encore, de bons gargarismes et autres « bruits de bouche », qui détendent les lèvres, la mâchoire, le larynx et le diaphragme, et font circuler l'air de manière joyeuse et ludique : des « brrrrr », comme si je me rinçais la bouche, des « rrrrr », comme quand l'on s'entraîne à faire la « rota » en cours d'espagnol (pour celles qui ont pris allemand, c'est le « r » roulé de nos amis latinos), ou des « rou-rouuu », en mode M. Pigeon fait sa cour à demoiselle Pigeonne[63] (si vous ne savez pas faire, demandez à Bébé de vous apprendre, car il en raffole et il adorera le faire avec vous, à tour de rôle !).

➡ Je pratique, justement, un moment de cohérence cardiaque : la cohérence cardiaque est une méthode de respiration aux mille bienfaits, qui permet, notamment, de réguler le stress et l'anxiété, de réduire les symptômes dépressifs ou la tension artérielle, d'obtenir de meilleures défenses immunitaires, ou encore d'augmenter la production d'ocytocine, l'une de nos « hormones du bonheur ». Idéalement, je la pratique 3 fois par jour, par cycle de 5 minutes pour 6 respirations par minute[64], et ce, sur 3 rythmes possibles :

- Maman fatiguée, qui a besoin de retrouver un peu d'énergie ? J'inspire 6 secondes et j'expire 4 secondes.
- Maman stressée, qui a besoin de

retrouver un peu de détente ? Je fais le contraire : j'inspire 4 secondes et j'expire 6 secondes.

- Maman confuse, qui a besoin de retrouver un peu de centrage et d'équilibre ? J'inspire 5 secondes et j'expire 5 secondes.

Et maintenant, le super bonus « *cohérence cardiaque spécial* mamacita » : alors que je me concentre tranquillement sur mes inspirs et mes expirs, j'en profite pour faire quoi ? Mes exercices de rééducation périnéale, pardi ! J'inspire et je serre doucement mon périnée (en le visualisant comme un petit rideau qui s'abaisse ou comme une petite bille qui remonte, comme disent nos sages-femmes), et j'expire en le relâchant. Pour ne pas oublier de m'offrir ces petits moments de respiration (une pensée émue pour mon cerveau ramollo), je peux mettre un rappel toutes les 3 heures sur mon téléphone. Et alors, soyons réalistes, chaque fois que le rappel sonnera, je me dirai : « Ah non, pas maintenant, je fais la cuisine/range du linge/change le petit/joue avec lui, etc. ! » Et je ferai donc ma cohérence cardiaque, jamais (ça sent le vécu, je vous jure !). Mais au contraire ! Quel plus bel exercice que celui de pratiquer cette attention au souffle pendant que je cuisine, range, change Bébé ou joue avec lui ? Cet exercice de cohérence cardiaque est non seulement compatible avec toute activité, mais, de plus, il nous permet d'atterrir à nouveau véritablement dans ce que nous sommes en train de faire, en quittant le mode automatique pour celui de la conscience du moment.

Je pratique une respiration apnéique[65] issue de la méthode Wim Hof, du nom de son inventeur, athlète néerlandais :

- Je m'allonge confortablement, dos au sol, et je ferme les yeux. Je peux choisir de mettre ou non une musique

---

[62] Cf. paragraphe suivant.

[63] Rendez-vous sur la piste audio (page 123) pour entendre chacun de ces exercices de chant, exercices que l'on retrouve beaucoup en chant prénatal, pour celles d'entre vous qui auraient choisi cet accompagnement à la grossesse et à l'accouchement. Ces exercices vous paraissent un peu trop farfelus ? Devant qui mieux que Bébé pouvons-nous nous permettre de les faire ? Devant cet être sans jugements et pur amour, nous osons être nous-mêmes, comme devant personne, n'est-ce pas (chanter faux, danser toute nue avec le ventre qui ressort, aller aux toilettes !) ? Et être soi devant lui, c'est aussi être soi dans nos émotions : d'Ansembourg (encore et toujours) dit dans son livre Cessez d'être gentil, soyez vrai : « Maman ! Dévoile-moi tes richesses, tes pauvretés, tes contradictions, tes faiblesses, tes vulnérabilités, tes talents, ta créativité, ta fantaisie… ! »

[64] Je peux installer, sur mon téléphone, une appli qui se charge de me rappeler ces moments et de calculer les secondes, comme la très belle application gratuite et toute douce « Respire », avec son joli cercle rose qui croît et décroît.

[65] L'apnée est une excellente pratique antistress : le cœur ralentit et l'esprit se vide pour se concentrer exclusivement sur l'instant présent. De récentes études en neurosciences, au sujet de l'impact de l'apnée sur le cerveau, démontrent *« une augmentation de l'activité des connexions cérébrales […] au niveau du précuneus […] une région hyperconnectée qui joue un rôle de chef d'orchestre de la conscience de soi »*, explique le neurologue Steven Laureys du CHU de Liège.

apaisante et/ou élévatrice.

- Je respire une vingtaine de fois par le nez, en emplissant d'air mon ventre… puis mon diaphragme… puis ma poitrine… les trois étages se soulevant les uns après les autres, telle une vague qui remonte le long de mon abdomen. À chaque inspir, je visualise mon cœur, que je remplis de lumière/de chaleur/d'énergie vitale ; il s'ouvre dans les quatre directions pour capter cette lumière. À chaque expir (toujours par le nez), je visualise mes émotions usagées qui s'évacuent, depuis mon plexus solaire, et se dissolvent dans l'air, purifiées. Lors de la dernière de ces respirations (dites « respirations yogiques complètes »)…

- … j'expire normalement et me mets en apnée à la fin de mon expir, le plus longtemps possible, sans toutefois me faire violence. Je veille à ce que mon corps reste relâché et mon esprit détendu durant cette phase d'apnée expiratoire. Ensuite…

- … j'inspire pleinement de nouveau et me mets une nouvelle fois en apnée, idéalement durant quinze secondes. Là, encore, je veille à garder le corps détendu durant cette phase d'apnée inspiratoire.

> - Si je pratique cette respiration lors d'un épisode de stress ou d'émotions particulièrement pénibles, durant toutes les phases d'apnée, je peux accompagner mentalement mon émotion pour qu'elle sorte (répéter, par exemple : « Va… va… va et dissous-toi dans la lumière. »).
>
> - Si je pratique cette respiration lorsque tout va bien, durant toutes les phases d'apnée, je peux développer ma gratitude et ma paix (visualiser, par exemple, mon cœur qui s'ouvre, et s'ouvre encore, jusqu'à ce qu'il déverse son amour dans chaque cellule de mon corps).

- Je peux refaire ce cycle d'apnée quatre fois, puis terminer par cinq minutes de respiration « normale » en restant au calme.

➡ Enfin, si j'ai simplement besoin de souffler un peu, mais que mes voyants sont encore au vert, je peux aussi souffler de manière ludique et rêveuse en faisant… des bulles[66] ! Si Bébé est là, émerveillement et sourires garantis. Et pourquoi ne pas

[66] Désormais, on trouve même de petits tubes pour faire des bulles (et leur flacon de recharge écolo !) en version bio, notamment avec la marque Zélio, « Mes bulles de savon naturel », ou Sonett, « Bio Bubbles ». La parfaite B.O. pour cette activité détente avec Bébé ? L'Oiseau et la Bulle, de Pierre Chêne, bien sûr : *« Un poisson au fond d'un étang / Qui faisait des bulles / Qui faisait des bulles / Un poisson au fond d'un étang / Qui faisait des bulles / Pour passer le temps. »*

tester aussi les bulles soufflées dans une bouteille d'eau à l'aide d'une paille ? On joue à faire les plus petites possibles, puis les plus grosses. On allonge son expir au maximum... Et on met même de jolies paillettes dans la bouteille si on en a envie (là aussi, s'il est de la partie, Bébé sera bien intrigué par ces gros bouillons !). Et, lorsqu'il aura 2 ou 3 ans, je serai bien contente de pouvoir lui proposer cet exercice pour l'aider à retrouver son calme après une grosse colère.

VOCALISE

Audio de visualisation thérapeutique

https://youtu.be/HQKY1prUT3A

VIII. SIGNAUX RADAR OU FUSÉE DE DÉTRESSE ?

(Re)trouver une communication saine

Durant la première année de Bébé, il est un autre domaine d'importance : celui de la communication ! En effet, nous pouvons ressentir, plus souvent que de coutume, le sentiment d'avoir perdu le signal et de nous retrouver perdues en mer. Observons de plus près les récifs et les écueils à éviter pour rester à flot.

Écueil n° 1 : Le manque de sommeil

Eh oui, pardi ! La Communication NonViolente, basée sur le principe du respect des besoins universels, place en tête de liste les besoins dits « de survie », à savoir : hydratation, oxygénation, nourriture, évacuation (selles et urine) et sommeil (viennent ensuite les besoins de mouvement, d'abri, de chaleur, de lumière et de propreté). Ça a l'air évident, dit comme ça, mais nous oublions, à longueur de journée, l'importance capitale de ces besoins pour une saine communication. Auriez-vous l'idée de demander à un analphabète de vous calligraphier un poème ? Non ? Eh bien, il est tout aussi irréaliste d'espérer une communication apaisée lorsque ces besoins de base ne sont pas assurés : quiconque s'est retrouvé en réunion avec un besoin pressant d'aller aux toilettes le sait bien. De même que chacun aura pu observer comment une même conversation peut se dérouler avant de passer à table, le ventre creux, ou à la fin du repas, la panse bien pleine. Pour revenir au sommeil, avez-vous déjà essayé de parler de choses sérieuses, compliquées ou profondes (au hasard : l'éducation d'un enfant !) avec une amie qui rentre de soirée au petit matin ? C'est un peu l'état dans lequel nous sommes au lendemain d'une nuit avec Bébé, durant laquelle nous avons remplacé le verbe « s'endormir » par « *sans* dormir », et qu'il nous faut, au matin, parler organisation ou essuyer une réflexion de notre partenaire. D'ailleurs, les mots « réflexion » et « observation » n'existent plus vraiment dans notre vocabulaire : ils ont été remplacés par « critique », souvent la seule manière dont nous sommes alors capables de les recevoir[67]. Quoique ennuyante, cette réaction est somme toute naturelle, puisque la privation de sommeil a notamment pour conséquences :

- Irritabilité, colère, frustration, impatience (non, sans rire ?)
- Difficulté à se concentrer et à mémoriser
- Allongement du temps de réaction
- Baisse de moral et anxiété, pouvant aller jusqu'à la dépression
- Baisse de l'immunité (faisant de nous une proie de choix pour tous les petits virus qui traînent)
- Dérèglement hormonal (pouvant mener à une prise ou à une perte de poids, et quantité d'autres joyeusetés !)
- Maux de tête…

Pris séparément, chacun de ces points est déjà un terrain privilégié pour l'émergence d'un conflit. Mais, lorsqu'ils sont tous réunis, c'est le jackpot assuré ! Et c'est là que peuvent éclater les « bah, fais-le toi-même, OK ? » (irritabilité), les « mais on l'a dit vingt fois, tu rigoles ? » (troubles de la mémoire) ou les « j'en peux plus, là ! » (baisse de moral, maux de tête, etc.). Le sommeil est un mécanisme complexe, qui nous permet, par exemple, de récupérer physiquement, durant les phases de sommeil profond, et de récupérer mentalement durant les phases de sommeil paradoxal (soit les phases de rêves). Or, lorsque ce sommeil est segmenté, l'alternance naturelle de ces phases devient compliquée[68] : ne dormant pas suffisamment longtemps pour verser véritablement dans le sommeil paradoxal, nous manquerons donc d'une pleine récupération mentale[69] (ce qui explique pourquoi la coupe nous semblera

---

[67] À ce sujet, je ne résiste pas à l'envie de partager avec vous le credo de ma voisine Rosine, 70 ans de sagesse : « Face à de jeunes parents, pour que tout se passe bien, il faut suivre la règle des 4 C : *"Pas de conseils, pas de critiques, pas de curiosité : seulement des compliments !"* »

[68] Pour la petite anecdote (certes plus amusante que scientifique), une marque de matelas britannique a mené, en 2012, un sondage auprès de 1 800 jeunes parents. L'enquête a conclu qu'entre les pleurs de Bébé, les inquiétudes nocturnes ou les tâches ménagères effectuées la nuit, une fois Bébé endormi pour de bon, l'on perd 44 jours de sommeil durant sa première année, soit l'équivalent de 6 semaines (sachant qu'un être humain passe en moyenne 26 années de sa vie à dormir).

[69] Et pourtant, pas de vacances pour la maman porte-avions, qui, chaque jour, rechargée ou non, devra continuer d'accueillir son petit avion vrombissant… Alors, on fait comment, dans ces moments-là ? On commence par se souvenir que, certains jours, la priorité est d'assurer la maintenance du porte-avions ! Alors, oui, l'hébergement complet sera garanti, mais on ne peut pas être tout le temps en 4 étoiles : ces jours-là, ce sera service réduit, et c'est aussi très bien comme ça ! Et si vous avez du mal à l'accepter, allez faire un tour sur la culpabilité au chapitre 11.

pleine si rapidement). Malheureusement, pas de recette miracle, hormis ces petits conseils basiques que l'on connaît déjà.

JE PRENDS SOIN DE MON SOMMEIL

- Veiller à se coucher et à se lever à des heures les plus régulières possibles (tout aussi important pour vous que pour Bébé).
- Si l'on garde Bébé à la maison, faire la sieste, nous aussi, à chaque sieste de Bébé (ce conseil n'est pas valable uniquement pour les premières semaines avec Bébé, mais pour les premières *années*, semble-t-il).
- Éviter le sucre après 17 heures.
- Remplacer les écrans par des livres le soir venu.
- Pratiquer chaque jour une activité physique[70] (on ne parle pas forcément d'une série d'abdos ou d'un jogging : danser un coup dans le salon ou se faire une balade fait l'affaire aussi !).
- S'oxygéner chaque jour au-dehors.
- Faire le plein de fruits et de légumes.
- Faire des micro-siestes (de 5 à 20 minutes maximum) ou, à défaut, fermer les yeux 10 minutes pour pratiquer un exercice de méditation, de sophrologie, de respiration (que l'on soit chez soi ou au travail, ces pauses sont essentielles).

[70] Cf. chapitre 9.

Écueil n° 2 : Le manque de reconnaissance

Lorsque nous sommes fatiguées, il est important, pour nous, que l'autre prenne conscience de notre fatigue et qu'il la considère. Il peut alors nous arriver d'adopter pour cela deux ressorts inconscients plutôt malheureux : la mauvaise humeur et la position de Victime. Comme ça, sur le papier, on se doute que ça ne va pas fonctionner des masses et qu'on a plus de chances de récolter une dispute que de l'empathie. Et pourtant…

Fin de journée, Jules rentre à la maison. Madeleine est avec Bébé depuis le matin.

Du côté de Madeleine, quoiqu'elle ait été bien occupée, comme toujours, la journée a été agréable et elle a partagé de beaux moments avec Bébé. Elle est fatiguée mais sereine, impatiente de retrouver Jules, qu'elle est toujours heureuse de voir revenir, en fin d'après-midi, parce qu'elle l'aime, tout simplement, et qu'elle aime lorsqu'ils sont réunis tous les trois.

Du côté de Jules, c'est la même chose : quoiqu'il ait été bien occupé, comme toujours, la journée a été agréable et il a bien avancé sur son projet avec ses sympathiques collaborateurs. Il est fatigué mais serein, impatient de retrouver Madeleine et Bébé, qu'il est toujours heureux de rejoindre, en fin d'après-midi, parce qu'il les aime, tout simplement, et qu'il aime bien lorsqu'ils sont réunis tous les trois.

> Jules : Hello ! Ça va, vous deux ?
>
> Madeleine : Hmmm…
>
> J. : Ça va pas ?
>
> M. : Si, si. Crevée, quoi.
>
> J. : Ouais, pareil… T'as vu si le colis était arrivé, au fait ?
>
> M.(*éprouvant inconsciemment un besoin de reconnaissance de sa fatigue*) : Non, j'ai pas vraiment eu le temps. Bébé a dormi à peine deux heures sur toute la journée, il a mal aux dents depuis ce matin, et j'ai déjà rien dormi la nuit dernière. Alors, entre les repas, le bain, le rangement, la lessive, la balade, plus caler des rendez-vous la semaine, le colis, tu vois… !
>
> J.(*se sentant comme agressé et se retranchant dans le silence*) : OK…

Silence.

M. (*considérant qu'elle vient quasiment de lui mâcher le travail pour obtenir la reconnaissance de ses efforts et décidant inconsciemment de lui offrir un peu de la sollicitude qu'elle attend afin d'en recevoir en retour*) : Et toi, alors ? Ça avance bien, vous êtes contents ?

J. (*qui n'a pas envie de s'étendre sur le travail maintenant qu'il est enfin rentré chez lui*) : Oui, oui, pas mal. On mange quoi ce soir ?

M. : J'en sais rien. Regarde ce qu'il y a dans le frigo.

J. : OK...

Silence.

Cette scène vous semble familière ? Madeleine espérait quelque chose comme : « *Mon amour, je vois que tu es fatiguée, et c'est bien normal, tu en as fait beaucoup ! Merci de prendre si bien soin de notre petit.* » Mais elle ne s'en est pas donné les moyens, utilisant la mauvaise humeur comme moyen d'expression de sa fatigue. Et pourtant, on peut être fatiguée, tendre, patiente et souriante... Mais tout cela, elle l'a déjà offert, toute la journée, à Bébé, et il ne reste plus grand-chose dans son réservoir. Jules, quant à lui, espérait peut-être recevoir un : « *Grosse journée au boulot, mon ange ? On mange et on se raconte tout plus tard tranquille ?* » Mais il ne s'en est pas donné les moyens non plus, se retranchant dans le silence et abrégeant la discussion comme moyen d'expression de sa fatigue. Et pourtant, on peut être fatigué, présent et communicatif, mais tout cela, il l'a déjà offert toute la journée aux collègues, et son réservoir à lui est vide aussi. Finalement, ce petit moment de détente et de complicité en famille qu'aurait pu être le repas se retrouvera plombé d'office par le sentiment que, « de toute façon, elle est toujours de mauvaise humeur » et qu'« il n'en a jamais rien à faire de rien » !

Le besoin de reconnaissance est souvent au cœur des disputes du couple : chacun a le sentiment d'en faire déjà beaucoup, de ne pas s'être arrêté de la journée et que, pourtant, « *ça ne suffit jamais*[71] ! ». Pour caricaturer un peu : papa a le sentiment de tout donner au travail afin d'assurer le confort et le bien-être de maman et de bébé,

[71] « *Toute critique, jugement, diagnostic et expression de la colère, est la tragique expression d'un besoin insatisfait* » : Marshall Rosenberg, fondateur de la CNV.

et maman a le sentiment de tout donner à la maison pour garantir le confort de tous, ainsi que la sécurité et l'épanouissement de bébé. Ce qui est difficile, c'est que, si maman a les moyens d'exprimer toute sa gratitude à papa, et donc de nourrir son besoin de reconnaissance (*« Merci, mon amour, d'être repassé à la pharmacie et à l'épicerie en sortant du travail. Merci d'avoir cuisiné pendant que je donnais le bain. Merci de t'être occupé de ces papiers pour nous : je sais que c'est ennuyeux à mourir, mais j'avais pas l'énergie. »*), Bébé, quant à lui… ne va pas exprimer beaucoup de gratitude, et ne nourrira donc pas le besoin de reconnaissance de sa maman ! C'est ainsi, et il nous faut l'accepter. Difficile, dites-vous ? Certes… Mettons alors les choses en perspective pour mieux les accepter : étiez-vous reconnaissante, vous, lorsque vous étiez petite ? (Haussement d'épaules.) Non. Probablement pas. Si vous avez eu la chance de vivre une enfance relativement choyée, il était pour vous *normal* que votre linge soit régulièrement lavé et rangé, qu'un repas chaud vous attende deux ou trois fois par jour, que l'on vous aide à vous laver et que l'on vous mette au lit avec un câlin. Tout comme il était normal que le soleil se lève, que la chauffeuse de bus s'arrête à votre arrêt ou que le boulanger ait fait cuire des croissants dans la nuit. Vous ne remerciiez pas alors le soleil, la chauffeuse ou le boulanger. De même, vous ne remerciiez pas votre mère, qui, chaque jour, était pour vous tout à la fois le soleil, la chauffeuse, le boulanger, et tant d'autres choses encore (conteuse, lavandière, institutrice, infirmière, animatrice, etc.). Être parent est un travail de longue haleine qui n'apporte pas de « retour sur investissement » avant longtemps. (Vers nos 25-30 ans, peut-être ? Allez, courage !) Mais l'enfant n'est pas ingrat pour autant. Il est simplement insouciant, ignorant des mille et un rouages qui, derrière la grande horloge, s'activent sans répit pour lui permettre de donner tout bonnement l'heure juste. Et vous savez quoi ? L'enfant ne nous doit rien : il n'a fondamentalement aucune dette envers nous, tout comme nous n'en avons aucune envers nos parents. L'amour, le vrai, se donne gratuitement et sans rien espérer en retour. Plutôt que d'attendre de notre partenaire qu'il nourrisse notre besoin de reconnaissance, prenons-en soin par nous-mêmes (et que l'autre apprenne à en faire autant) : l'autonomie de la prise en charge de nos besoins est en effet au cœur du principe de la Communication NonViolente. Ainsi que le dit le dalaï-lama : *« Souvenez-vous que la meilleure des relations est une relation dans laquelle l'amour que chacun porte à l'autre dépasse le besoin que chacun a de l'autre. »*

JE VEILLE À MES BESOINS...

Une jeune maman responsable de la vie d'un autre être humain (rien que ça !) a particulièrement besoin de :

- Repos
- Hydratation
- Nourriture
- Abri
- Lumière
- Sécurité
- Protection/Amour/Bienveillance
- Préservation de son temps et de son énergie
- Ordre/Propreté
- Calme
- Mouvement/Défoulement
- Détente/Rires
- Soutien/Écoute/Connexion
- Confiance
- Appréciation/Reconnaissance
- Affirmation de soi/Libre arbitre/ Autonomie[72]

Lorsque vous sentez que la tension monte durant une conversation, prenez d'abord le temps de passer en revue les différents besoins qui suivent. Qui manque à l'appel ? Qui n'a pas été nourri depuis trop longtemps ? Que vous dit votre jauge intérieure pour chacun d'eux ? Exemple : « Ordre, propreté, calme : OK, je suis dans le vert. Hmmm, mouvement et défoulement : je suis dans l'orange, je crois. Une petite balade cet après-midi me ferait du bien. Rire et confiance ? Oh là là ! Dans le rouge complet : depuis combien de temps n'ai-je pas eu une franche rigolade ? Et

[72] Libre arbitre, oui, en cela que chaque parent éprouve le besoin naturel de trouver et de vivre sa parentalité à lui, en dehors des conseils d'Untel et de la cousine Machin. Il est vrai que nous allons peut-être parfois (souvent ?) « réinventer la roue ». Mais il le faut ! Cette déclaration d'indépendance, cette prise d'autonomie émancipée de l'autorité de maman et de belle-maman, ce sentiment de faire ses propres choix, de se différencier des modèles de la génération précédente et d'expérimenter une parentalité sur mesure, choisie par nous et pour nous, est un processus essentiel. Quand bien même on ne ferait que réinventer la roue, ce processus est au cœur du développement de la confiance en nos nouvelles fonctions parentales (et donc de la confiance en soi et de l'envie de s'impliquer avec Bébé). Et cela est tout aussi vrai pour les jeunes mamans que pour les jeunes papas, pour qui ce processus est tout aussi primordial. Cela demandera à la maman d'accepter de laisser au père son espace d'expérimentation à lui, quand bien même elle aurait déjà une opinion sur ce qui serait le mieux pour Bébé.

puis, depuis les remarques de la tatie Marcelle, c'est vrai que ma confiance en moi a dégringolé[73]... »

Pour un véritable équilibre émotionnel, il est important de prendre également le temps de passer en revue ce qui a été nourri lors des bons moments : là aussi, observez ce que vous a apporté telle ou telle activité. Exemple : « Après avoir réussi à sauter le pas pour faire garder notre fille par une baby-sitter pour la toute première fois, j'ai réalisé que mon stress initial avait laissé place à une véritable détente. Non seulement j'ai eu deux heures pour moi seule, en plein après-midi (ce qui a nourri mes besoins de solitude, de calme, de créativité et de réalisation personnelle), mais, surtout, franchir cette grande étape et découvrir que tout s'était bien passé a nourri en profondeur mes besoins d'évolution (progression, développement, changement), de liberté et de confiance ! »

ET JE NOURRIS TOUT SPÉCIALEMENT MON BESOIN DE RECONNAISSANCE

Reconnaître tout ce que j'ai offert de temps, d'énergie, de bienveillance et de soins pour le bien de Bébé et pour celui de la maisonnée va nourrir mon besoin de reconnaissance qui, à son tour, va nourrir mon besoin d'estime de soi. En consolidant mon estime de soi, je vais développer mon sens de l'affirmation, mon assertivité (c'est-à-dire le fait d'avoir suffisamment d'estime et de confiance en moi pour prendre ma place dans la relation à l'autre sans agression ni démission). Et plus mon assertivité se développe, plus je me respecte et respecte mes besoins. La boucle est bouclée !

Pour ce faire :

- Je me félicite et me remercie de tout ce que j'ai fait aujourd'hui en m'offrant des temps de gratitude et d'amour de soi. Je me parle comme je parlerais à une amie : « Regarde un peu tout ce que tu as donné aujourd'hui ! Bravo ! Ton bébé en a, de la chance, d'avoir une maman si attentionnée. »

- J'ose me dire et dire à autrui tout ce que j'ai accompli (même si cela va à l'encontre d'une éducation « politiquement correcte » qui amalgamait souvent la fierté et l'estime de soi à la vantardise mal placée).
- Je me rappelle que « ce n'est pas ce que je fais qui compte, mais QUI JE SUIS quand je le fais » : peut-être ai-je aujourd'hui réalisé moins de choses que prévu, mais je les ai faites en conscience, dans le calme et la présence, ou dans le *meraki*[74].
- Je choisis de m'offrir un cadeau ce mois-ci.
- Je choisis d'apprendre à recevoir pleinement les « merci » que l'on m'adresse, le cœur ouvert : je prends un instant pour les ressentir se déposer dans mon cœur, je les respire, je les écoute en conscience au lieu de les disqualifier d'entrée, comme s'ils étaient une « simple politesse » ou « dénués de mérite », etc.
- Lorsque je sens que ça déborde, que j'en fais trop, je m'interroge : est-ce que je fais cela par désir de reconnaissance (le nettoyage des vitres juste avant l'arrivée de ma belle-famille, ces petits pots maison pour qu'on me dise que mon bébé en a, d'la chance, etc.) ou est-ce que je le fais purement animée par le plaisir ? Il est important que je m'interroge sur ce que ce besoin de reconnaissance me pousse à faire, alors que je n'en ai pas envie, ainsi que sur ce que je m'empêche de faire *alors que j'en ai envie*…
- Je choisis de témoigner ma gratitude et ma reconnaissance à mon compagnon, en ne lui disant pas simplement « merci », mais en précisant en quoi son acte a contribué pour moi, ce qui est beaucoup plus touchant (et peut l'inciter peu à peu à en faire de même) : « Merci d'avoir monté le mobile et d'avoir installé les portails aux escaliers : ça m'a vraiment permis d'économiser un temps fou, et je me sens beaucoup moins stressée maintenant quand je vois Cacahuète crapahuter dans le couloir. »

[73] Pour apprendre à nourrir ses besoins par soi-même et à s'offrir connexion et reconnaissance : chapitre 11.

[74] Cf. chapitre 6.

Écueil n° 3 : La peur du jugement d'autrui et la sévérité de nos auto-jugements

Ces deux-là fonctionnent comme d'infernaux vases communicants, l'un remplissant inlassablement l'autre (je me sens jugée – je me juge/je me juge – je me sens jugée). Et que l'on soit de nature susceptible ou non, la maternité aura bien vite fait de nous rendre particulièrement sensibles à la critique. Parmi les 108 membres de notre équipage, les « remarques et conseils de l'entourage » (concernant, bien sûr, parentalité et choix d'éducation) arrivent en troisième position au tableau des causes de la colère. Notez combien cela peut fonctionner, quelle que puisse être la remarque.

- « T'es vachement à cheval sur les horaires de sieste, on dirait ! » (Nan, mais dis carrément que je suis psychorigide, vas-y !) versus : « Ah, tu calcules pas trop les heures, toi. Tu t'en fiches ? » (Ça veut dire quoi, ça, que je suis une mauvaise mère ?)
- « Tu l'allaites encore ? » (Et alors ?!) versus : « Tu ne l'allaites plus ? » (Et alors ?!) ou : « Tu ne l'as pas allaité, du coup ? » (Et donc ?!)
- « Elle bouge beaucoup, ta petite, dis ! » (Ça veut dire quoi, ça ? Elle te dérange ?) versus : « Il bouge pas beaucoup encore, ton loulou » (Il progresse à son rythme, fiche-lui la paix !)
- « Oh, il a mangé tout ça ?! » versus : « Oh, il n'a mangé que ça ? » (Qu'est-ce qu'il y a, ENCORE ?)

Bon, vous l'aurez compris : le problème n'est pas tant ce qui est dit que ce qui est reçu. Ce sont souvent là deux choses différentes. Et dépendantes de la sensibilité et de l'histoire personnelle de chaque maman. Prise entre sa vulnérabilité exacerbée, ses hormones qui dansent le cha-cha-cha et son adaptation au stress d'un nouveau quotidien, il est bien compréhensible que la jeune maman soit, pour le moins, sensible aux observations. C'est qu'elle s'observe déjà beaucoup elle-même, voyez-vous, se donnant des notes à tire-larigot du matin au soir : « Oups, il a tout vomi, je lui en ai peut-être donné trop ! Aïe, il a encore faim, je ne lui en ai pas donné assez ! Ah non, mince, c'était les dents, en fait, je n'ai pas su le comprendre à temps ! Rooo, et puis j'ai mal géré les temps de sommeil, aujourd'hui, mince ! » Etc., etc., etc. (etc., etc., etc. ?). Alors, comment regagner un peu de paix face aux remarques d'autrui ? En se souvenant, pour commencer, qu'aussi bienveillantes ou malveillantes qu'elles puissent nous sembler, ces remarques ne sont que l'expression des *angoisses de la personne qui parle* : ce qui est dit l'est toujours plus sur le locuteur que sur l'interlocuteur ! Ainsi, si tatie Marcelle continue de vous harceler sur les quantités de nourriture ou sur l'allaitement, cela ne parle que de *son* rapport à l'alimentation (et à la façon dont elle a nourri le cousin Jacques à l'époque).

Il s'agira, au bout du compte, de s'approprier sa parentalité en dehors du regard de l'autre. Et, comme tout ce qui compte profondément dans la vie, c'est un chemin. Ça demande du temps et de l'entraînement. Chez celles d'entre nous qui sont les plus sujettes aux sentiments de rejet, d'injustice ou d'humiliation, ce peut même être un véritable tour de force. Certaines mettront quelques semaines quand d'autres mettront une année entière, ou plus encore. Mais, quel que soit le rythme de chacune, soyez assurée que viendra un moment où vous aurez trouvé votre *parenting style* à vous, comme le disent nos amis anglophones, et que vous l'assumerez sans plus vous poser de questions, pleinement convaincue que personne ne connaît aussi bien votre bébé que vous (sage-femme, nourrice ou pédiatre inclus).

JE CONSCIENTISE MA PERCEPTION

Face à toute crispation née d'une remarque que je perçois comme un jugement, je me rappelle que ce qui a été dit parle de celui qui l'a dit, et que la manière dont je choisis de le recevoir ne dépend que de moi. Je me souviens de ce petit adage :

Seule ma perception menace ma sérénité.

Et répétons-le :

« *Notre plus grande liberté, peut-être même la seule véritable liberté qui soit, réside dans notre manière de choisir comment réagir aux choses.* »

J'ai donc deux options :

- Soit je vois, dans ce qui a été dit, quoique potentiellement blessant, un fond de vérité (ou, du moins, quelque chose à creuser), et la personne de qui ça vient signifie vraiment quelque chose pour moi (cette relation est, à mes yeux, plus importante à défendre que la crispation autour de ce désaccord). Je choisis alors de pratiquer un exercice de dialogue CNV, tout d'abord intrapersonnel[75] (un dialogue intérieur pour mettre en mots mes émotions et mes besoins), puis, dans un second temps, interpersonnel[76] (un dialogue avec l'autre, une fois les choses éclaircies en moi).

- Soit ce qui a été dit semble, selon moi, dénué de vérité (et/ou la personne qui me l'a dit ne représente pas grand-chose pour moi). Je n'ai pas de temps ni d'énergie à perdre, ni pour débattre ni pour me poser quinze mille questions. Je peux alors pratiquer ce petit mantra autant de fois que nécessaire : *« Point de vue intéressant. Intéressant qu'il ait ce point de vue. »* Il s'agit d'intégrer cette vision avec nonchalance, en la pratiquant comme une sorte de : « Et ça s'arrête là. Merci, mais non, je vous le laisse », sans drame et sans affolement. Une sorte de « retour à l'envoyeur », mais dénué d'agressivité ou de pénibles remises en question (ce qui générerait, justement, une forme d'agressivité). Exemple : la tatie Marcelle (décidément, celle-là !) vous explique pourquoi il faut laisser pleurer bébé jusqu'à ce qu'il s'endorme, alors que vous êtes certaine du contraire. *« Hmmm. Point de vue intéressant. »* (Ma foi, chacun a le sien. Laisser pleurer l'enfant jusqu'à ce qu'il dorme présente, en effet, pour certaines personnes, un intérêt certain.) *« Intéressant que la tatie Marcelle ait ce point de vue. »* (Ça parle forcément de quelque chose chez elle, dans son histoire à elle, et peut-être ceci est-il intéressant, peut-être ceci me permettra-t-il de connecter à elle bien mieux que la « vérité » qu'elle semble vouloir « m'imposer » – du moins, est-ce ainsi que je le ressens.)

Ce qui est chouette avec cet outil, c'est que vous pouvez également vous l'appliquer à vous-même, toute seule comme une grande, à chaque auto-jugement qui vient vous mettre une tatane derrière les oreilles ou à chaque limitation que vous vous imposez inconsciemment. Exemple : je ne peux

[75] Rendez-vous au chapitre 11.

[76] Rendez-vous au chapitre 10.

décemment pas me prendre le massage de deux heures suivi de la « formule sauna » et laisser Bébé à papa tout l'après-midi… « Hmmm. Point de vue intéressant. » (Je ne me juge pas d'avoir ce point de vue, je l'observe tranquillement.) *« Intéressant que j'aie ce point de vue. »* (Intéressant ce chemin de pensées… Que recouvre-t-il ? De quelle injonction me parle-t-il ? Quels bénéfices cachés cela m'apporte-t-il d'y adhérer, même si c'est contraignant et limitant pour moi ? *Oh, oh, oh, la question à un million !*) Mais, le plus beau, c'est que je n'ai même pas forcément à y répondre. Si ça fait tilt et que ça me vient tout seul, super (youpi, une nouvelle prise de conscience à mettre dans ma jolie caboche !). Mais, si ça me demande de me triturer les méninges pour comprendre le pourquoi de ce comment, je passe à côté de l'idée de cet outil-mantra, qui est cette « tranquille nonchalance » avec laquelle je choisis d'en rester là et de ~~me foutre la paix / me lâcher les basques~~ / m'économiser.

JE DÉCORTIQUE MON STRESS

Face à tout stress induit par la remarque d'un tiers ou par une situation particulière, je peux également m'atteler à l'exercice du CINE. Késako ? Sonia Lupien, fondatrice et directrice du Centre d'études sur le stress humain (CESH) de l'Université de Montréal (t'imagines à quel point l'être humain est un stressé de la vie, quand même, puisqu'il a même des centres dédiés ?!), est à l'origine de l'acronyme CINE pour décortiquer les déclencheurs de stress : (manque de) contrôle, imprévisibilité, nouveauté et ego menacé. L'arrivée d'un bébé rassemble bel et bien ces quatre facteurs : ce petit être, imprévisible et nouveau, vient refondre notre identité tout entière (donc notre ego) et nous mettre plus que jamais face au constat que nous ne contrôlons pas le cours des choses. Afin de regagner un sentiment de maîtrise, la D^re^ Lupien préconise donc d'identifier clairement la situation stressante en la déconstruisant. Pour ce faire, il s'agira alors (mais non, pas de déconstruire Bébé, m'enfin !) de se poser quatre questions.

Cet élément de stress :

- Est-il nouveau ?
- Est-il imprévisible ?
- Menace-t-il mon ego ?
- Me retire-t-il du contrôle ?

Chloé pourrait ainsi identifier que, si les débuts de la diversification alimentaire la stressent autant, c'est parce que c'est quelque chose de nouveau et qu'il lui faudra un peu de temps pour contrôler les menus et leur bonne digestion (et comprendre que ce passage au solide est effectivement prévu depuis toujours par mère Nature elle-même et que son ego n'est pas menacé). Laura, quant à elle, pourra identifier que, si l'embauche d'une nourrice la stresse autant, c'est parce que c'est quelque *chose* de nouveau qui lui retire du *contrôle* et que son ego est menacé (par la peur que son enfant finisse par aimer sa nourrice plus que sa maman), mais que ce mode de garde n'a rien d'imprévisible, puisqu'il est décidé déjà depuis sa grossesse. Elle pourra alors prendre le temps d'accueillir ce changement et ces peurs avec douceur pour elle-même et respect de son rythme, puis réfléchir aux moyens de continuer d'exercer un certain contrôle (concertations avec les autres mamans, entretiens réguliers avec la nourrice, adaptation très progressive, demande de photos pendant la journée, liberté du choix de rester ou non avec cette nourrice, etc.).

Je peux également remarquer que, lorsque mon stress vient de la remarque d'un tiers, c'est clairement l'ego menacé qui est en jeu et qu'une fois encore : « *Seule* ma perception menace ma sérénité[77]. »

[77] Je passe alors aux exercices d'auto-empathie du chapitre 11.

Écueil n° 4 : L'envie et la jalousie

Vous arrive-t-il de vous demander : « Mais comment le jeune couple heureux et romantique que nous étions a-t-il bien pu se transformer en couple conflictuel, qui a troqué caresses et complicité contre les critiques et les reproches ? » C'est que passer du couple conjugal au couple parental ne se fait pas en toute facilité (non, sans rire ?). Bébé vient confronter chacun des parents à son vécu d'enfant (que ce processus soit à ce moment-là vécu consciemment ou non). Non seulement, connectés comme jamais à notre Enfant intérieur, nous revivrons inconsciemment tout ce qu'il nous reste d'irrésolu de nos années d'enfance[78] : les blessures de toutes sortes, vécues en famille ou à l'école, les « violences éducatives ordinaires », les émotions réprimées, le rapport à l'autre (à l'Autorité – parents, enseignants, adultes – ou aux pairs – fratrie, camarades de classe). Mais, de plus, nous adopterons peut-être inconsciemment le modèle de communication et de gestion de la colère du couple de nos parents[79]. Pour peu que mon couple soit encore dans ce que l'on pourrait nommer l'« illusion du couple-médicament » (cette illusion qui consiste à croire inconsciemment que c'est l'Autre qui comblera mon sentiment de manque, guérira mes blessures d'enfance et réparera mes parts blessées en incarnant une sorte de père/mère idéal(e) pour mon Enfant intérieur), nous risquons fort de rejouer les blessures de nos parents et les schémas qui en sont issus. Enfin, il est essentiel de prendre conscience que le couple est le *premier* lieu de réactivation de la mémoire traumatique de notre Enfant intérieur. *Full package*, le couple ! En soi, tout ceci n'est déjà pas une mince affaire : voilà qui suffirait amplement à déclencher des vagues au paradis (et à remplir un nouveau livre). Mais la transition du couple conjugal au couple parental ne s'arrête pas là. Sur une structure déjà mouvante (comme nous venons de le voir), elle vient également redistribuer les cartes : nouvelle organisation domestique, redéfinition de la place de chacun, redistribution du temps

[78] Cf. chapitre 5, tout particulièrement l'exercice « Je conscientise mes réactions en chaîne ». Nous y évoquons cette réaction épidermique qui peut me prendre lorsque Bébé fait valser assiette et cuillère pour repeindre la cuisine couleur carotte. Quand je vis une telle réaction, incontrôlable et violente (dans le sens où elle fait naître de la violence en moi : colère et envie de crier ou d'user de la force), c'est qu'elle est issue de la mémoire traumatique de mon Enfant intérieur, une réminiscence de ce que j'ai vécu petite. J'ai probablement essuyé, moi-même, cris et immobilisation forcée ou gestes brutaux lorsque je jetais de la nourriture au sol. Cette violence que j'ai reçue, et face à laquelle je n'avais aucun moyen de répondre, est restée comme figée en moi toutes ces années durant. Alors que me voilà aujourd'hui dans un contexte avec lequel résonnent ces traces du passé, cette violence (subie) dégèle soudain (et a, cette fois-ci, les moyens de s'exprimer). Mais je suis désormais de l'autre côté de la chaise haute, et si je ne conscientise pas tous ces mécanismes et n'y prends pas garde, cette violence subie deviendra violence exercée contre mon enfant.

[79] Cf. chapitre 10, dans lequel nous abordons notre vécu de la colère suivant les modèles intergénérationnels que nous en avons eus, ainsi que l'alternative que peut offrir la Communication NonViolente.

et de l'espace, reprise plus ou moins laborieuse de la sexualité. Et, comme dans toute partie de cartes, cette redistribution peut entraîner de l'envie dans toutes les directions : papa « jalouse » Bébé, qui occupe le temps, l'esprit et les bras de sa femme, et maman « jalouse » papa qui, lui, paraît encore pouvoir disposer de son temps, de son esprit et de ses bras avec toute sa liberté d'antan[80].

Entre la réactivation de nos insécurités d'enfant, notre fatigue de jeunes parents, notre possible éloignement sexuel, notre besoin de reconnaissance mis à mal et nos auto-jugements réguliers, voilà que le vent se lève. Il suffira alors d'une goutte de jalousie (« *Lui*, il est allé boire un verre avec ses collègues » ou « a eu le temps de faire sa méditation ce matin ! ») pour que s'abatte le déluge. En réaction à ce stress, nos mécanismes de survie nous pousseront dans deux directions : le combat ou la fuite (*the fight or fly response* en anglais). C'est-à-dire que, pour traverser la situation, j'utilise soit l'agressivité (en attaquant), soit la distanciation émotionnelle (en me coupant émotionnellement de la situation). Au centre de ce vilain carrefour, comment trouver « la voie du milieu » si chère aux bouddhistes ? En deux mots : *faire équipe*. Le seul moyen de ne plus envier le temps libre de l'autre (car c'est souvent autour de celui-ci que se cristallisent les rancœurs), c'est de se mettre d'accord pour faire équipe, de le verbaliser et d'élaborer ensemble une stratégie à moyen terme qui permette d'impliquer chacun. Pour cela, il nous faudra deux choses :

- 1- Savoir ce que je veux/ce dont j'ai envie
- 2- Oser le demander

Et ça, ce n'est déjà pas si facile… Car, en premier lieu, je ne connais peut-être pas encore très bien cette « nouvelle-moi-maman » et ce qui lui plaît aujourd'hui. De plus, s'il me fallait, durant l'enfance, éviter de prendre trop de place, de faire du bruit, de manifester mes émotions et mes envies parce qu'on me demandait d'être « sage » (ce qui, à l'époque, était le strict synonyme de… « silencieuse » !), j'ai peut-être bien tendance à être coupée de mes désirs et à ne pas me donner le droit de les vivre (répétant, évidemment, là encore, les injonctions reçues de papa-maman-maîtresse). Exprimer mes désirs me faisant donc inconsciemment courir le risque de vivre du rejet ou de futures frustrations, j'en arrive au point d'éviter de les exprimer à

[80] Notons que papa ET maman peuvent aussi, tous deux, jalouser Bébé, qui reçoit plus de bains, de massages et de câlins en une semaine qu'eux deux réunis dans le mois !

moi-même afin de ne pas (re)vivre cette souffrance-là. Il s'agira donc de commencer par me reconnecter à moi, pour aller explorer tout ceci, avant de revenir vers mon partenaire et de le partager avec lui.

RÉUNION D'ÉQUIPE CHEZ « NOTRE FAMILLE »

Imaginez, votre partenaire et vous, que vous êtes désormais les deux directeurs d'une microentreprise solidaire et sociale baptisée « Notre Famille ». Si votre projet s'est lancé sur de bonnes bases, vous avez investi à parts égales en matière de patrimoine génétique, d'amour et de projections heureuses. Vous êtes aujourd'hui partenaires et vous possédez le même poste : co-éducateur bienveillant. C'est l'heure de la réunion d'équipe ! Examinons l'ordre du jour[81].

- Quels sont aujourd'hui les besoins spécifiques de chacun des directeurs de « Notre Famille »[82] ?
- Qu'est-ce que chacun peut proposer pour contribuer à « Notre Famille » tout en gardant le cœur en joie (et non pas dans une énergie de sacrifice) ? Autrement dit, qu'est-ce qui pourrait bénéficier à la fois à « Notre Famille » et au respect des besoins de chacun ?
- Comment peut-on s'assurer de garder une belle dynamique relationnelle dans l'équipe et faire preuve de tolérance, de bienveillance et de patience les uns pour les autres (sans que ces trois belles qualités ne soient exclusivement offertes à « Bébé d'amour », le produit phare de « Notre Famille », et qu'il n'en reste plus pour le management) ?

[81] Alors que j'hésitais à faire usage de ce parallèle professionnel, je me suis fait la réflexion que c'est justement dans le cadre professionnel que nous consentirions à fournir tous ces efforts et à prendre sur nous pour donner sa chance à l'intelligence collective au lieu de rester dans l'ego, ce que nous sommes parfois moins enclins à faire en famille. Quel curieux renversement nous fait donc vivre la société ! Interrogeons-nous et souvenons-nous qu'il ne tient qu'à nous d'être aussi « professionnelles » à la maison qu'au travail. « Notre Famille » nous offre incontestablement le poste à responsabilités le plus important de toute notre vie. Qu'elle figure ou non sur notre CV, peu importe : c'est elle qui figurera sur notre épitaphe.

[82] Répondez par des noms plutôt que par des verbes (« j'ai un besoin d'activité physique » ou « de solitude » plutôt que « j'ai besoin d'aller courir » ou « de rester seul ») : lorsque nous cherchons à mieux cerner nos besoins, la Communication NonViolente nous invite à n'employer que des noms, et non pas des verbes. Les verbes nous placent d'office dans la stratégie et dans l'action, alors que les noms ont la faculté de nous ramener à l'essence du besoin et de nous aider à prendre le temps de nous connecter à ce que nous souhaiterions vivre avant d'envisager les moyens de le vivre.

- Comment faire pour que la répartition des tâches semble juste et équitable à chacun[83] ?

[83] Cette question sera idéalement mise en écho avec l'exercice « J'établis le cahier des charges familial » au chapitre 6. Je vous invite aussi à discuter ensemble du fait qu'**équité** et **égalité** sont deux choses différentes : dans l'égalité, chacun bénéficie de la même réponse, quelle que soit sa situation ; mais, dans l'équité, chacun bénéficie d'une réponse adaptée aux spécificités de sa situation personnelle. L'équité est donc inévitablement inégale (et l'égalité, souvent inéquitable)... Aux plus féministes d'entre nous, je recommande chaleureusement le travail d'Emma (www.emmaclit.com), dessinatrice française qui contribue fortement à populariser le concept de la charge mentale et de son inégalité entre les hommes et les femmes, notamment au travers des BD *Fallait demander !* (2017) et *Ça se met où ?* (2022), toutes deux disponibles gratuitement en ligne. Le premier tome dresse le tableau de l'inégalité des tâches ménagères et de la gestion du foyer au détriment des femmes. Le second poursuit cette exploration en évoquant le travail de la chercheuse Francine Deutsch sur les stratégies des hommes pour échapper auxdites tâches, des stratégies indirectes (et souvent inconscientes) telles que : le recours au travail, la résistance passive, la mauvaise humeur, le zèle excessif, ou encore l'incompétence affichée et le manque d'autonomie. *« Ça peut paraître exagéré. Mais le recours à ces stratégies n'est pas toujours conscient : c'est ce qu'on appelle le renforcement négatif. Si adopter une de ces stratégies fait disparaître la corvée, alors on s'habitue à se comporter ainsi. Ex. : si je traîne à faire les tâches, alors elles se font toutes seules, alors je traîne à faire les tâches. »* (Extrait de la BD Ça se met où ?) Et, chez vous, ça se passe comment, le change des couches ? Trêve de plaisanteries, je souhaite que ces planches dessinées soient pour vous un outil de communication constructif et apaisé (et non pas un outil de règlement de comptes), autrement elles n'auraient plus leur place dans ce chapitre.

Il me paraît tout à fait essentiel de m'arrêter un instant sur ce point : jeune maman thérapeute, j'ai pu mesurer (et continue de mesurer chaque jour) à quel point il faut de ressources pour pouvoir justement… se ressourcer ! Ce n'est pas simple, ce n'est pas inné, quel que soit notre savoir ou notre tempérament. Car ce n'est pas le tout d'avoir des outils, des exercices et tout le toutim : il faut trouver un créneau, un espace de respiration, une pause durant laquelle les mettre en pratique (en v'là déjà deux bonnes, de missions !). Pour que ça marche vraiment, encore faut-il, *en plus, avoir la disponibilité mentale* suffisante pour profiter des bienfaits de ce moment ! Et ça, ce n'est pas gagné tous les jours. Et c'est ainsi. Ce n'est ni bien ni mal. Nous arriverons, certains jours, à dépasser notre fatigue et à nous ressourcer pleinement. Et, d'autres jours, nous n'aurons ni l'énergie, ni les ressources, ni les moyens de le faire. Et il n'y aura pas à se blâmer ni à se morfondre. En quatre mots : *foutons-nous la paix*. Voilà pourquoi je fais le vœu que ce livre soit reçu pour ce qu'il espère être : non pas un catalogue d'outils à appliquer ou une nouvelle injonction à prendre soin de vous, jeunes mamans, mais plutôt un inventaire établi pour vous aider à déblayer ce qui empêche l'accès à vos ressources. Conscientiser ce qui, finalement, fait obstacle à la détente ou à la tranquille régulation émotionnelle, non pas pour y arriver ensuite à tout prix, chaque jour de l'année, mais simplement pour peut-être trouver votre chemin vers une paix plus durable. Et surtout, marcher sur ce chemin **en vous lâchant la grappe**.

Alors, une fois conscientisés ces écueils à la communication, comment s'assure-t-on d'éviter le naufrage par tous les temps ? Comment rétablir la communication de manière stable et durable ? À cela, je répondrais que la CNV est un véritable phare vers lequel se tourner inlassablement avant, pendant et après une tempête. Rendez-vous aux chapitres « Retrouver le nord » et « En équilibre sur la planche : auto-empathie ».

CAP SUR... LE PAPA !

Et les papas/partenaires, alors ?

Focalisé sur les émotions de la jeune maman, ce livre se doit tout de même de faire une place d'honneur aux papas (et partenaires de vie, quels qu'ils soient), qui, eux aussi, traversent le voile entre un avant et un après qui ne sera plus jamais le même : souci de bien faire, manque de sommeil, retour trop rapide au travail, poids des nouvelles responsabilités... voilà de quoi éveiller bien des émotions de toutes sortes ! Eux aussi vivent une transformation intérieure qui les fait renaître à eux-mêmes. Eux aussi assistent, à la fois émerveillés et terrifiés, à la croissance d'un être complet, venu bouleverser irrémédiablement leur routine et leur dynamique de couple. L'attention qu'ils recevaient sera brutalement et largement diminuée au profit de Bébé, désormais le premier à recevoir câlins, tendresse et petits plats. La sexualité qui les unissait à leur tendre moitié sera affectée pour un certain temps (voire pour un temps certain, allant de quelques semaines à plus d'une année suivant l'histoire de chacune et de chacun). Quant au temps libre que les jeunes papas auraient encore, les mères attendent (secrètement ou explicitement) qu'il soit offert à Bébé afin de les décharger quelques heure, ce qui peut donner aux pères/partenaires le sentiment d'un temps « réquisitionné ». Alors même que les partenaires « reçoivent » donc moins qu'avant et peuvent ressentir un sentiment de privation légitime (quoique inévitable), il leur est plus que jamais demandé de « donner ». De fait, leur statut de « Père » leur demande d'apporter soutien et sécurité, aussi bien sur les plans matériel et financier que sur le plan psycho-émotionnel, et ce, non pas uniquement à Bébé, mais également à leur compagne. Nombre d'entre eux se sentiront alors pris « entre le marteau et l'enclume », devant consacrer leur temps à la fois à leur travail (afin d'offrir une sécurité financière) et à leur famille (afin d'apporter une sécurité affective non moins essentielle que la précédente, voire plus) : un numéro d'équilibriste qui peut être difficile à gérer[84]. Cette charge psychologique, source de stress évidente, n'est pas à négliger : elle peut même occasionner, chez certains, ce qu'on appelle maintenant un *daddy-blues*, déprime post-partum paternelle qu'il n'est pas facile de partager par peur d'être moqué et/ou jugé trop égocentré ou trop immature[85]. Une fois encore, la reconnaissance exprimée de ce que chacun apporte au foyer en matière d'énergie, de temps, d'argent, de soins ou de soutien est tout à fait essentielle, de la part du père à la mère *comme dans l'autre sens* !

Les hommes adultes chez qui la part « Enfant intérieur » (volonté de vivre au présent, tendance *carpe diem*, rejet du « monde des adultes » – de l'administratif, des institutions, d'un travail fixe, de l'épargne –, goût du risque et de l'aventure, et émotionnel primant sur le rationnel) prédomine sur la part « Critique » (besoin d'anticipation et de projection dans le futur, besoin de contrôle et d'organisation, et rationnel primant sur l'émotionnel) auront évidemment tendance à vivre bien plus douloureusement cette perte « forcée » de leur statut de jeunes hommes (« forcée », car vécue comme telle tout autant qu'inévitable). Alors qu'ils pouvaient avoir le sentiment de vivre à la fois la liberté et la sécurité (rêve de l'enfant qui se veut « grand » et libre tout en restant materné), chouchoutés par leur compagne et libres de leur agenda et de leur choix d'activités, les voilà qui perdent non seulement leur place privilégiée (devenant seconds dans l'ordre des priorités de la jeune mère), mais aussi leur pleine liberté à « dire oui » spontanément aux copains (un apéro sur le pouce, un match de foot improvisé, deux heures de plus à la salle de sport, un week-end à bricoler ou une soirée jeux vidéo). Si caricatural que cela puisse paraître, cette situation est vécue dans nombre de foyers, quand bien même « le foot » y serait remplacé par quelque chose de plus intellectuel ou de plus manuel. Que faire, alors ? Exprimer clairement et sans violence ses besoins au papa tout en lui demandant d'exprimer les siens me semble encore et toujours la meilleure des approches. Il s'agira ici de clairement distinguer les « besoins » des « stratégies » : peut-être la salle de sport et la console ne sont-elles que deux stratégies recouvrant un besoin de légèreté et de repos mental (en ce cas, comment pourrait-on également nourrir ce besoin chez papa/partenaire tout en intégrant Bébé et/ou maman dans cette nouvelle équation ?) tandis que le foot parle d'un besoin de mouvement et que l'apéritif parle d'un besoin de connexion à l'autre (là encore, comment pourrait-on nourrir cela en tenant compte de la nouvelle équation ?). Asseyez-vous ensemble et réfléchissez à ce qui semble juste pour vous deux dans le respect de chacun : peut-être vous rencontrerez-vous à mi-chemin en décidant, d'un commun accord, que la salle de sport et le foot sont limités chacun à une heure par semaine, et que les besoins respectifs de légèreté et de mouvement seront nourris par des marches sportives avec Bébé et son inscription aux bébés nageurs, accompagné de son papou (par

[84] Un sondage de l'INSEE, datant de 2013, démontre qu'à la suite d'une naissance, un homme sur neuf réduit ou cesse temporairement son activité, contre une femme sur deux.

[85] Suivant les dernières statistiques, le daddy-blues toucherait 4 % à 13 % des pères. Il se traduit par un sentiment d'incapacité à dépasser le choc émotionnel de la naissance ou à gérer leur nourrisson, mais aussi par des tristesses, une irritabilité, une perte d'appétit, des difficultés de sommeil, etc. C'est en se sentant capable, utile et efficace que le papa pourra finalement dépasser ces sentiments et retrouver sa sérénité.

exemple). Quant aux hommes chez qui la part « Critique » prédomine sur la part « Enfant intérieur », l'adaptation aux responsabilités paternelles sera souvent facilitée, parfois même au point que certaines mamans pourraient avoir besoin de tempérer certaines des velléités du nouveau « Chef de Famille », qui prend son rôle (un peu trop) à cœur, pardi ! Il sera alors bon, pour tout le monde, que papa s'autorise parfois à redevenir un enfant auprès de ce petit être venu lui rappeler les joies de la spontanéité, du rire et du jeu. C'est souvent cet apprentissage, ainsi que celui de la souplesse et du lâcher-prise, que ces papas-là devront faire pour cocréer une famille épanouie. Car c'est bien dans *l'équilibre* de ces deux parts (Enfant et Critique intérieurs) en chacun (comme en chacune !) de nous que peuvent se rencontrer non seulement liberté et sécurité, mais également joie et tranquillité. Veillons à leur bonne entente et à leur juste place.

À cette nécessité de *prendre* sa place et de devenir Père s'ajoute une complexité de taille : celle de *trouver sa place* ! Là où la maman est la maman, irrévocablement et sans nul doute (ce que l'inconscient collectif confirme au travers de ces images que nous portons tous : « Une mère, on n'en a qu'une », « C'est elle qui m'a fait et qui m'a portée », « Ma mère, c'est ma mère, ça restera toujours ma mère », etc.), le papa doit, quant à lui, s'insérer délicatement et patiemment au sein de cette dyade fusionnelle maman/bébé afin d'en faire une « famille » au sens classique du terme. Un processus plus ou moins long, plus ou moins laborieux et plus ou moins réussi. Dans notre sondage aux 108 matelotes, le « manque d'implication du partenaire » arrive en deuxième position dans les causes de colère des mamans. Parmi les papas que j'ai interrogés, la majorité d'entre eux reconnaissaient que la répartition domestique des tâches n'avait pas changé à la maison depuis la naissance de Bébé. Quelques-uns, toutefois, avaient plus pris à leur charge la préparation des repas (mais non les lessives, le ménage ou les courses). Quant au mode de garde (nounou, crèche ou garde exclusive de Bébé), la garde-robe à renouveler si souvent ou les soins de santé (rendez-vous médicaux, produits de soins, etc.), la majorité d'entre eux « laissent la maman gérer, lui faisant une entière confiance ». Faut-il les en blâmer pour autant ? S'il est vrai que certains rechignent clairement à mettre la main à la pâte et ne souhaitent rien changer à leur petite routine d'avant la paternité, il semble que la plupart des papas d'aujourd'hui sont soucieux de s'investir auprès de Bébé, que ce soit physiquement ou émotionnellement. Pour autant, ils n'auront pas nécessairement cette tendance au sacrifice, toute féminine, qui pousse les mères à négliger leurs besoins primaires au profit de ceux de leur enfant. Si je me permets de schématiser un peu, les pères, si bienveillants soient-ils, mangeront quand ils auront faim et urineront quand il le faudra en dépit des appels de Bébé. Ils ne passeront pas non plus un temps fou à comparer les crèches ou les couches ni à se poser mille autres questions. Ce à quoi les mères réagiront peut-être négativement et préféreront alors ne compter que sur elles-mêmes pour prendre soin de Bébé[86]. N'aurions-nous pas à apprendre les uns des autres ? Les mamans peuvent apprendre des papas comment mieux prendre soin de leurs besoins et économiser leur énergie, et les papas peuvent apprendre des mamans comment faire preuve de plus de maternage. 'Croyez pas ?

De la même manière qu'une femme découvre sa maternité et la tisse lentement, au gré de ses interactions avec Bébé, de leurs explorations à tous deux et de leur compréhension mutuelle, un homme a besoin de vivre cette liberté-là afin de trouver, et donc de *prendre* sa place de père[87]. Cela demandera à la maman d'apprendre à déléguer et à offrir sa confiance, et au papa de pousser plus loin qu'avant le don de soi. De fait, j'ai demandé à plusieurs hommes ce que devenir père leur avait *principalement enseigné*, en leur donnant le choix entre les six réponses suivantes :

- Être dans le don de soi et ne plus me faire passer en premier
- Gérer ma colère, développer ma patience et mon calme
- Être créatif et trouver de nouvelles solutions
- Oser partager mes peurs, doutes, tristesses et coups de blues
- Mieux comprendre le monde émotionnel des femmes
- Échanger avec d'autres hommes autour de la paternité

Ils ont exclusivement sélectionné les deux premières réponses, à l'exclusion totale des quatre dernières, peut-être alors « plus féminines ». Et si le don de soi a remporté 20 % des votes, c'est la maîtrise de soi (gestion de la colère, calme et patience) qui a été choisie pour 80 % des papas comme principal enseignement. Voilà bien la preuve que sourire, gazouillis et tendresse peuvent nous mener plus loin que force et confrontation…

[86] Et c'est là que nous en arrivons à cet étrange sentiment de schizophrénie entre « occupe-toi un peu de ton enfant, s'il te plaît ! » et « allez, laisse-moi faire ! », ou bien à des conflits autour de la répartition des tâches, qui mèneront souvent à une certaine ingérence de madame dans celles de monsieur (cf. exercices « J'établis le cahier des charges » au chapitre 6 et « Réunion d'équipe chez Notre Famille » au chapitre 8).

[87] La nécessité de laisser aussi faire le papa, pour qu'il développe ainsi sa confiance (celle du père en lui-même et celle en ses capacités paternelles, tout comme celle de la mère envers le père), est à nouveau évoquée au chapitre 12. Je vous invite également à la relecture attentive de la note de bas de page no 69 de ce chapitre, au sujet du besoin essentiel d'autonomie et de « réinvention de la roue », qui se trouve au cœur de la construction de toute parentalité.

IX. KIT D'URGENCE POUR MAL DE MÈRE (2)

Terre à l'horizon !

Durant la première année de Bébé, il est un autre domaine d'importance : celui de la communication ! En effet, nous pouvons ressentir, plus souvent que de coutume, le sentiment d'avoir perdu le signal et de nous retrouver perdues en mer. Observons de plus près les récifs et les écueils à éviter pour rester à flot.

Durant cette longue traversée en mère, il est (en toute logique !) bien courant d'avoir le sentiment… de ne pas toucher terre de la journée ! Mais c'est quoi, exactement, « toucher terre » ? Comment reprend-on contact avec nos Terres intérieures[88] ? En reprenant contact avec notre corps. Revenir à nous en revenant d'abord à lui. Lui, cet incroyable agent de liaison entre nous et le monde qui nous entoure. Lui, qui est infiniment plus qu'une tête au mental survolté, deux pieds qui avancent et deux mains qui prennent et reposent à longueur de journée. Lui, que nous oublions trop souvent en nous contentant de remplir et de vider ses organes digestifs pour qu'il nous permette de tenir une journée de plus et de mener à bien nos mille et une petites missions. Notre corps, puissant et capable, à la pointe de l'évolution. Ses cinq sens. Ses précieux organes. Son souffle. Sa présence, son assise, sa solidité, son alignement. Ses émotions. Ses émotions, oui, car c'est bien au travers de lui qu'elles se présentent et se déploient, n'en déplaise à une tête qui croit un peu trop vite que tout se passe chez elle. En vérité, si le mental est notre tour de contrôle, c'est notre corps qui est l'antenne. Rappelons donc ici les étapes de ce que j'ai nommé le Système ALTER, système d'intégration d'une émotion :

Accueillir - **L**ibérer - **T**raiter - **É**changer - **R**éguler mon émotion[89]

[88] Tiens, mais c'est le nom des chouettes week-ends de retraite entre femmes que j'organise chaque année, dis voir ! ;-)

[89] Pour la présentation de ces cinq étapes du vécu émotionnel, voir le texte d'introduction de l'ouvrage *21 jours de pratique émotionnelle* (Enrick B. Éditions, 2021).

Si les étapes 3 et 4 de traitement et d'échanges autour de mes émotions se font au travers du dialogue intérieur, que nous approfondirons plus loin[90], les deux premières étapes (accueillir et libérer l'émotion) prennent racine dans notre corps. C'est par la connexion à lui et à ce qu'il vit (respiration accélérée ou coupée, diaphragme oppressé, ventre serré, épaules crispées, jambes molles, chaleur aux joues, mâchoires qui tremblent…) que je peux me relier à l'émotion qui me traverse, accueillir en présence ses manifestations *dans mon corps* (et non la chasser plus loin en lui fermant les portes de mon esprit). Croyez bien que les deux seules options qui se présentent à vous, lorsqu'une émotion frappe à la porte, sont celles-ci :

- Vous accueillez et accompagnez l'émotion. Elle vous traverse et s'exprime. Son message est entendu : son énergie, désormais libérée, peut se dissiper.

- Vous réprimez l'émotion. Elle se dépose en vous et y stagne. Son message, censuré, reste en attente sur le répondeur de votre corps, et son énergie, prisonnière, y fait des nœuds. Tôt ou tard, ces nœuds se feront entendre à sa place (de la simple migraine à la maladie, en passant par un dos bloqué, une angine, des maux de ventre, etc.).

Choisissons donc de nous guérir maintenant (pour retrouver le « gai-rire ») plutôt que de nous soigner plus tard (« soi-nié », car nous ne sommes pas écoutées).

KIT PASSER PAR LE CORPS

Ce kit d'urgence est donc consacré au retour à notre corps. Saviez-vous que l'activité physique, quelle qu'elle soit, offre aux personnes souffrant d'anxiété ou de dépression légère à modérée les mêmes bénéfices que des anxiolytiques ou des antidépresseurs ? Cela parce qu'elle occasionne la production d'endorphines (hormones du bien-être), de sérotonine (hormone de la vigilance, de la motivation et

[90] Cf. chapitre 11, où nous retournerons également à la rencontre de cette grande croyance qui nous limite toutes : le fameux « oui, j'aimerais bien, mais j'ai pas le temps » !

du regain d'énergie) et de testostérone (hormone qui efface les douleurs et donne un sentiment de puissance). L'activité physique va également réduire le cortisol (hormone du stress), activer le thymus (la glande impliquée dans la gestion de l'humeur) et aider à la micro-vascularisation cérébrale. Résultat des courses (sans mauvais jeu de mots) : renforcement de l'endurance physique et mentale, meilleure estime de soi, diminution du sentiment de lassitude et réduction de la fatigue psychique ! Parcourons donc quelques façons de reprendre contact avec notre corps, rapidement et simplement, de manière à pouvoir se concocter une petite routine quotidienne sur mesure.

- Pour profiter de tous ces bienfaits, même pas besoin de se mettre à l'aviron ou à l'escalade trois fois par semaine ! Le plus beau, c'est que **30 minutesde pratique, douce à modérée, tous les jours** (au minimum tous les deux jours) suffisent pour obtenir des effets à long terme : balade à pied ou à vélo, Pilates, gainage, yoga, stretching, danse, jogging (pour ce dernier, qui réclame plus d'efforts, 15 minutes quotidiennes suffisent), et d'autres encore... À vous de choisir ! Si cela vous tente, le plus difficile sera bien sûr de se tenir à ces 30 minutes quotidiennes sans que cela devienne, non plus, une injonction supplémentaire pesante. Et ça, admettons-le, c'est un sacré tour d'équilibriste.

- Et pourquoi ne pas tester quelques **étirements de qi gong**, une pratique millénaire aux mille bienfaits qui combine à la fois détente musculaire, alignement et sérénité[91] ? Ou bien quelques **étirements de Pilates** (une discipline à l'origine destinée aux danseuses classiques[92]) ? Deux pratiques douces et calmes, qui permettent un assouplissement profond et une réelle détente psychique.

- Une fois trouvé l'enchaînement de mouvements quotidien qui vous convient, agrémentez-le d'**automassages** du crâne, des oreilles et du visage,

[92] Je vous invite à découvrir le qi gong avec les vidéos de Chrystel Herbeaux Del Pino, excellente enseignante à retrouver sur sa chaîne YouTube *CrystelMulan* et sur son site www.santé-autonome.fr.

[93] Je vous conseille les vidéos de Justine Corrion, à retrouver sur sa chaîne *YouTube Pilates by Justine* et sur son site www.pilatesbyjustine.com. Ces enchaînements sont particulièrement adaptés aux débutantes et aux périodes prénatales ou postnatales !

des massages qui détendent profondément[93]. Pratiquez également des **massages du ventre et du diaphragme**, car c'est là que viennent se loger la plupart de nos émotions réprimées, d'où cette sensation de poitrine serrée, de souffle court, de sentiment d'oppression (diaphragme) ou de nausées et de douleurs abdominales (ventre). Pour masser les bords du diaphragme, asseyez-vous, posez le bout de vos doigts au-dessous du sternum, à la jonction de votre cage thoracique, et enfoncez-les progressivement en respirant tranquillement. Il s'agira de passer progressivement les doigts sous les côtes en pétrissant et en malaxant doucement les tissus avec la première phalange. Vous ressentirez et entendrez peut-être alors plein de petites bulles d'air se déplacer. Cela peut également occasionner des rots. C'est très bien, on libère de l'espace intérieur ! Poursuivez votre massage en descendant le long de vos côtes, une main de chaque côté, et en continuant de glisser les doigts en dessous, le plus profondément que vous le pouvez. Puis, pour masser le ventre, positionnez-vous semi-assise et mettez vos deux mains en crochet sur le côté gauche de votre ventre, au-dessous de la rate. Il s'agira de masser cette zone en effectuant de petits cercles sur tout le diamètre d'un large cercle : imaginez que vous avez une horloge sur le ventre et que vous allez en faire le tour dans le sens des aiguilles d'une montre, en appuyant en petits cercles serrés à chaque fois que vous passez sur un chiffre de l'horloge.

- Tapotez également quelques points clés de votre corps qui peuvent participer à sa régulation émotionnelle et à son apaisement. Par exemple, tapotez votre **thymus** (glande impliquée dans la gestion de nos émotions), durant une trentaine de secondes, en vous connectant aux émotions que vous avez pu vivre récemment et en énonçant mentalement : « *Je reconnais et j'accepte que je sens du/de l'…* [anxiété, désarroi, impuissance, doute, etc.[94]]. » Tapotez

[93] Vous trouverez, sur YouTube, de bonnes capsules vidéo sur les automassages du visage et du crâne avec Chrystel Herbeaux Del Pino : « Beauté du visage grâce au qi gong » (20 minutes), ou au travers du Do-In (technique d'automassage issue de la médecine traditionnelle japonaise) dans « DO IN Visage et crâne – La Parenthèse Bien-Être AlterMassage » (4 minutes). Quant à l'étirement du diaphragme, il est fort bien expliqué et démontré par Sylvère Caron, ostéopathe et kinésithérapeute, dans sa vidéo « Le diaphragme : à étirer ! ».

[94] Cet exercice est détaillé au premier chapitre de *21 jours de pratique émotionnelle*, dont voici l'extrait explicatif : « Pour repérer le thymus, suis tes clavicules du bout des doigts. Entre tes deux clavicules se trouve un trou en dessous duquel elles se rejoignent par une sorte de U en creux. Le thymus, c'est ce petit creux, juste au-dessus de la bosse du sternum. Ce thymus est une réserve d'énergie vitale contenant ce qu'on appelle les lymphocytes T : les cellules de notre système immunitaire qui ont déjà côtoyé et vaincu les virus et bactéries que nous avons rencontrés précédemment dans notre vie. Renforcer notre thymus nous aide donc à booster notre système immunitaire ainsi que la mémoire de notre immunité. Et donc à réguler notre stress. Accepter nos émotions désagréables plutôt que de les fuir aura le même effet, car moins de stress permet de développer un meilleur système immunitaire, et un meilleur système immunitaire sera moins sensible au stress. »

également ce que l'on nomme le **point karaté**, en mettant vos mains côte à côte, paumes vers le haut, et en frappant l'un contre l'autre les bords externes de vos mains, là aussi une trentaine de secondes. À vous de dénicher ensuite, sur internet, les points de réflexologie (visage, mains, pieds, clavicules, poignets, reins, etc.) qui sont les plus efficaces pour vous !

- N'oublions pas que notre corps possède également **cinq merveilleux sens**, et que celui de la vue a tendance à oblitérer grandement les quatre autres. À trop compter sur nos yeux, nous perdons de vue (ironie) la richesse de ce que nous pouvons percevoir par l'ouïe, l'odorat ou le toucher. Les automassages prendront donc soin du **toucher**. Pour l'**odorat**, vous pouvez respirer un tissu imprégné d'huile essentielle de petit grain bigarade (pour un esprit calme et détendu), de gingembre (régulation émotionnelle), de fleur d'oranger (pour l'apaisement et le repos), d'orange amère (bon anti-stress), de lavande vraie (excellent anti-déprime/anti-angoisse), ou encore de citron (pour un regain d'énergie et du dynamisme), de néroli, de santal blanc, de bergamote ou de mandarine (relaxation), au gré de vos goûts. Vous pouvez également mélanger quelques gouttes de votre huile essentielle de prédilection à une huile végétale (amande douce, abricot ou jojoba) et en déposez sur votre poignet ou sur votre plexus solaire. Quant à l'**ouïe**, si ce n'est pas déjà fait, concoctez vite votre « Sunny Playlist », celle dont les premières notes vous ramènent instantanément au soleil, quelle que soit la météo intérieure ! Ça a l'air trop simple, dit comme ça ? Mais parce que ça l'est ! Sérieusement : avez-vous déjà essayé de continuer à bouder ou de rester énervée sur l'air de *Don't Worry, Be Happy* (wouuh houhouhou houhouhou wouhouhouhouhouhouuuu) ? Je vous mets au défi ! Un chercheur en neurosciences, Jacob Joliy, s'est même emparé du sujet pour trouver les dix morceaux qui rendent le plus heureux (par leur tempo, leur tonalité majeure et le sens de leurs paroles) : sa liste contient, notamment, *Don't Stop Me Now* de Queen, *Good Vibrations* des Beach Boys et *Dancing Queen* d'ABBA. Quoi de plus joyeux, de plus léger et de plus puissant que de lancer votre super playlist et de danser, danser, danser ? Danser vos émotions, danser vos ras-le-bol, danser votre fatigue, danser votre maternité (adhésion totale de Bébé ga-ran-tie, qu'il soit spectateur ou participant) !

- Enfin, pour toucher terre, rien de plus efficace que de **s'enraciner**. Et cela, une fois encore, se fait avec le corps, et non avec la tête. De même que Bébé a été porté par vous, s'appuyant sur votre corps solide et se nourrissant de vos ressources, vous êtes portée, chaque heure de chaque jour, par notre **Grande Mère la Terre**. À nous de nous souvenir que nous prenons chaque jour appui sur son grand corps solide et nous nourrissons de ses ressources. De tous les outils psycho-émotionnels que je peux vous proposer, de tous les exercices que mon mental peut concevoir, je n'en ai pas expérimenté de plus puissant que mes promenades quotidiennes dans les bois par tous les temps (chaque saison et chaque météo recèle sa propre magie). Pour certaines d'entre vous, ce sera la plage ou la rivière, pour d'autres, les prés, la montagne, votre jardin, ou encore cet adorable parc au cœur de la ville. Qu'importe le lieu. Celui qui vous connecte à Elle et vous apaise sera le bon : je suis convaincue que *c'est en nourrissant le lien à notre Grande Mère que je peux nourrir la Mère en moi*. Plus qu'en lisant n'importe quel livre ou en écoutant n'importe quel podcast d'experts en parentalité. Saviez-vous que la lumière naturelle à elle seule suffit à faire produire de la sérotonine à notre corps ? Ou que les Japonais ont fait des promenades en forêt une pratique médicale appelée le *shinrin-yoku* (littéralement « prendre l'atmosphère de la forêt »), au cours de laquelle on s'attache à marcher en conscience et à vivre la balade avec nos cinq sens[95] ? C'est un peu ce que je vous propose dans l'exercice suivant, que vous pourrez écouter aussi bien dans votre lit qu'en promenade sylvestre (mais que cet audio ne remplace jamais, au grand jamais, l'immersion véritable de votre corps dans la Nature).

[95] C'est dans les années 1980 que le ministère japonais de l'Agriculture, des Forêts et de la Pêche a inventé ce terme pour inciter les citoyens à quitter les villes et à pratiquer ces promenades pour leur bien-être physique et mental. Quatre millions de dollars ont été investis pour financer la recherche autour des bienfaits du contact avec la forêt, et les résultats ont été saisissants : diminution du niveau de stress, du rythme cardiaque et de la pression artérielle, après 40 minutes de marche, et renforcement du système immunitaire grâce à l'inspiration des *phytoncides* (molécules sécrétées par les arbres pour se défendre contre les bactéries). Mais aussi diminution de l'agressivité, du cortisol et du taux de glucose. Les arbres sont bel et bien magiques ! Ils ne se contentent pas de nous permettre de respirer : ils vont même jusqu'à nous guérir et nous apaiser en profondeur, corps et esprit inclus... En France, cette pratique a été rebaptisée « sylvothérapie » ou « bain de forêt » et commence à se développer ici ou là.

JE ME RELIE À LA GRANDE MÈRE

Audio de visualisation thérapeutique

https://youtu.be/2sSHNIJr9Fo

3ème partie

LES ENSEIGNEMENTS

X. RETROUVER LE NORD

Gestion de la colère

Penchons-nous maintenant par-dessus bord, lorsque les flots se déchaînent et que la tempête fait rage. Étudions cette énergie toute particulière qui peut être froide ou brûlante, muette ou jacasseuse, fugace ou interminable, cette énergie qui transforme certaines d'entre nous en icebergs silencieux ou bien en sirènes mangeuses d'hommes[96]. J'ai nommé : COLÈRE. Colère la mal-aimée, Colère la mal vue, Colère l'interdite et la censurée. Et pourquoi ça, d'ailleurs ? Mais enfin, voyons, parce que « c'est pas joli, une petite fille en colère », que, « moi, j'aime pas les enfants qui font des caprices[97] », ou encore que : « Ça te plaît pas ? Eh ben, va faire ta colère plus loin ! Et puis pleure, tu pisseras moins ! » Ah, bah oui, c'est sûr, dit comme ça, au risque d'être moches, de ne plus être aimées et d'être bannies dans notre chambre avec invitation à pleurer seules, sans consolation… ça donnait pas très envie d'exprimer nos colères (et donc, de nous exprimer tout court) ! Merci, papa, merci, maman (sur l'air des *Jolies colonies de vacances* de Pierre Perret, bien sûr). Et puis merci les grands-parents, que nos parents pouvaient eux-mêmes remercier. Etc., etc., etc., jusqu'à Noé et son déluge, quoi. Des générations et des générations de colères enfouies, avec tous les dommages collatéraux que cela engendre : incompréhensions, conflits, sentiment d'injustice, colère déviée et extériorisée sur quelqu'un d'autre que la cible originelle, cris, explosions… D'où ce triste amalgame que nous avons longtemps fait entre la colère et la violence. Pourtant, la colère peut être non violente, pour peu qu'elle soit exprimée en temps et en heure, de manière juste et claire. Nous allons y venir. Mais, au fait, c'est quoi, la différence entre une

[96] Veuillez m'excuser de casser le groove des fans d'Ariel, mais, dans la mythologie, les sirènes sont loin de ressembler à la mignonnette petite sirène : ce sont, en fait, de vilaines créatures qui séduisent les marins par leurs chants pour les attirer dans l'eau et les dévorer !

[97] Les neurosciences nous permettent aujourd'hui de comprendre qu'un enfant ne fait jamais de « caprices », ce qui nécessiterait une capacité à calculer et à manipuler dont son cerveau est tout bonnement incapable, puisque son cortex préfrontal n'est pas développé (ce qui l'empêche aussi de s'autoréguler émotionnellement !). Ce sera aux parents d'apprendre à distinguer le « déclencheur » de la colère (ex. : la tartine refusée) et les inducteurs qui l'ont préparée en amont (manque de sommeil, surplus de stimulations, séparation difficile, stress dû à une dispute parentale, etc.).

colère réprimée et une colère refoulée ? La colère *réprimée* est une colère que j'ai conscience de ressentir, mais que je préfère m'interdire, par peur de ce que sa manifestation pourrait engendrer. La colère *refoulée* est une colère que je m'interdis de ressentir, et qui n'a donc même pas « le droit » de monter jusqu'à ma conscience : une partie de moi l'enfouit profondément, et je me dupe au point de croire qu'elle n'existe pas. C'est souvent ce genre de colère que contient notre Enfant intérieur à l'égard de ses parents. Tout bonnement parce qu'il était impossible pour l'enfant que nous étions d'être en colère contre ses parents, et ce, pour plusieurs raisons : je n'avais pas les moyens logiques et verbaux d'exprimer correctement ma colère, quel qu'en soit l'objet ; je n'avais pas l'autorisation de mes parents de me mettre en colère contre eux s'ils en étaient l'objet (ni même de tout simplement l'être, bien souvent, au risque d'être taxé d'enfant ingrat et décevant) ; et chaque expression trop vive de mes frustrations et de mon sentiment d'impuissance me faisait donc courir le risque de perdre leur amour. Leur amour à eux, les seuls garants de ma sécurité physique et affective : dans l'inconscient du petit enfant et de l'enfant, cela équivaut tout bonnement à être condamné à mourir. Jesper Juul, thérapeute familial, déclare que « *l'enfant blessé dans son intégrité ne cessera jamais d'aimer ses parents. Il cessera de s'aimer lui-même*[98]*.* » Précisons que, dans ce triste dressage de l'étouffement de la colère, la faute n'incombe pas qu'aux seuls parents : l'école ainsi que tous les lieux où se joue le collectif (crèche, activités scolaires, colo, caté, et que sais-je encore) ont aussi leur part de responsabilité. Il ne faudrait donc plus rien faire et ne plus mettre son enfant nulle part ? Non, bien sûr. Mais c'est en travaillant chacun à la réhabilitation de nos émotions que nous construirons une société plus saine, capable d'accueillir l'individu dans toutes ses dimensions (et non pas uniquement dans les dimensions de « la petite case préétablie »).

Bon, maintenant que c'est dit, rétablissons un peu la vérité autour de la colère. Colère, la salvatrice, Colère, la purifiante, Colère, la structurante. Car, oui, comme toutes nos émotions, la colère n'est pas là en vain[99] : elle est

[98] Prenons conscience qu'il existe deux espaces intérieurs depuis lesquels lire ces paragraphes : celui de l'enfant que nous avons été (notre Enfant intérieur), avec sa tristesse et son amertume, et celui de la mère que nous sommes devenues, avec sa prise de conscience que la fatigue ne lui permet pas toujours d'être la mère parfaite d'accueil inconditionnel qu'elle rêvait d'avoir (et donc d'être). Il ne s'agit pas de choisir l'un de ces deux espaces ou de trouver lequel a tort et lequel a raison. Ces deux espaces sont justes. Ces deux espaces ont toute leur place et méritent d'être écoutés, chacun à leur tour. Ils cohabitent en chacun et en chacune de nous.

[99] Pour mieux comprendre le rôle de chacune de nos émotions et leurs fonctions régulatrices au service de la Vie, je vous invite à la lecture de *21 jours de pratique émotionnelle* : trois chapitres sont consacrés spécifiquement à la colère, à la tristesse et à la peur, avec tout plein d'exercices pour mieux les vivre.

éminemment utile. Pour commencer, les droits de l'enfant, la condition des femmes, les dictatures et monarchies, le racisme, l'esclavagisme et l'homophobie, ou encore le traitement fait aux animaux ou à notre planète auraient-ils véritablement évolué au fil des siècles sans indignations ni révoltes ? Aujourd'hui, il est vrai (pour autant que l'un de nos dirigeants n'entre pas dans un grand trip mégalomaniaque) que notre survie, notre sécurité physique et notre dignité sont plus assurées qu'hier. Mais la colère n'en est pas pour autant devenue inutile : non seulement elle continue de servir notre survie et notre intégrité physique (en cas de tentative d'agression), mais elle est également au service de notre intégrité *psychique et émotionnelle*, garante des limites de nos territoires *intérieurs*. « À partir de ce point, mon cher/ma chère, tu outrepasses mes frontières : ceci m'appartient et tu n'y es pas le/la bienvenu(e). » (En cas de tentative de domination morale, d'emprise psychique ou de tous types d'intrusion, de la lecture de votre journal intime à l'imposition d'une croyance ou d'un sentiment qu'il *faudrait* avoir.) Ainsi, la colère est également au service de la construction de notre identité. C'est par ses éclats de colère et par ses éclats de joie que l'enfant structure petit à petit son « je veux/je veux pas », et donc son « j'aime/j'aime pas », fondations tout à fait essentielles au « Je suis » qu'il est en train de construire. Sans colère, pas d'ego. Et sans ego, pas d'identité. Enfin, et surtout, il est essentiel de comprendre que la colère (irritations et agacements, contrariétés, frustrations, sentiment d'injustice et de non-reconnaissance, de trahison, d'humiliation, de rejet ou d'abandon, ressentiment et amertume : vous le voyez, la thématique est vaste, et chacune de nos colères mérite d'être bien cernée) est ce qu'on nomme une « émotion secondaire », en cela qu'elle recouvre une émotion primaire tapie au-dessous d'elle : la peur ou la tristesse. Mais, comme éprouver peur ou tristesse nous place dans une position de vulnérabilité et d'impuissance, alors que la colère, elle, nous offre un sentiment de puissance et de contrôle, il est évidemment bien plus simple (et plus confortable) de ressentir cette dernière plutôt que de plonger sous la lave du volcan… Aujourd'hui, les travaux sur la frustration menés par le Dr Gordon Neufeld, psychologue clinicien du développement de l'enfant, éclairent et approfondissent cette vaste thématique[100]. Dans son modèle dit du *Rond-point de la frustration* (rond-point à trois sorties), Neufeld explique que la frustration est aujourd'hui amalgamée à la colère. Cet amalgame de l'adulte

[100] Gordon Neufeld, Retrouver son rôle de parent (2004).
Ressources gratuites mises en ligne sur www.institutneufeld.org et sur la chaîne YouTube *Neufeldmedia*.

se voit bien à la façon dont on dira automatiquement à un enfant « tu es en colère » au lieu de lui dire « je vois bien que tu es frustré », par exemple (quand on ne lui dira pas carrément quelque chose comme « tu es violent/méchant/vilain », ajoutant ici étiquettes et jugements). Pourtant, Neufeld explique que frustration et colère *ne sont pas*, en premier lieu, la même chose et que toute forme d'agressivité (colère comprise) n'est que la conséquence d'une frustration mal gérée, et *non le sentiment de frustration lui-même*. Neufeld réhabilite la frustration et la présente comme une force motrice au service de la Vie. Vectrice de changement, elle a initialement pour fonction de nous mener à l'adaptation et à la résilience : soit je parviens à changer la situation qui me frustre, et j'emprunte alors la première sortie du rond-point, celle du changement effectif sur mon environnement (ex. : « Je voulais du temps pour moi cet après-midi, je n'en ai pas ➡ Finalement, j'en trouve », côté Maman ; « Je voulais un biscuit, on ne me le donne pas ➡ Finalement, on me le donne », côté Bébé), soit je parviens à me changer moi-même et à remodeler mon désir, empruntant la deuxième sortie du rond-point, celle du changement intérieur, de l'adaptation et de la résilience (ex. : « Je voulais du temps pour moi cet après-midi, je n'en ai pas ➡ Je me prendrai un bain ce soir, une fois Bébé couché, et ça ira », côté Maman ; « Je voulais un biscuit, on ne me le donne pas ➡ Finalement, on me donne du pain, et ça me va aussi », côté Bébé). Mais, pour prendre cette deuxième sortie et parvenir à ce changement de posture intérieure (remodelage du désir, acceptation, accueil, ouverture à autre chose), il me faut immanquablement passer par la case « tristesse ». Et cela me demande de *ressentir* pleinement ma peine lorsque je vois mon désir contrarié et qu'il me faut en faire le deuil (le deuil comme passage obligé de l'accès à la résilience). Au lieu de cela, nous aurons tendance à créer, en continu, des systèmes de blindage mental, en considérant, par exemple, sans même y penser, tout à fait inconsciemment, que « ce désir n'était qu'une futilité et qu'il ne sert à rien de s'y attarder » (et donc de *ressentir ce [micro-]deuil*, si petit soit-il). C'est qu'en arrière-fond se joue la pensée inconsciente du traditionnel « allez, c'est bon, oublie, passe à autre chose », que nous avons certainement entendu, souvent à grands coups de drivers « sois forte », « fais des efforts », « fais plaisir[101] », etc., et de son célèbre acolyte, le « mais non, pleure pas », à l'origine de nos répressions

[101] Cf. les cinq drivers (ou injonctions parentales) au chapitre 5.

émotionnelles et d'une résilience « forcée », sans même que l'émotion ait pu être vécue. Que va-t-il se passer, alors, si la situation ne saurait être changée[102] et que ma tristesse (jugée indésirable) m'est interdite ? Il ne me restera qu'à emprunter la troisième sortie du rond-point : celle de l'agressivité. J'userai donc de la colère en lieu et place de ma tristesse. Voilà comment, situation après situation, nous en sommes venues à penser que frustration = colère. Et puisqu'il nous est encore si difficile de gérer nos propres frustrations (c'est-à-dire de nous mettre en contact avec nos tristesses intérieures), comment nous étonner que les frustrations de notre Petitou génèrent en nous... de la colère ?!

Voilà pourquoi travailler sur notre rapport à la colère nous oblige à creuser si profondément en nous, pour atteindre les racines mêmes de notre sentiment d'identité et être au plus près de nos émotions les plus douloureuses. Maintenant que je vous ai bien expliqué la difficulté de l'exercice et que vous devez mourir d'envie de vous vulnérabiliser et de vous reconnecter à vos peurs et à vos tristesses (youhou !), faisons une petite offrande à Némésis (déesse grecque de la colère) avant de plonger dans nos profondeurs. Trêve de plaisanterie ! Si on ne s'y met pas pour Bébé, quand et pour qui le fera-t-on ? Ainsi que nous l'avons vu, dans le chapitre consacré à nos programmations familiales, la colère que je peux parfois ressentir à l'égard de certains agissements de Bébé est souvent la réminiscence d'une colère que j'ai essuyée moi-même dans l'enfance et que je suis en train de répéter[103]. Serge Tisseron, docteur en psychologie, explique ainsi que, lorsque nous avons des émotions *intenses, répétitives et inadaptées* (comme ces éruptions de colère subites), ce ne sont jamais des émotions qui nous appartiennent en propre : elles nous viennent de quelqu'un d'autre (parents, grands-parents ou conjoint, ex-conjoint, quelqu'un que nous avons beaucoup côtoyé et à qui il faut les rendre chaque fois qu'elles se présentent[104]). Voilà donc un premier constat important,

[102] Cf. la *Prière de la Sérénité* au chapitre 12.

[103] Cf. l'exercice « Je conscientise une réaction en chaîne » au chapitre 5. Lorsque la rage vous prend soudain par surprise, je vous invite à vous interroger sur le non-accueil que vous auriez pu ressentir, durant votre propre petite enfance, lorsque vous faisiez cela même qui vous met hors de vous quand Bébé le fait aujourd'hui à son tour. Le chapitre final « Mayday-mayday ! » propose également un extrait intitulé « Mon enfant pleure, s'énerve : je n'arrive pas à entrer en empathie », que je vous invite à lire rapidement si vous vous sentez concernée.

[104] Serge Tisseron ajoute qu'il en va de même pour les phobies, les rougeurs, le bégaiement, etc. Le protocole à suivre ici est extrêmement simple : je repère cette émotion et je me dis, mentalement ou à voix haute, « je rends », avec une pensée pour la personne dont cette réaction me vient. Sans rancœur, sans colère, en toute simplicité. À force d'observations et de répétitions, la réaction tend à s'estomper, puis à disparaître.

à garder en mémoire lorsque je me sens mue malgré moi par une violence interne. Alors, (re)commençons par le commencement et retournons observer le fonctionnement de la colère dans la famille d'où nous venons.

COMMENT DONC SE METTAIT-ON EN COLÈRE CHEZ MOI ?

Repensez à votre père et à votre mère, dans votre enfance, lors des moments de crise. Ces crises étaient-elles publiques ou bien cachées aux enfants ? Lorsqu'ils s'énervaient l'un contre l'autre, le faisaient-ils devant vous ou le gardaient-ils pour eux ? Lorsqu'ils vous grondaient, étiez-vous punie, fessée, insultée, humiliée, privée de quelque chose (soit autant de divers degrés et formes de violences physiques et psychologiques) ?

Lisez maintenant ces 4 profils et déterminez celui qui correspond le mieux à chacun de vos parents *à l'époque* (peut-être ont-ils aujourd'hui changé de profil et expriment-ils différemment leur colère). Le point commun de ces 4 profils réside dans la croyance initiale que la colère est forcément négative et qu'elle doit être vécue/exprimée le moins possible.

- Semblait incapable de se mettre en colère, même pour se défendre. Prenait sur elle/lui, encore et encore, et ne haussait quasiment jamais la voix. Avait cependant recours, parfois, aux petites remarques sèches ou aux réponses lapidaires.

  → Il/elle vivait une « **colère étouffée**[105] ».

- Disait (ou semblait croire profondément) que la colère est une chose mauvaise qu'il ne fallait pas s'autoriser à vivre sous peine d'être soi-même

[105] Dans cette même veine, je trouve très intéressante la définition de l'hypersensibilité qu'en donne Fabrice Midal, l'hypersensibilité étant comme la conséquence d'une sensibilité devenue « hyper » à force d'être contrainte, contrôlée, réprimée ou écrasée durant l'enfance.

une mauvaise personne. Se mettait donc en colère contre elle/lui-même s'il lui arrivait d'en ressentir.

➡ Il/elle vivait une « **colère rétro-réfléchie** » (colère retournée contre soi, car on se juge insuffisamment fort/évolué/bon pour « en être encore là », à éprouver de la colère).

- Avait l'habitude d'éclater soudain, de manière disproportionnée, à l'occasion de « petits riens ». Faisait alors preuve d'une violence qui me faisait peur (que ce soit par le ton, les éclats de voix, les gestes, la brutalité envers les objets, etc.), et ses mots pouvaient dépasser sa pensée.

➡ Il/elle vivait une « **colère hypertrophiée** » (sa colère, peut-être trop longtemps contenue, se révélait explosive).

N.B. : Chez certaines personnes, ces trois profils sont adoptés conjointement et s'expriment en alternance. La colère, trop longtemps réprimée (colère étouffée), prend de plus en plus de place à l'intérieur de soi (colère hypertrophiée). On finit par exploser brutalement, si fort que cela nous fait peur, que l'on s'en veut (colère rétro-réfléchie) et que, de nouveau, on s'interdira donc de vivre la colère (colère étouffée). Et c'est reparti pour un tour...

N'exprimait pas sa colère à la bonne personne, au bon moment, en expliquant la raison réelle de cette colère. Souvent, sa colère éclatait donc plus tard, au détour d'autre chose et avec quelqu'un d'autre.

➡ Il/elle vivait une « **colère défléchie** » (par exemple, l'un des parents n'affrontait pas réellement l'autre et se contentait de maugréer derrière lui, avant de s'en prendre plus tard aux enfants, lors du dîner).

N.B. : Ce dernier type de profil est largement partagé par la plupart, pour la bonne raison que nous n'avons pas appris à vivre et à exprimer sainement nos colères. Pourtant, nous savions le faire : nous sommes même nés avec ! Regardez votre bambin : retient-il sa colère pour plus tard, la ressasse-t-il encore et encore ? Ou sait-il instinctivement qu'il lui faut passer par son corps pour la décharger au moment où elle le traverse, et qu'ensuite on passe à autre chose et c'est ter-mi-né ? Alors, oui, nous sommes d'accord, il ne s'agit pas, à 35 ans, de se rouler par terre en frappant des poings, mais nous avons cependant quelque chose à (ré)apprendre ici.

Enfin, demandez-vous : « Et moi, aujourd'hui, de quelle manière est-ce que je vis mes colères ? À qui ai-je le plus emprunté cette façon de faire (papa, maman, mamie ?) ? Quels mots ou expressions de mes parents puis-je parfois m'entendre répéter dans mes moments de colère et de stress ? » Ces mots sont ceux qui ne vous appartiennent pas et qu'il s'agira, là aussi, de rendre à chaque fois qu'ils se présentent (ex. : « Mais j'vous jure, je vais me barrer d'ici et tous vous laisser ! », « Mais pourquoi j'ai fait des gosses ? », « Mais t'en as pas marre, de brailler ?! » et autres joyeusetés).

Après ce petit détour par *Memory Lane*, comme le disent les anglophones (« chemin des souvenirs »), réintégrons le présent et observons quelle place a la colère dans la famille que j'ai créée à mon tour. En formation ou en atelier, je vois beaucoup de parents soucieux d'offrir à leurs enfants cet espace d'expression émotionnelle qu'eux n'ont pas eu (en famille ou à l'école), et n'ont peut-être toujours pas (en famille, au travail ou en société). On me dit régulièrement : « Bien sûr, je lui dis qu'il/elle a le droit d'être en colère, d'être triste ou d'avoir peur. Et je l'aide à trouver des moyens de l'exprimer. Puis de retourner au calme une fois que tout ça a pu sortir. Mais, parfois, ses colères sont tellement fortes ! / Mais, parfois, il me frappe/frappe le chien/son petit frère, et je ne supporte pas cette violence ! Alors, bien sûr, *j'essaie de rester* calme et bienveillante, mais ça me dépasse, je ne sais pas quoi faire. » Ce à quoi je réponds : « Vous lui dites donc que c'est OK d'être en colère et qu'on a le droit de le vivre et de le dire. Mais est-ce que vous le *faites* ? J'entends que vous essayez à tout prix de rester calme en surface. Mais les enfants font ce qu'on fait, et pas ce qu'on dit, n'est-ce pas ? Si vous vous interdisez toute expression de colère tout en lui donnant l'autorisation de manifester la sienne, l'enfant reçoit un double message, ce qui peut générer incertitude, anxiété… et donc colère. De plus, n'oublions pas que les enfants sont de petites éponges émotionnelles qui vont gentiment se charger de toutes nos colères réprimées pour leur offrir une issue[106] ! Donc, si notre Petitou se met à tirer de toutes ses forces sur les oreilles de ce pauvre chien, après que vous lui avez dit "stop" huit fois de manière bienveillante,

[106] Cf. chapitre 4. Lorsque nous nous efforçons de pratiquer cette parentalité dite « positive », « créative », « bienveillante », « consciente » ou qu'importe, n'oublions pas que mettre en place tous nos plus beaux outils éducatifs ne nous permettra pas, au bout du compte, d'avoir un enfant « parfait ». Si tel est votre objectif (inconscient ou inavoué), il va falloir y renoncer ! Comme le dit C. Dumonteil-Kremer, l'idée n'est pas d'obtenir, grâce à ces outils, un enfant parfait, mais un futur adulte libre d'être lui-même et s'aimant tel quel. Ce qui est énorme, beau, et sacrément quelque chose. Mais également sacrément inconfortable (et éprouvant) pour le parent, c'est vrai. Parce que ça fait bos-ser, c'est sûr !

mettez-vous en colère. *Sans violence, mais en colère* : ton autoritaire, voix forte et ferme, sourcils froncés, regard furibard, mâchoires serrées, juste expression de vos sentiments : "Ça suffit, là ! Je ne supporte pas de voir Lucky souffrir ! Je t'ai dit non : on respecte le vivant, on respecte les animaux, et je ne veux pas que tu lui tires les poils ! Maintenant, je t'enlève du panier, c'est terminé !" Voilà ce qui permettra non seulement de décharger votre émotion sainement, mais aussi de le rassurer sur le fait qu'il évolue dans un environnement cohérent où paroles et actes forment un tout unifié. »

Accompagner notre enfant pour qu'il exprime ses émotions, c'est aussi (et surtout ?) apprendre à vivre sainement les nôtres afin de lui offrir ce modèle. Si j'accepte mes peurs et mes larmes, j'accepterai mieux les siennes. Et l'accompagner avec bienveillance à partager ses peurs ou ses larmes m'aidera, en retour, à accueillir les miennes : cercle vertueux de l'intelligence émotionnelle[107]. Contrairement au modèle éducatif avec lequel nous avons grandi, nos enfants n'ont pas besoin de parents (qui se montrent) parfaits, forts et invulnérables. Pour être pleinement eux-mêmes et libres de l'être, dégagés de la terrible pression de devenir à leur tour « parfaits » en grandissant, et affranchis de ces tristes mécanismes de répression émotionnelle que nous répétons, génération après génération, ils ont besoin de parents *humains, faillibles et vulnérables*. Ils ont besoin de parents qui parlent de leurs émotions et qui les vivent avec conscience et humanité. En ce qui concerne la colère, il ne s'agira évidemment pas de se laisser aller à chaque frustration en tapant et en hurlant « parce que ça fait du bien, nom de Dieu ! » (même si, de temps en temps, aller crier un bon coup dans les bois, dans l'eau du bain ou dans l'oreiller peut être cathartique). Ni de leur dire qu'ils sont pénibles, chiants ou soûlants (même si on a le droit de le penser à l'occasion), au risque de leur coller une étiquette négative

[107] Nombre de parents ne supportent pas les pleurs de Bébé et font tout pour les éteindre, de la plus bienveillante (quoique maladroite) à la plus stupide (voire révoltante) des façons. Je me souviens d'une vidéo, vue sur internet, alors que ma fille avait 2 ou 3 mois à peine, vidéo qui m'a atterrée tout autant qu'attristée. On y voyait un couple d'Américains en train de filmer leur nourrisson, qui démarrait un épisode de pleurs dans le salon. Pour mettre fin d'office à l'expression de ses larmes, les parents lui jetaient des tranches de cheddar au visage. Le bébé, évidemment choqué, cessait de pleurer à chaque tranche reçue et les observait, les yeux écarquillés. Et les parents de s'esclaffer lourdement : « T'as vu ? Ça marche trop bien ! Ouais, super (tope là, quels parents pleins de ressources nous sommes, on est des winners) ! » Clairement, ce couple ~~a l'intelligence d'une moule~~/n'a pas un quotient émotionnel très élevé, et cet épisode n'est ni plus ni moins qu'un grand exemple de VEO (violences éducatives ordinaires). Mais leur triste stratégie leur vient d'un manque de ressources psycho-émotionnelles, d'un manque de connexion à eux-mêmes et à leurs émotions. Déconnecté de mes émotions (par mécanisme de protection), comment me connecter à celles de l'autre ?

à laquelle ils risquent plus tard… de coller, justement[108] ! L'invitation sera de leur permettre de grandir sans refaire l'amalgame que nous avons fait entre colère et violence. Montrons-leur (plutôt que de le leur répéter sans l'exemple) que *« la colère (tout comme la tristesse ou la peur), c'est OK. Mais la violence, ça ne l'est pas »*.

Hmmm. T'es gentille, Jade, mais concrètement, on fait comment, alors, quand on a passé les trente ou quarante dernières années à penser que colère et violence sont indissociables, et à nous prémunir de l'une pour éviter l'autre ? On fait comme nos enfants : on apprend. Si nos colères sont si souvent violentes, c'est justement parce que nous les avons intérieurement qualifiées de « mauvaises » : à chaque agacement, frustration, irritation ou impatience, nous prenons sur nous et laissons s'empiler ces sentiments sans rien dire. C'est précisément pour cette raison que nous finirons par vivre de l'exaspération, de la fureur ou de la rage. Alors même que tout cela ne partait que de petites choses, nous les avons laissées devenir violentes en ne leur donnant pas assez de considération, d'espace et de droit d'exister. À trop vouloir être non violentes, nous voilà devenues violentes. C'est que cette « non-violence » n'en est pas une, en réalité : peut-être avons-nous évité (mais pour un temps, seulement) d'être violentes envers l'autre. Mais, comme toute énergie, la violence ne se dissout pas magiquement. Il faut bien qu'elle aille quelque part. En l'occurrence, elle va donc se retourner contre nous : pour ne pas être violente envers toi, je me fais violence (et finirai donc très probablement par être violente avec toi aussi). Nous faisons fausse route. Et nous nous épuisons : *« Chaque fois que je me retiens, que je me force ou que je me tais, alors que j'aurais besoin de m'exprimer ou de m'affirmer, je me dévitalise »*, nous dit le conférencier David Ciussi. Si j'apprends à intercepter à temps mes colères, le « colèromètre[109] » ne montera pas en température, et je n'irai pas jusqu'à l'explosion. Pour cela, il me faut apprendre à suivre quelques étapes.

[108] Pour faire simple, « je deviens ce que l'on me dit que je suis » (et ce, pour faire plaisir à papa-maman, en leur donnant raison), ce qui se rapproche de ce que l'on nomme les prophéties autoréalisatrices ou l'effet Golem. L'auteure Peggy O'Mara, éditrice du magazine *Mothering*, a eu cette phrase que j'aime beaucoup : « *La façon dont nous parlons à nos enfants devient leur voix intérieure.* » Gardons cela à l'esprit. Mais sans pour autant nous censurer constamment ou nous flageller des jours durant après un occasionnel – et inévitable – petit pétage de câble, qui ne traumatisera pas à lui seul notre enfant. En effet, en ce qui concerne les violences psychiques (par opposition aux agressions physiques), c'est la répétition de longue durée qui engendre la blessure émotionnelle (le climat ambiant de colère, de contraintes, de coercition, de contrôle, de punitions, d'humiliations, etc.), et non pas la « verte réprimande sonore » qui nous échappe de temps à autre… Donc, grosso modo : « Se surveiller, mais sans se censurer. » T'en as d'autres, Jade, des conseils relous du même genre ? Eh oui ! Je vous l'ai bien dit, que c'est tout un tour d'équilibriste, ce drôle de job de parent conscient !

[109] Le « colèromètre » ou « thermomètre de la colère » est un bon outil à afficher chez soi et à utiliser avec les enfants dès leur plus jeune âge : on trouve son image gratuitement sur internet. Dans la même veine, je vous recommande d'imprimer et d'afficher « l'échelle de ma disponibilité » de l'Apprentie Girafe-CNV, formidable illustratrice et pédagogue qui participe largement à la diffusion de la CNV : cet outil est, lui aussi, disponible gratuitement sur internet (chez nous, il est collé sur le meuble à vaisselle, juste à côté de la table, lieu de la plupart des discussions).

J'APPRENDS À VIVRE DES COLÈRES NON VIOLENTES

1/ Je prends conscience de ce qui m'irrite/me frustre/m'impatiente/me blesse sur le moment. Et je laisse à mon mental un instant pour asséner ses coups de poing et exp(l)oser pêle-mêle tous ses griefs. Cela se déroule de manière intrapersonnelle, à l'intérieur de moi seulement.

2/ Pour ce faire, je commence déjà par me donner le droit d'être frustrée et/ou blessée par ces choses-là sans que cela fasse de moi « une vilaine fille, une capricieuse, une ingrate, une enfant gâtée, une jalouse, une pénible, une colérique, une susceptible, une trop sensible », ou que sais-je encore (c'est-à-dire, encore et toujours : ce que vous avez entendu ou ressenti de la part des adultes qui vous entouraient).

3/ Je me donne alors de l'auto-empathie en prenant le temps d'aller explorer ce qui se passe en moi à cette occasion :

a) Je fais l'effort de retourner à la véritable origine de ma colère, et non pas d'en rester au dernier stimulus, qui lui aura finalement servi de déclencheur.

b) Je cherche quel besoin non satisfait se cache derrière cette colère (besoin d'affirmation, de confiance, de considération, de reconnaissance, de sécurité, de soutien, de compréhension, etc.).

c) Je me souviens que la satisfaction de ce besoin ne dépend que de moi et qu'au fond, ce n'est pas l'autre/la situation/la Vie qui est actuellement responsable de ma colère, mais le fait que mon besoin n'est pas nourri.

d) Je choisis de nourrir ce besoin par moi-même[110].

e) Je me connecte à l'émotion primaire cachée derrière ma colère : au fond, est-ce de la peur ou de la tristesse que je ressens à cet endroit ?

[110] Rendez-vous au chapitre suivant !

4/ Je pourrai ensuite venir à l'autre avec ma colère et mes demandes sans violence, car je me suis déjà offert l'écoute dont j'avais besoin (et n'arrive donc pas à lui « vide », attendant de l'autre qu'il remplisse mon réservoir affectif). Je peux donc lui exposer ce qui se passe pour moi, dans le respect de mes parts blessées (sans minimiser) et dans le respect de lui (sans agression). Je vais alors lui parler de moi (et non pas de lui) en rappelant les faits *objectifs* (c'est-à-dire tels qu'ils auraient pu être filmés par une caméra de sécurité), et les sentiments et besoins qui m'ont alors animée. Éventuellement, s'il y en a une, je formulerai, pour finir, la demande que j'ai à ce sujet la prochaine fois qu'il arrivera sur la table.

Et si j'ai déjà explosé ? C'est tout simplement que je suis passée à côté des trois premières étapes (soit par manque de ressources et d'énergie, soit parce que l'autre n'a pas respecté ma demande de mettre en pause la discussion[111]). Pas de panique ! Nous sommes humaines. Je reprends alors à l'étape 3 (auto-empathie et questions introspectives), et je glisserai éventuellement, si cela est juste, une 5e étape à la fin du processus : celle de mes excuses envers l'autre. Ne croyez pas que cela vous rendra plus faible ou vous diminuera, y compris devant votre enfant, même tout petit Bébé : bien au contraire, cela vous grandira[112].

Et si, après tout ce processus, je sens malgré tout que je vais exploser au moment de parler à l'autre[113] ? C'est que l'écoute intérieure n'a pas été suffisante et que votre partie blessée en a encore à dire et à décharger. Avoir des espaces de décharge de vos propres tensions est tout à fait vital pour être en mesure d'accueillir celles de Bébé. Je vous invite alors à trouver de l'écoute (amis ou thérapeute) afin de pouvoir aller au bout de la 3ᵉ étape et/ou décharger cette énergie par le corps[114] (sport, cris dans l'eau, dans l'oreiller ou dans les bois) ou par les mots (écrire une longue lettre assassine, qui vide bien l'abcès, puis la brûler de manière rituelle peut permettre de

[111] Il arrive que la seule solution CNV qui reste à notre disposition soit celle de l'arrêt de la conversation. Dire « stop » et quitter la pièce pour traiter le sujet plus tard, une fois que nous aurons pu vivre les trois premières étapes. Cette démarche n'est alors ni de la fuite ni de la méchanceté, mais une sage tentative de préservation des sentiments de chacun.

[112] Pour avoir, un jour, reçu une claque de ma mère, qui est ensuite montée dans ma chambre pour s'excuser de son emportement, je peux vous assurer que c'est ce geste d'humilité et de retour sur soi qui reste pour toujours gravé en l'enfant, l'emportant sur le souvenir de la claque elle-même. J'ai reçu d'autres claques ou fessées qui n'ont jamais été suivies d'excuses, et celles-ci restent, dans ma mémoire traumatique, comme des moments de violence qui ne m'ont pas appris à respecter mes parents. Mais cette claque-là, « la claque de l'excuse », demeure, dans ma mémoire, un souvenir d'une véritable beauté, un souvenir de connexion, de respect et d'humilité qui a nourri mon respect pour ma mère.

[113] Retrouvez également de précieux conseils dans la dernière partie de cet ouvrage, intitulée « Mayday-mayday ! »

[114] Cf. chapitre 9.

vidanger en amont tout ce qui n'aura pas sa place lors de l'échange interpersonnel de l'étape 4).

Et ça fait comment, en live, la 4e étape ? Si je poursuis mon exemple de la difficulté à recevoir une remarque de mon entourage sur mes choix de maternage[115] (pour rappel, cela arrive en 3e position dans le sondage des causes de colère de nos 108 membres d'équipage, juste après le besoin d'ordre et l'implication de mon partenaire, et juste avant l'agitation de Bébé, mon manque d'autonomie et mes compétences maternelles), ça pourrait donner un dialogue comme celui-ci :

Exemple de dialogue CNV interpersonnel :

La tatie Marcelle (Encore elle ? Mais elle va pas bientôt nous lâcher, dis ?), soucieuse de ~~propager la bonne parole~~/contribuer : *Tu n'as pas encore repris la gym, alors ? Pourtant, il est déjà grand, maintenant : 5 mois. Tu peux bien arrêter d'être collée à lui comme ça, non ? Et puis, tu sais, ça te ferait du bien, la gym. On en a toutes bien besoin après une grossesse. Et puis le périnée, aussi, hein, c'est important que tu le remuscles, c'est l'occasion !*

Toi (comme deux ronds de flan) : *Euh…* (Reniflements/raclements de gorge/claquement de langue/sourcils levés au ciel, la bouche ouverte – à chacune son truc !) [Ouh, ça titille sévère. Je préfère même pas te répondre, la tatie, parce que je sens que je pourrais partir dans les tours assez vite.] *Je vais aller vérifier le gratin, je reviens.*

Toi (de retour, manifestant une colère maîtrisée, mais une colère quand même, t'exprimant d'un ton calme et authentique, sans crier, mais sans détourner le regard non plus) : *Bon, tatie, je réfléchissais à ce que vous m'aviez dit sur la gym et, honnêtement, ça m'a beaucoup blessée…* (Étape 4.)

La tatie Marcelle : *Ah oui ? Pourquoi ça ?*

Toi : *Je me suis sentie jugée et poussée à faire quelque chose, sans être respectée dans mes choix ou dans mon rythme.* (Étape 4, suite.)

[115] Cf. chapitre 8.

La tatie Marcelle : *Mais faut pas le prendre comme ça, mon petit. Moi, tu sais, je ne te force à rien, c'est juste des petits conseils.*

Toi : *Pour moi, c'est super important de passer mon temps libre avec Loulou, et j'apprends à m'aimer comme je suis, même avec mon nouveau petit bidon. Et comme tout ça n'est déjà pas facile... votre remarque a mis le feu aux poudres. Ça m'a fait de la peine, en fait.* (Étape 4, suite et fin.)

La tatie Marcelle (à moins d'être véritablement une vieille carne sans cœur, dira sûrement quelque chose comme) : *Oh, je suis désolée. C'était pas mon intention, tu sais. Moi, je disais ça... c'est parce qu'à l'époque, on nous répétait tellement de faire bien attention, de continuer à plaire à notre mari après une grossesse... Bon, excuse-moi, en tout cas.*

Toi (rassérénée) : *C'est OK. On va le manger, ce gratin ?*

Wouah, magie, magie (« et vos idées ont du génie ! ») : mais que s'est-il donc passé, entre-temps, devant ce gratin qui gratinait ? Vous le découvrirez au chapitre suivant, dans l'exemple d'un dialogue CNV intrapersonnel. Oh, le suspeeeense de fou ! Attention, *spoiler* (pour celles du fond qui n'ont pas suivi ou qui se sont endormies sur le bouquin, la bave aux lèvres parce que Bébé ne dort encore rien cette semaine, arf !) : on s'est donné de l'auto-empathie !

JE SORS LA LONGUE-VUE[116]

Jean-Yves Leloup, prêtre philosophe et écrivain, a intitulé l'un de ses derniers livres *Qui est mon maître ? À l'écoute de notre maître intérieur.* J'aime beaucoup ce titre, en cela qu'il nous invite à pratiquer ce qui est justement au cœur de l'accompagnement thérapeutique que je propose : depuis quelle part de moi suis-je en train de me

[116] Pour celles qui n'ont pas révisé leur vocabulaire naval depuis quelque temps (ou qui, comme moi, n'associaient pas grand-chose d'autre aux bateaux que Johnny dans *Pirates des Caraïbes*), la longue-vue, c'est cette sorte de petit télescope en laiton qu'on les voit ajuster et promener de gauche à droite sur le pont, jusqu'à ce que l'un d'eux s'écrie : « Teeeerre ! Terre à bâbooord ! » Sortons donc la longue-vue pour « prendre du recul » et « avoir une vue plus large ».

raconter l'histoire que je vis ? Qui préside au conseil de ma table ronde intérieure ? Depuis quel angle de vue (quel prisme, quelle blessure, quelle facette de moi-même) suis-je en train de regarder (et donc de vivre) les choses ? Et surtout, après que mes parts blessées se sont exprimées, comment reprendre les commandes de ma tour de contrôle ? Je dis bien « après que », et ceci n'est pas à négliger : en effet, nous aurons trop souvent tendance à vouloir regagner notre paix d'esprit « un peu trop tôt », censurant pour cela des parts blessées qui n'ont pas terminé d'exprimer leurs émotions (et qui feront de notre paix apparente une sérénité factice, qui ne tiendra pas très longtemps et/ou s'accompagnera de manifestations psychosomatiques).

Face à cette tendance à ne parfois regarder les choses que « depuis le petit bout de la lorgnette », en perdant de vue le panorama global, l'usage de la *réévaluation cognitive* me semble tout à fait pertinent. Qu'est-ce donc que cette chose qui semble compliquée ? En fait, ça ne l'est pas : la réévaluation cognitive, c'est simplement réévaluer les choses en quittant le biais de *négativité*. Et le biais de négativité, c'est cette tendance à faire une fixette sur le petit point noir au milieu d'une grande feuille blanche : même si le blanc (le positif) occupe, en toute objectivité, bien plus de place que le noir (le négatif), c'est sur le négatif que va se concentrer mon attention (le positif, lui, sera disqualifié inconsciemment, considéré comme quantité négligeable ou comme « neutre »). Par exemple, le soir venu, je raconte à mon compagnon tout ce qui est allé de travers (le jouet cassé à force d'avoir été tapé contre la marche de l'escalier, la crise au moment de la sieste et la dent qui fait mal) en oblitérant tout le reste d'une journée somme toute tranquille et agréable (de beaux moments de complicité pendant les repas, une balade ensoleillée et joyeuse, une nouvelle comptine au franc succès, etc.). Et ce biais de négativité, notre mental, par nature égocentré et à tendance défensive (surtout lorsque nous sommes fatiguées, ce qui est plutôt fréquent en post-partum), l'emprunte constamment. Voyez plutôt :

- *Voilà qu'elle me fait encore une crise alors qu'elle vient de dormir !*
- *Je ne sais pas quoi faire, je ne comprends pas ce qu'il a, je suis nulle !*
- *Mais il me fait mal en tétant, ce petit monstre !*
- *Raaah, il ne fait que crier, c'est insupportable !*
- *Mais pourquoi tu cries ? Je suis à côté de toi et je ne fais QUE m'occuper de toi.*
- *Elle me frappe, me griffe, me mord, me pince : elle me teste et je vais pas me laisser bouffer. Ça va pas la tête de faire ça à ta mère ?!*

Reprenons les choses en nous décentrant du « négatif », c'est-à-dire les auto-jugements, les mécanismes de défense, les blessures d'injustice et de non-reconnaissance, la position de Victime, et tout le schmilblick de nos petites parts blessées et grognonnes (entre elles et Bébé, ça en fait, des Petitous vulnérables et tristounets que nous devons materner !). Par la réévaluation cognitive et son décentrage, je tâche donc de ne plus prendre les choses aussi personnellement :

- *Voilà qu'elle me fait encore une crise alors qu'elle vient de dormir ! peut devenir :* « Quelque chose la gêne ou la fait souffrir, quoique je ne comprenne pas encore quoi. »

- *Je ne sais pas quoi faire, je ne comprends pas ce qu'il a, je suis nulle ! peut devenir :* « Je n'ai peut-être pas LA réponse, là, tout de suite, mais je sais que je peux toujours apporter douceur et réconfort avec un gros câlin. »

- *Mais il me fait mal en tétant, ce petit monstre !* peut devenir : « Fiouu… les débuts de l'allaitement sont compliqués pour nous deux : c'est aussi douloureux pour moi que fatigant pour lui. Prenons soin de nous. »

- *Raaah, il ne fait que crier, c'est insupportable !* peut devenir : « Ses cris sont fatigants pour moi, c'est sûr, et en même temps, je sais qu'il n'a pas encore d'autres moyens de s'exprimer ou de décharger ses émotions (yep, c'est sûr qu'il n'en est pas encore tout à fait au stade de partir s'faire un petit jogging pour s'défouler, dis !). »

- *Mais pourquoi tu cries ? Je suis à côté de toi et je ne fais QUE m'occuper de toi !* peut devenir : « J'ai du mal à ne pas le prendre personnellement, mais en observant bien, je peux voir que tu ne cries pas après moi : tu cries après tes peluches, tu cries après ton corps, qui te frustre, car tu ne le contrôles pas encore autant que tu le voudrais, tu cries pour mobiliser ta force et réussir à avancer. En fait, tu n'étais pas en train de m'appeler, cette fois-ci ! »

- *Elle me frappe, me griffe, me mord, me pince : elle me teste et je vais pas me laisser bouffer. Ça va pas la tête de faire ça à ta mère ?!* peut devenir : « Décidément, j'ai vraiment du mal à ne pas le prendre personnellement quand je subis de la violence physique alors que je te prends dans les bras et t'enlace tendrement. Mais je sais que je ne suis pas l'objet de ta violence : tu décharges une pulsion de colère qui n'est pas dirigée contre moi, mais contre la cause de ta frustration et de ton sentiment d'impuissance. »

À votre tour ! Trouvez 5 exemples de ras-le-bol réguliers et transformez-les par la réévaluation cognitive :

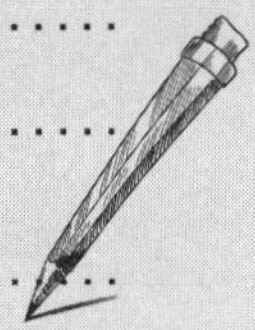

1. ....

peut devenir : ....

2. ....

peut devenir : ....

3. ....

peut devenir : ....

4. ....

peut devenir : ....

5. ....

peut devenir : ....

Maintenant, continuez de prendre un peu de recul en déterminant laquelle de ces deux tendances vous parle le plus :

1. En tant que parent, je suis plutôt dans l'émotionnel : je considère que les règles fixent un cadre nécessaire, mais qu'il faut faire comme on le sent, au jour le jour, et que, le plus important, c'est de suivre les émotions de Bébé (parfois même au détriment des miennes).

Il peut arriver que j'aie parfois tendance à me « laisser faire » par mon enfant (inconsciemment, je ne supporte pas l'idée qu'il puisse se sentir « dominé » par moi et je préfère donc cela).

Je m'attache à donner, encore et encore (autrement, je me sens coupable), et ça me mène quelquefois à donner trop et à finir vidée ou à déborder émotionnellement.

2. En tant que parent, je suis plutôt dans le mental : je considère que, « les règles, c'est les règles, un point c'est tout (et elles ne sont pas contextuelles) ! ».

Je ne me « laisse pas faire » par mon enfant (je crois inconsciemment qu'il vaut mieux dominer son enfant qu'être dominée par lui).

Je m'attache à contenir mes émotions devant Bébé, à ne pas les manifester. Je m'attache à appliquer les concepts éducatifs que j'ai choisis et à « tenir bon », quitte à être quelquefois rigide ou têtue, car c'est important, pour lui comme pour moi, de « s'y tenir » une fois qu'on a décidé de mettre quelque chose en place.

Dans le premier cas, il semble que vous soyez plutôt guidée par votre part Enfant intérieur et son émotionnel. Peut-être reproduisez-vous une certaine instabilité parentale ou essayez-vous, au contraire, de compenser une rigidité de la part de vos parents qui vous a blessée dans l'enfance. En tout cas, il est possible que vous n'ayez pas eu trop de place pour être « un enfant, un vrai » (avec ses émotions, son immaturité, ses bêtises, ses grands besoins, le bruit qu'il fait, etc.) lorsque vous étiez petite. Votre Enfant intérieur occupe donc le devant de la scène maintenant que c'est possible (d'où ces réactions émotionnelles puissantes).

→ Lorsque vous prenez conscience que cette tendance très émotive est en train d'opérer de façon excessive (ce qui arrive souvent conjointement au sentiment que vous seriez le « Bourreau » de votre enfant si vous choisissiez de « passer avant lui » ou si vous deviez lui « imposer » quelque chose), pourquoi ne pas compenser cette tendance en choisissant ce qui vous semble le mieux *rationnellement*, pour vous et pour Bébé, en dehors de toute agitation émotionnelle, de tout blâme ou de toute culpabilité ?

Dans le second cas, il semble que vous soyez plutôt guidée par votre part Critique et sa rigidité. Peut-être reproduisez-vous une certaine sévérité parentale ou essayez-vous, au contraire, de compenser un laxisme (ou une surprotection) de la part de vos parents qui vous a desservie dans l'enfance. En tout cas, notre part Critique à tous naît d'un besoin inconscient de défendre notre vulnérabilité d'enfant : cette part est la gardienne de notre Enfant intérieur et veille à ce qu'il soit « irréprochable », en suivant bien le cahier des charges familial pour ne pas perdre l'amour de nos parents (d'où cette grande sévérité avec soi et ce besoin que les choses soient carrées).

> ➡ Lorsque vous prenez conscience que cette tendance rigide est en train d'opérer de façon excessive (ce qui arrive souvent conjointement au sentiment que vous êtes la « Victime » de votre enfant et que vous devez veiller à « rester la chef », au risque qu'il devienne un enfant-roi), pourquoi ne pas compenser cette tendance en choisissant ce qui semble le plus doux dans l'instant pour vous et pour Bébé, en dehors de tout cadre de référence et de tout attachement à votre idéal mental ?

Enfin, précisons qu'aucune tendance n'est meilleure ou pire que l'autre. Tout d'abord, elles ne sont, bien sûr, que des généralisations qui ne rendent pas compte de votre parentalité, alchimie subtile et complexe qu'aucun « profil » ne pourra jamais rendre. De plus, nous ne sommes pas abonnées à un seul profil : suivant où nous sommes, avec qui nous sommes, à quel moment de la journée, dans quel scénario particulier, etc., nous adopterons peut-être tantôt l'un et tantôt l'autre (certains parents se montrent, par exemple, plus sévères avec leur Petitou lorsqu'ils sont devant leurs propres parents, car ils sont soucieux de montrer qu'ils « se font respecter » et font « bien comme il faut », quand d'autres seront, au contraire, plus souples en présence de leurs propres parents afin de bien leur faire remarquer que d'autres façons de procéder sont également possibles). Reste que l'équilibre est bien évidemment à rechercher entre les deux, avec des décisions prises conjointement par la tête et par le cœur, en réconciliant cadre et flexibilité ainsi que raison et sentiments.

XI. KIT D'URGENCE POUR MAL DE MÈRE (3)

Maintenir le cap en gardant l'équilibre !

Comment (mais comment, grands dieux ?!) résoudre la graaande équation de l'Équilibre entre les besoins de mon enfant et les miens[117] ? Faut-il être une mathématicienne de renom, enseigner à Harvard et savoir résoudre des équations à quinze inconnues ? Faut-il être maître zen, vivre dans la totale équanimité et s'être débarrassé de tout désir ? Je vous répondrai, en toute honnêteté, avec modestie et ignorance… que je ne sais pas ! Je n'ai pas de réponses, pas de recettes magiques. Et, tout comme vous, certains jours, je gère, et d'autres, je galère. Certains jours, je trouve l'équilibre et marche telle la parfaite funambule. Et, d'autres jours, tout fout le camp et je me casse la binette du haut de mon fil. Ce que je sais, en revanche, c'est que chacune trouvera ses réponses (et pas « sa réponse », non, non, non, y'en a pas qu'une, dis, ce serait trop simple !), à son rythme et à sa manière. Pour certaines, cet équilibre se mettra en place aux alentours des 6 mois de l'enfant, et pour d'autres, autour de ses 6 ans. Pour certaines, cela passera par le choix d'un mode de garde (nourrice, crèche, baby-sitter, ou tout autre système de relais avec les grands-parents, les tatas, etc.), et pour d'autres, par l'aménagement d'une vie à la maison avec Bébé (avec ou sans activité professionnelle, avec ou sans télétravail, etc.). Quoi qu'il en soit, la combinaison trouvée sera propre à chaque famille. Mais, surtout, elle n'aura de cesse d'évoluer ! C'est ça, le truc de l'équilibre : il fonctionne avec le mouvement (ben oui, sinon, c'est plus de l'équilibrisme, mais de l'inertie). L'équilibre est donc énergie vive, sans cesse renouvelé. Il est toujours

[117] Il peut être utile de rappeler ici que, chez un jeune enfant (de 1 à 6 ans), nombre de crises de frustration ont pour cause un besoin d'attention (sentir qu'il a sa place et **recevoir de l'attention**) et un besoin de pouvoir (sentir qu'il peut **exercer un pouvoir sur les choses**, qu'il a de l'autonomie, peut contribuer et être utile). Ainsi, une crise au sujet d'un jouet inaccessible nous parlera de l'impuissance d'exercer son pouvoir d'action (besoin de pouvoir), quand des geignements répétés à nos pieds, alors même que nous sommes à deux pas, nous parleront d'un besoin d'attention (une vraie attention, exclusive, avec contact physique et visuel). Ces besoins ne sont pas mis en scène, calculés ou exagérés à l'envi : ils sont véritablement ressentis très fort. Je vous invite également à découvrir la grille dite des *« 4 buts/objectifs mirages »*, fondée sur la psychologie adlérienne et établissant le parallèle entre comportements de l'enfant et émotions ressenties par le parent. Cette grille théorise, par exemple, que, face au désir de l'enfant d'accaparer l'attention du parent, le parent se sentira « agacé, irrité, inquiet et/ou coupable » ; face au désir de l'enfant d'exercer du pouvoir, le parent peut se sentir « fâché, défié, menacé et/ou perdant », etc. Autant de conscientisations intéressantes, augmentées de pistes d'attitudes et de réponses à adopter pour une relation plus saine et plus sereine.

à retrouver, à rétablir, à optimiser. Ce qui marche un temps (« Amen, j'ai trouvé THE truc ! Cette fois-ci, c'est BON ! Équation résolue, youhou, raboulez le prix Nobel de mathématiques, siouplaît ! ») ~~ne marchera plus du tout~~/marchera soudain bien moins lorsque Bébé franchira une nouvelle étape. Et il faudra alors ré(ré-ré-ré)ajuster notre système (« Nooon, pourquoi ?! Ça marchait trop bien, le mois dernier, ce truc-là ! Attends : quoi ? Faut que je rende mon prix Nobel, en plus ? Oh, allez, soyez chic, laissez-moi le garder, pleaaase ! »). Allez, un petit coup de réévaluation cognitive !

Avant réévaluation : ce renouvellement perpétuel du bon équilibre est triste et fatigant. Il s'accompagne d'un sentiment d'éternel recommencement, de perte, de deuil et de gâchis d'énergie.

En clair, j'ai l'impression d'être Sisyphe avec son rocher, et je peux te dire que j'en ai ras le bol de trimballer cette caillasse et de devoir toujours (me) réinventer et trouver de nouvelles solutions.

Après réévaluation : ce renouvellement perpétuel du bon équilibre est pur mouvement de la Vie. C'est justement ce qui la rend... vivante ! Il peut s'accompagner d'un sentiment de renouveau, de réouverture des possibles, de fertilité et de créativité. Et mon bébé, en perpétuelle évolution et en perpétuel changement, vient m'enseigner la beauté de cette mouvance. Ciao, le rocher, bonjour, le joyau (un joyau magique et précieux !).

Ce qui aide à trouver son centre de gravité, durant ce numéro d'équilibriste, entre mes besoins et ceux de Bébé, c'est de me souvenir qu'à moins d'être tout à fait égocentrée, une maman heureuse sera généralement une bonne maman[118]. Cependant, là encore, il appartiendra à chacune de trouver (et de retrouver au fil du temps) ce qu'est sa version personnelle d'une « chouette maman heureuse », définition qui variera suivant le sens que chacune donne aux mots « accomplissement » ou « réalisation ».

Pour trouver votre version de la « chouette maman heureuse » (*votre* CMH, pour les intimes), prenez le temps de réfléchir à ces questions, et surtout à

[118] Je le répète, car il est important de le lire et de le relire, de se le dire et de se le redire : Bébé n'a pas besoin d'une mère parfaite, mais d'une mère qui se sente bien !

vous les reposer régulièrement, dès lors que la Vie (incarnée par ces deux petits bras potelés et ces yeux malicieux !) vous invite à vous renouveler, encore et encore, pour garder l'équilibre à chaque pas (comme Petitou, qui apprend à marcher !) :

- « Qu'est-ce que j'ai envie d'offrir ? Comment ai-je envie d'œuvrer, de contribuer ? Pour qui et à quelle échelle ? »

- « Qu'est-ce que j'ai envie de vivre ? »

- Je vous invite à répondre à ces deux questions en les teintant de l'énergie de celle-ci : « Que choisirais-je de faire si je n'avais plus rien à prouver ? Que choisirais-je de faire si je me sentais légitime, si je me donnais le droit, si je m'autorisais à être qui j'ai profondément envie d'être en dehors du regard et du jugement d'autrui[119] ? »

- Et alors : « Quelle est la maman que j'ai envie d'être aujourd'hui (sachant que cela va évoluer et changer demain) ? Quelle est ma CMH à moi ? Que fait-elle ? À quoi consacre-t-elle son énergie et son temps quand elle est avec Bébé et quand elle ne l'est pas ? »

Il est important de me souvenir que je ne pourrai jamais tout faire et tout être : pour certaines, une bonne maman fait avant tout attention à ce que ses enfants fassent du sport et mangent bio ; pour d'autres, le plus important est qu'ils travaillent bien à l'école ; et pour d'autres encore, rien n'est plus essentiel que leur développement affectif, etc. Lorsque je commence à me sentir impuissante, face à l'impossibilité de prendre soin de tous ces aspects au même degré, je peux retrouver mon sentiment de puissance personnelle en me souvenant qu'il me faut faire des choix (et, en ça, je n'ai pas le choix, à moins d'avoir six bras et le don d'ubiquité). Je choisis ce que je privilégie, et je m'en tiens à ça ! Si pour moi le cododo est essentiel, quitte à me priver de sommeil, je fais une croix sur la fabrication quotidienne de plats maison pour Bébé et j'adopte les petits pots du magasin. Si, au contraire, il est pour moi

[119] Et si vous ne connaissez pas encore le concept de l'*Ikigaï*, je vous invite à le découvrir : *Ikigaï*, qui signifie « raison d'être » en japonais, permet de se retrouver au carrefour de Soi en recroisant « ce que j'aime », « ce pour quoi je suis douée », « ce dont le monde a besoin » et « ce pour quoi je peux être payée ». Une belle invitation…

essentiel de cuisiner maison et que j'ai, pour cela, besoin de plus de temps et d'énergie, je fais l'impasse sur une session de jeux l'après-midi et mets Bébé dans son parc. Et c'est OK comme ça[120].

Maintenant : « *De quelle manière puis-je atteindre ce point d'équilibre ? Que puis-je mettre en place concrètement pour cela – quelles actions, quelles stratégies, quelles démarches, quelles ressources et quelles personnes-ressources ?* »

Prendre soin de notre bonheur personnel et y consacrer une partie de notre temps, c'est donc participer à celui de notre famille[121]. Car une maman qui prend soin d'elle peut prendre soin de l'autre, entendons-nous dire. Pourquoi cela ? Parce qu'une maman qui s'est donné de l'auto-empathie a rempli son réservoir et peut *ensuite* verser de l'empathie à son enfant (« Il me faut revenir à moi avant de venir à toi. »). Et une maman qui nourrit ses besoins et veille sur sa flamme intérieure, telle une vestale aimante, témoigne de la valeur qu'elle se donne, de l'amour qu'elle se donne, de l'estime qu'elle se donne. Ce faisant, elle transmet à son enfant autant de choses qu'il pourra ensuite cultiver pour lui-même, ayant appris que chacun a le droit (et peut-être bien le devoir, ou du moins la responsabilité) de prendre soin de lui avec amour et respect de lui-même, à l'écoute de son corps, à l'écoute de ses émotions et à l'écoute de ses besoins.

OK, Jade, mais, au chapitre 8, tu nous montrais cette petite maman, sous la douche, en train de ressentir la tâche « *et me détendre !* » comme la énième charge mentale de sa déjà bien trop longue *to-do list*. Est-ce que prendre soin de soi ne poserait pas le même problème ici (à commencer par la gestion du temps) ? Oui, en vérité, tout comme vous, peut-être, je me retrouve régulièrement prisonnière de cette double contrainte : « Occupe-toi bien-bien-bien de Pitchoun' chérie, car elle a besoin, pour

[120] De manière générale, toutes les idées commençant par « pour être une bonne mère, il faut… » devraient être considérées avec grande circonspection, voire ignorées d'entrée de jeu. Cela inclut également « pour être une bonne mère, il faut être détendue » ou « pour être une bonne mère, il faut avoir lu ce super livre de Jade Arestan-Mallet sur ses émotions de maman » (ha, ha !). Personnellement, je suis convaincue qu'il y a plein de bonnes mamans stressées (et tout un paquet de mères désinvesties, peu bienveillantes et hypra-relaxes).

[121] Et, plus encore, notre bonheur participe à celui de la société tout entière ! Thomas d'Ansembourg appelle cela **l'intériorité citoyenne** : développer, chacun pour soi, la connaissance de soi et l'ancrage dans nos valeurs profondes afin de cocréer une société qui partage bienveillance et empathie, responsabilité et quête de sens, inspiration et créativité, en lieu et place des sentiments partagés de stress, de frustrations et d'impuissance, ou des violences, des addictions, du burn-out et de la dépression. Prendre soin de soi est un acte d'altruisme, et non d'égoïsme. Imaginez une société où chacun et chacune sait prendre soin de ses besoins, s'offrir de l'écoute et de l'auto-empathie, et remplir sa fontaine intérieure avant d'aller au contact de l'autre : que ne pourrions-nous pas cocréer alors ?

sa sécurité affective et son équilibre émotionnel, que l'on réponde adéquatement à ses besoins » (ce qui, certains jours, peut donner l'impression de prendre approximativement 25 heures sur 24), ET : « Prends du temps pour toi, évidemment, car tu as bien entendu que Bébé est heureux quand maman est épanouie. Et si tu ne prends pas de temps pour toi, c'est finalement elle qui va en pâtir ! » Euuuuhhh... Du coup... Shiva, un conseil, peut-être ? Ou une greffe, plutôt ? Voilà un bien beau spécimen de ce qu'on appelle une *injonction paradoxale* : deux injonctions a priori impossibles à suivre simultanément. Et ce qui est sympa, quand on est une jeune maman, c'est qu'on n'en a déjà pas assez, des injonctions quotidiennes, hein ? Non, non, non : rajoutons AUSSI celle de la DÉTENTE, quoi ! Tant qu'à faire. Il m'a donc fallu me creuser la tête pour trouver quoi répondre à ce mental infernal et lui clouer un peu le bec, à cet effronté qui croit toujours tout savoir (non mais dis !). Voilà où m'a menée ma réflexion autour de « prendre soin de moi » :

- « Je n'ai pas le temps d'avoir le temps (!) [de prendre soin de moi/de faire des trucs cool/de me faire plaisir/de prendre mon temps] »[122] : c'est ce qui s'appelle une croyance limitante. Oui, oui, oui, tou-jours : que l'on soit Premier ministre ou moine tibétain, PDG de 150 employés ou étudiante aux Beaux-Arts, cette idée-là est une croyance (une construction mentale subjective) limitante (qui me limite et m'empêche de vivre ce que j'aimerais vivre).

  Certes, jeune maman d'un Petitou, je ne prendrai pas quotidiennement 3 heures pour moi, si je le garde à la maison, mais 30 minutes dans une journée, ça se trouve. (Bébé grandissant, je trouverai même 2 ou 3 heures tout entières suivant son autonomie – si, si, ça viendra, juré !) Il faut simplement *mettre ce temps pour moi dans le planning au même titre que la sieste de Bébé ou la lessive* (et, justement, choisir fermement de ne pas s'occuper de la lessive pendant la sieste de Bébé, par exemple).

- Ce qui contribue à renforcer cette croyance limitante (comme l'illustre bien le dessin du chapitre précédent), c'est ma charge mentale quotidienne, celle qui ne cesse de tournoyer *pendant les moments de relâche* que j'ai justement à ma disposition chaque jour alors que je mange, me douche, passe aux

[122] Référez-vous également au chapitre 6, dont les outils (*meraki*, PPPP, choix conscients) sont très complémentaires avec ceux de ce chapitre (dialogue intérieur, conscience des besoins, etc.) : autant de réajustements intérieurs qui permettent de retrouver un rapport au temps plus apaisé.

toilettes (oui, oui, ça compte !). Sans même y réfléchir, je passe ces précieux instants à dresser ma *to-do list*. Ne pourrais-je pas plutôt remplacer celle-ci par ma *Tout-doux Liste* ? En faisant le choix de ralentir, de revenir à moi, de m'offrir de la Présence et de vivre ces précieux instants en conscience, bien connectée à mon corps (l'eau chaude et le savon qui cascadent sur ma peau, le goût des aliments sur ma langue, le plaisir d'une vessie qui se relâche en prenant son temps).

• Et ce qui contribue, au contraire, à affaiblir cette croyance limitante, c'est d'abandonner l'idéal (inatteignable) du moment parfait. Sans quoi – à moins, bien sûr, de me rendre dans une salle de yoga, un studio de danse ou un atelier couture (bref, tout endroit réservé aux seuls adultes) –, je ne ferai plus jamais rien pour moi à la maison. Car ce moment parfait, où je mène mon activité du début à la fin, en toute quiétude, sans interruption et dans le silence… ce n'est pas pour tout de suite. Bébé grandissant, ça reviendra, bien sûr. Mais, en attendant, il me faut *lâcher prise sur le cadre et le moment parfait, et me lancer, point*. Me lancer, quel que soit le cadre, plutôt que d'attendre un alignement des planètes qui ne viendra jamais. Et tant pis pour les bavoirs sales ou les jouets qui traînent à côté de mon zafu de méditation. C'est ici et maintenant, et c'est tout. Je n'ai pas d'autre moment à saisir que celui-ci : le présent. Autrement, ce livre n'aurait jamais vu le jour, je vous le dis ! (Entre nous, au moment même où j'écrivais « quiétude », quelques lignes plus haut, Pitchoun' venait de m'agripper les jambes [et de me mordre le genou de ses huit quenottes de devant] pour que je joue avec elle. J'ai donc entrecoupé mon paragraphe d'une danse endiablée sur *« hop, hop, hop, little bunnies, hop, hop, hop »* : c'est vous dire !) Un seul credo, donc : « Ma foi. On essaie et on verra ! » Un jour, ce sera cata. Le lendemain, au top. Et le suivant, mitigé. Et c'est OK comme ça. Parce qu'en cette première année de jeune maman, vous avez plus besoin de vivre mille petits moments sympas que trois moments parfaits. Mieux vaut donc privilégier la fréquence que l'extraordinaire[123].

[123] Il me faut donc non seulement lâcher prise sur le cadre et sur la durée idéale, mais également sur le besoin du résultat, de la tâche aboutie, parachevée, qui est allée jusqu'au bout. Et cela me demande, à son tour, de lâcher mon besoin de perfection et mon besoin d'aboutissement « pour avoir le droit d'être fière de moi, et alors seulement de me poser ». Ça en fait, des choses à aller travailler, HEIN ? Autour de ce sujet, entre création et perfection, une jolie citation de Saint-Exupéry : *« L'homme, disait mon père, c'est d'abord celui qui crée […] Qu'appelles-tu créer ? […] Créer, c'est manquer peut-être ce pas dans la danse. C'est donner de travers ce coup de ciseau dans la pierre. Peu importe le destin du geste. […] N'invente point d'empire où tout soit parfait. Car le bon goût est vertu de gardien de musée. Et si tu méprises le mauvais goût tu n'auras ni peinture, ni danse, ni palais, ni jardins. […] Invente un empire où simplement tout soit fervent. »* Citadelle, 1948.

KIT AUTO-EMPATHIE ET RETOUR À SOI

Vous souvenez-vous de cet échange avec la tatie Marcelle, qui nous disait, grosso modo, avec toute la grâce et la délicatesse d'un char d'assaut, que ça nous ferait du bien de lâcher un peu notre gosse et de retourner sur un tapis de gym ? Entre le moment où le dialogue a été mis en pause, avec l'excuse du gratin (parce qu'on avait très envie de lui faire avaler ses lunettes), et notre mignonne petite *happy end*, que s'est-il donc passé ? Tadaaam ! Il s'est donc passé ÇA : ce temps d'auto-empathie dont nous avons tous et toutes un besoin essentiel (au même titre qu'une douche quotidienne, ces temps-là sont une véritable pratique d'hygiène émotionnelle).

Exemple de dialogue CNV intrapersonnel / intérieur :

Pendant que tu faisais semblant de vérifier le gratin ou de changer la couche de Bébé (toujours une super excuse, nos enfants, quand on a envie d'éviter les relous), tu passes en revue tout le processus qu'on a énoncé dans notre super chapitre de gestion de la colère.

Aoutch ! OK, là, ça fait mal. Elle me saoule, la tatie Marcelle, j'te dis pas. Eh oui, j'ai le droit de le penser et j'ai le droit de le vivre (que Léo l'adore et qu'elle nous ait offert la poussette et le siège auto n'enlève rien à cela). Mais de quoi j'me mêêêêêêle, vieille carne ?! (Étapes 1 et 2 du processus de gestion de la colère : tu conscientises que ta colère monte et tu t'en donnes le droit. Tu laisses un moment au mental pour se lâcher – peut-être même que tu déchiquettes une couche au passage, va savoir ! En tout cas, cette étape fait du bien et, après quelques bonnes grandes respirations au calme, toujours isolée et tranquille, tu peux maintenant poursuivre.)

Bon. *Au fond, si ça me touche autant (alors que Juliette, elle, aurait franchement rigolé en disant qu'elle n'a encore trouvé ni le temps ni l'énergie et qu'elle s'en tamponne, pour l'instant, de retourner à la gym), c'est parce que ça touche quelque chose d'autre… Oui, c'est ça… En fait, si ça me met tellement en colère, c'est parce que, moi aussi, j'ai une part de moi qui a très envie d'aller à la gym depuis que j'ai repris le travail (parce que j'ai du mal à accepter ce nouveau ventre…). Mais une autre part de moi trouve bien plus important de profiter de mon temps libre avec mon petit ange d'amour plutôt que d'être obsédée par des choses aussi superficielles que le poids. Et puis en quoi ça la regarde, elle, si Paul aime bien mes petites rondeurs mignonnes et que, moi-même, je travaille pour m'accepter comme je suis ?*

(Étape 3a : tu cherches la véritable origine de ta colère derrière ce gros stimulus à lunettes qu'est la tatie Marcelle.) *En fait, j'ai un besoin d'Estime de moi derrière ça. Et d'Accueil. Et puis d'Autonomie : tout ça ne regarde que moi, et personne n'a à me dicter comment je devrais me sentir dans mon corps ou à quel rythme je devrais reprendre « ma vie ». (Et puis rien que ça, déjà, « reprendre [elle ne s'est pourtant pas arrêtée] ma [mais nous y sommes désormais plusieurs] vie », ça veut dire quoi ?) Aaah ! Beaucoup de choses me semblent compliquées, précaires et fragiles depuis la naissance de mon petit bout.* (Étape 3b : tu trouves les besoins en souffrance derrière cette colère.) *Nourrir mes besoins par moi-m'aime, donc... OK, on y va. Estime de soi et Accueil de soi : franchement, je me sens pas si mal dans mon corps. C'est mon mental psychorigide qui n'est pas content que les nombres sur la balance aient changé, mais, au fond, je me sens en forme. Et puis je tombe moins vite malade qu'avant, en plus. Et, sérieux, je gère ! Je gère tellement : mon Loulou, le travail, la maison ! Hmmm, ça fait du bien, je sens que ça se détend dans mon ventre, justement. Et mon cœur se réchauffe. Et puis Autonomie, on a dit : eh bien, comme je le disais, tout ça ne regarde que moi, et personne d'autre. Je retournerai à la gym quand j'en aurai envie, si j'en ai envie, et pour le goût du sport, pas pour l'esthétique !* (Étapes 3c et 3d : tu nourris par toi-même ces besoins.) *Oui, en fait, derrière cette colère, il y avait simplement de la tristesse, cette tristesse de ne pas m'accueillir vraiment comme je suis et de continuer à me juger si sévèrement alors que je donne tout.* (Étape 3e : tu trouves l'émotion primaire cachée derrière l'émotion de la colère – peut-être même que tu verses une petite larme en pansant cette part de toi qui était rejetée.) *Wouf, ça fait du bien. Allez, on y retourne.*

Il est vrai que tout cela demande un peu d'entraînement et que nos premiers dialogues intérieurs sont rarement aussi fluides et aussi clairs : l'introspection et l'auto-empathie sont comme des muscles qu'il s'agit de développer. Et de même que Bébé met du temps à muscler ses gambettes, avant de pouvoir marcher, puis courir, il nous faut, à nous aussi, passer par ces étapes où l'on se sent pataudes mais fières d'essayer, puis de plus en plus confiantes et solides (même si l'on se ramasse, de temps en temps, sur les fesses !). Alors, que fait-on pour muscler notre auto-empathie ? Je vous propose les quelques exercices suivants :

➡ J'ai rendez-vous avec moi-m'aime. Ainsi que le préconise notre cher Thomas d'Ansembourg (et avec l'aide d'une alarme sur mon téléphone), je prends 3 minutes pour me poser quotidiennement ces 3 questions (et je le fais de nouveau dès lors que je constate que *je suis en train de me plaindre, de me révolter ou de verser dans la nostalgie*) :

- Comment je me sens dans mon corps ? (N'y a-t-il pas quelque part où ça tiraille, chatouille, gratouille, se tend, se tord, palpite ou crépite ?)
- Comment je me sens dans mon cœur ? (Quelles émotions ai-je vécues ce matin/cet après-midi/ce soir ? Et comment je me sens avec cette émotion ? Ai-je envie de pleurer quelques larmes ? Puis-je m'avouer quelque peur ? Ai-je envie de m'arrêter, au contraire, sur un moment de joie et de me le repasser ? Puis-je me donner le droit de vivre tout ça ? Attention, spoiler : la réponse est OUI.)
- De quels besoins cela me parle-t-il ? Qu'est-ce que j'avais envie de vivre ? Qu'est-ce que j'aime vivre et que, peut-être, je n'ai pas vécu, là, aujourd'hui ?

Un exemple : « Wouf, là, je sens mes mâchoires serrées et mon plexus tout oppressé. Je ressens encore le stress de tout à l'heure, et de la colère, aussi : je voulais simplement déboucher le nez de Pitchoun' (et il le fallait : la pauvrette, elle respire très mal avec ce gros rhume !). Mais, alors, la scène, elle l'a vécue comme une agression, à se débattre et à hurler de toutes ses forces. Et en fait, je me suis sentie comme son agresseuse, comme une mauvaise mère, violente et abusive. Et y'a de la tristesse derrière ça. Et de la peur : je ne veux pas tomber dans des rapports de force et dans la domination. En fait, j'ai besoin de Simplicité, de Fluidité et de Compréhension mutuelle. C'est difficile pour moi qu'elle ne puisse pas encore comprendre mes bonnes intentions... Hmmm... Ça me fait déjà du bien de me connecter à ça : la fluidité et la simplicité. Même si je ne peux pas toujours le vivre avec elle comme je le voudrais, je peux déjà le vivre là, maintenant, deux minutes, avec moi-m'aime... »

➡ Je m'amuse à « peler l'oignon » (image fort peu poétique, mais mémorable !). Une fois identifié un premier besoin (qui, le plus souvent, n'est qu'une stratégie, et pas un véritable besoin), je découvre, strate après strate, le besoin sous-jacent qui se cache derrière.

Un exemple : Je veux que ce dimanche après-midi en famille soit parfait (enchaînement du rythme réglé comme du papier à musique, activités chouettes pour tout le monde, beau temps, etc.) ➡ *Cette « perfection » n'est pas un besoin, mais une stratégie : qu'est-ce qui se cache donc derrière mon (faux) besoin de perfectionnisme ? Un besoin... d'Organisation et de Simplicité. Et, derrière ça, il y a en fait un besoin d'Ordre. Car, si j'ai de l'ordre, cela nourrit mon besoin d'Apaisement, de Tranquillité. Et, en fait, derrière ça, il y a mon besoin de Repos. Ah, là, je sens dans mon corps, dans ma respiration, quelque chose qui fait comme un soupir, qui se dépose : c'est que j'ai touché au but. Voilà bien le cœur de l'oignon : je souhaitais un après-midi « parfait » par besoin de Repos !*

➡ Je crée ma *Tout-doux* Liste et redécouvre comment prendre soin de moi[124]. Je choisis 12 activités qui me font du bien, c'est-à-dire des activités qui me reconnectent à moi-même et au moment présent, des activités qui me ressourcent et m'apaisent, des activités qui sont affranchies de tout challenge, de tout désir de progression ou d'accomplissement (auquel cas, je ne suis déjà plus dans le ressourcement, mais de nouveau dans le « faire » et dans le résultat). L'activité choisie doit impérativement cocher les 3 conditions pour avoir le droit d'entrer dans votre liste[125] :

1. Me donner un temps de présence, à moi-même et au moment
2. Me ressourcer et me calmer
3. Être loin de toute « performance »

Ensuite, je reporte ces 12 activités sur le papier en 2 groupes de 6 : 6 sur un recto, 6 sur un verso. Puis je laisse le hasard décider ce dont j'ai le plus besoin, là, tout de suite : je lance un dé, tout simplement ! Mettons qu'il tombe sur 3 et que j'ai donc le choix entre « bain de forêt » (mon n° 3 au recto) ou « chant »

---

[124] Le mot « soin » a pour définition « souci, préoccupation relative à un objet, une situation, un projet auquel on s'intéresse ». À trop nous oublier, à trop nous désintéresser de nous et de nos besoins, nous allons parfois ne plus même savoir ce qui nous anime, ce qui nous détend, ce qui nous fait vibrer. Et, bien souvent, la raison profonde à notre fatigue quotidienne n'est même pas d'avoir fait trop de choses contraignantes, mais de ne pas avoir fait assez de choses plaisantes et ressourçantes !

[125] Pour mieux comprendre cet affranchissement de la performance, voici, par exemple, les 12 activités de ma Tout-doux Liste perso du moment : jouer du hang drum ou de la kalimba (instruments qui ne nécessitent aucune connaissance musicale pour sonner agréablement), faire des étirements de qi gong (je ne suis inscrite à aucun cours, ne passe aucun niveau et n'en ai pas l'intention), faire un enchaînement de Pilates (idem), me tirer les cartes, aller me promener dans la forêt, prendre un bain aux huiles essentielles, lire un roman (un roman grand public, pas-prise-de-tête, car ici exit les essais sur l'éducation ou la psychologie), faire un temps d'auto-empathie CNV, le faire avec des peluches (façon Jack et Gigi, comme pour les enfants), faire des trucs avec de l'argile (je suis loin d'être douée, je m'amuse et c'est tout, zéro volonté d'exposer !), faire de jolies lettres avec paillettes et fleurs séchées (idem, je ne tiens pas un carnet de scrapbooking ou que sais-je, c'est juste pour le plaisir de coller mes petits pétales un à un sur du joli papier indigo), et enfin chanter (ni cours ni technique, chanter juste pour le plaisir de vibrer). Vous voyez ici que, si je suivais des cours de chant ou de poterie dans l'intention de faire un spectacle ou de progresser dans ma discipline, par exemple, cela n'aurait donc pas le droit d'être dans ma liste. Idem pour la promenade en forêt si je la réalisais dans le but de rejoindre le club de rando à la rentrée ! N'hésitez pas, si cela résonne en vous, à mettre dans votre liste des exercices tirés de ces trois kits (dans l'ordre : exercices de retour au souffle, exercices de connexion au corps, exercices d'auto-empathie). Votre liste peut également changer régulièrement et vous ramener de nouvelles activités sympas tous les trois mois. Li-ber-té !

(mon n° 3 au verso), je choisis ce qui m'anime le plus dans l'instant ou ce qui est le plus réalisable en matière de temps, suivant ce dont je dispose. Idéalement, je fais cela chaque jour sur un minimum de 15 à 20 minutes. Faites vos jeux !

➡ Je pratique le dialogue intérieur pour ouvrir des espaces de communication entre diverses parts de moi qui ne s'entendent pas (au sens littéral du terme !). Pour me faciliter les choses, je me saisis d'une liste des Besoins CNV[126]. Je peux prendre deux peluches ou deux objets symboliques et parler à voix haute, chaque objet représentant une part tandis que ma version la plus « sage » reste incarnée par moi-même. (Ah, tiens, ça tombe bien : y'a jamais eu plus de peluches à la maison qu'en ce moment, n'est-ce pas ?) Voici un exemple qui reprend les choses là où nous les avons laissées dans le deuxième de nos trois kits (consacré aux bienfaits à long terme de l'activité physique, dès lors qu'elle est pratiquée sur une moyenne de 30 minutes par jour) :

> *J'observe en moi un dilemme. D'un côté, j'ai très envie d'établir une routine sportive et de pouvoir me tenir à mes 30 minutes de Pilates/qi gong chaque matin, mais, d'un autre côté… ça me gonfle profondément ! Appelons la première part « la Motivée » et la seconde, « la Flemme » (surnoms caricaturaux, bien sûr, mais c'est ainsi qu'elles m'apparaissent de prime abord). Et moi, je me tiens là, au milieu, comme la Sage présidente du conseil qui se tient en moi : je leur donne, à toutes les deux, écoute et bienveillance, en me gardant de les juger ou de prendre parti. Je vais leur poser deux ou trois questions.*

1/ De quoi avez-vous envie ?

La Motivée : *Bah, de me caler 30 minutes de Pilates/qi gong chaque matin, avant ou après le petit-déj, pour bien commencer la journée, pour me remuscler le ventre, pour dénouer tous ces nœuds dans mon corps, à force de porter bébé à longueur de journée, et pour me retrouver, aussi, retrouver mon corps, m'occuper de moi. Un moment pour moi, quoi, pour moi, et rien que pour moi !!!*

[126] Vous en retrouverez une au « Jour 8 » de 21 jours de pratique émotionnelle ! (Et mille autres sur internet.)

La Flemme : *Avec Bébé à la maison, les matins se suivent… et ne se ressemblent pas ! Heure de déjeuner, heure de sieste, temps d'autonomie : y'a pas deux jours pareils ! L'organisation est tellement fluctuante que de « devoir » faire ça, ça me rajoute du stress, finalement. On veut prendre soin de soi, et voilà que ça devient une nouvelle injonction pesante et que, si on n'y répond pas, on se sent nulle : c'est complètement contre-productif ! Faut arrêter de vouloir tout caser, franchement. On est déjà bien assez fatiguées, avec les nuits difficiles et le portage toute la journée : perso, ça me muscle suffisamment, merci, bonsoir !*

Moi-dans-toute-ma-sagesse-bienveillante (les observant avec compassion et tendresse) : *Hmmm… Donc, en fait, toi, Motivée, tu as besoin… de Mouvement, de Dynamisme, de savoir que tu prends Soin de notre santé. Et aussi de temps pour toi, de Préservation de ton rythme. C'est ça ? (Confirmation.) Et toi, Flemme, tu as en fait besoin de plus de Simplicité, et aussi de Repos. Si les choses sont plus simples et qu'on ne s'en « rajoute pas », c'est moins fatigant. C'est ça ? (Confirmation.) Finalement, chacune de vous essaie de prendre soin de notre santé : l'une par l'activité et l'autre par le repos. Et chacune de vous est soucieuse de préserver notre énergie, l'une en voulant dégager un moment rien que pour nous, et l'autre en préférant abandonner cette idée et en suivant juste le flux des choses avec Bébé pour ne pas s'épuiser plus encore à faire cohabiter deux rythmes différents. Soin de soi et Préservation du rythme : voilà deux besoins sur lesquels vous vous rejoignez, finalement !*

2/ Et alors, comment pourrions-nous trouver un accord ?

La Motivée : *Bah, j'en ai marre de devoir tout abandonner pour Bébé. C'est pas tant demander, 30 minutes le matin ! Et puis on a besoin de routine et de discipline pour trouver un rythme de croisière qui va justement préserver notre énergie à la longue !*

La Flemme : *Oh, ça va, hein ! La discipline, ça devient vite la dictature avec toi. On a besoin de flexibilité, surtout ! C'est ça, la vie avec un enfant, et il faut faire avec.*

La Motivée : *Oui, mais tu sais bien qu'avec ce raisonnement, on remet sans cesse au lendemain, et quand le dimanche arrive, on n'a pas fait une seule session de gym de toute la semaine. Et ça me rend triste.*

La Flemme : *Oui, c'est vrai, ça, tu n'as pas tort. Moi aussi, ça me rend un peu triste, en fait.*

Moi-dans-ma-haute-version-de-moi-m'aime : *Il faut donc qu'on trouve une voie du milieu, entre mouvement et repos ainsi qu'entre discipline et flexibilité, tout ça dans l'objectif de prendre soin de notre santé et de notre énergie… Des idées ?*

La Flemme : *On pourrait se dire qu'on essaie de se caler minimum deux sessions par semaine et qu'elles tombent quand elles tombent, tantôt lundi-jeudi, tantôt mardi-samedi, peu importe.*

La Motivée : *Oui, c'est déjà un bon début. Et peut-être que, les jours où on n'y est pas arrivées, on fait quand même quelque chose de physique : une balade avec la poussette ou de la danse avec Bébé dans le salon.*

La Flemme : *Ah oui, c'est bien, ça ! Mais faut que tu fasses de vrais efforts pour ne pas nous mettre la pression et que tu apprennes à avoir plus d'indulgence pour nous-mêmes, OK ?*

La Motivée : *Je m'engage à être plus flexible, oui. Et toi, tu promets d'essayer de ne pas sans cesse te suradapter en renonçant à tout pour Bébé ?*

La Flemme : *Je ferai de mon mieux… Non, mieux : je m'y engage.*

Ce que je vous raconte là est tellement essentiel que nous allons nous y attarder encore un peu avec un autre exemple, choisi autour d'une thématique majeure dans la maternité… J'ai nommé (une fois encore) : CULPABILITÉ ! Il faut dire que nous trimballons, dans l'inconscient collectif[128], ce bon vieil héritage culturel du judéo-christianisme, de la mère sacrificielle et de la sainte martyre, ce qui peut déjà nous mettre une petite pression, quand même ! Et en « bonne ~~chrétienne~~/mère », la jeune maman se sent (plus ou moins inconsciemment) coupable de Tout : coupable si l'accouchement a été difficile, coupable si Bébé est porteur d'un handicap, coupable si Bébé est malade (d'un nez bouché aux pathologies graves, en passant par les allergies et les coliques), coupable de ne pas allaiter (tout court ou plus longtemps), coupable de ses larmes et coupable de ne pas toujours les comprendre, mais aussi coupable d'avoir « fait » une fausse couche (expression qu'il serait urgent de remplacer, d'ailleurs, car on ne *fait* pas une fausse couche, on la vit et on la subit),

[127] La notion d'inconscient collectif, qui nous vient de C. G. Jung, désigne ce que les humains de la terre partagent en commun en matière de représentations, d'archétypes et d'imaginaire, et ce, au-delà de leur culture et de leur histoire individuelle. On retrouve, notamment dans la mythologie et les religions de chaque culture, les mêmes histoires sous diverses formes. Pour donner un exemple, la terre, la mer, la lune ou la forêt sont considérées comme des symboles maternels, presque systématiquement associés au Féminin, d'un bout à l'autre du globe, quand le soleil, le bâton ou le ciel sont associés au Masculin.

ou encore coupable de ne pas posséder un « instinct inné de mère » qui fournirait magiquement toutes les réponses et tous les savoir-faire. De nos jours, tout cela a tôt fait d'être renforcé par la pression sociale, une mère devant travailler et ramener de l'argent à l'égal de l'homme, mais sans cesser d'élever ses enfants et de prendre soin de sa maison (donc, concrètement, avoir deux jobs à temps plein et des journées de 48 heures !), ainsi que par la pression des réseaux numériques, qui fourmillent de vidéos et d'articles nous expliquant comment « faire mieux » en tant que maman. Entendons-nous bien, je crois qu'il est important de nous poser des questions et de faire évoluer notre parentalité en parallèle de notre développement personnel. Mais il nous faut aussi quitter l'image d'Épinal d'une « mère totale », capable de jongler sur tous les fronts, sous peine de nous transformer en femmes-robots (et donc coupées de nos émotions) et/ou de faire peser sur notre enfant la même exigence de perfection que celle que l'on s'impose, exigence terriblement toxique. Alors, revenons avec humilité à notre condition *humaine* : nous ne sommes pas toutes-puissantes, nous ne sommes pas omniscientes, nous avons des ressources limitées en matière de temps et d'énergie, et nous avons, nous aussi, mille et une émotions quotidiennes.

Bébé n'a pas besoin d'une mère parfaite.

Bébé a besoin d'une mère qui souhaite bien faire et qui fait de son mieux.

Ni plus ni moins.

Recréons *ensemble* un dialogue intérieur autour de cette thématique afin de vous aider à intégrer ce processus d'auto-empathie ô combien salvateur !

J'observe en moi des sentiments ambivalents envers Bébé :

- Je veux continuer d'être tout pour lui, son soleil et sa lune, son havre et sa mère nourricière, ET je veux qu'il s'émancipe, gagne en autonomie, s'ouvre sur le monde et sur les autres ! Quand je suis tout pour lui, je me sens… (à ma place, importante, digne, aimée, reconnue…), mais aussi… (éreintée, écrasée par le poids de ma responsabilité, prisonnière de ses besoins…).

  À vous ! Quand je suis tout pour lui, je me sens…

Mais aussi…

- Je veux tout lui donner, mon cœur, mon corps, mon temps, mon amour, ET je veux en garder pour moi et ne pas me perdre ! Quand je lui donne tout, je me sens… (altruiste, bienveillante, douée d'amour inconditionnel, patiente, généreuse…), mais aussi… (vidée, déconnectée de moi-même, triste, épuisée…).

À vous ! Quand je lui donne tout, je me sens…

Mais aussi…

- Je veux du temps pour moi ET je culpabilise de le faire garder par un/e autre ! Quand quelqu'un d'autre s'en occupe, je me sens… (libérée, plus légère, comme regagnant de l'espace autour et en dedans de moi, détendue…), mais aussi… (tendue, soucieuse, ressentant un manque…).

À vous ! Quand quelqu'un d'autre s'en occupe, je me sens…

Mais aussi…

Comment harmoniser ces ressentis divergents ? En allant, comme toujours, cueillir le(s) précieux besoin(s) qu'ils abritent en leur cœur. En les questionnant, je vais peut-être découvrir que :

- Ma part « être tout pour lui » a en fait besoin d'Estime de soi (c'est ce même besoin d'estime de soi que vit ma part « j'ai besoin de garder un peu de mes ressources pour moi ») ;
- Ma part « tout lui donner » a besoin de Bienveillance et de Douceur (c'est ce même besoin de bienveillance et de douceur que vit ma part « je culpabilise de le faire garder ») ;
- Et ma part « du temps pour moi » a besoin d'Autonomie et d'Indépendance (tiens, c'est ce même besoin d'autonomie et d'indépendance que vit ma part « je veux qu'il/elle s'émancipe »).

À vous ! Mes besoins cachés derrière tout ceci, c'est…

Pour cesser de vivre nos besoins comme des puits sans fond, des manques ou des creux que l'on cherche à remplir par les plaintes ou par les exigences, Mary Mackenzie, formatrice en Communication NonViolente, propose de remplacer les mots « j'ai besoin de + nom » par « *j'aime vivre + nom* ». Observez le changement d'énergie qui se produit lorsque je passe de « j'ai besoin de bienveillance, j'ai besoin d'être bienveillante avec moi-même » (sensation de vide à remplir) à « j'aime vivre la bienveillance, j'aime vivre la bienveillance avec moi-même » (sensation de quelque chose qui est déjà là, que je connais et qui me nourrit) : puissant, non ?

Alors, pour nourrir ces besoins de moi à moi, je peux maintenant m'offrir un moment pour ressentir ces choses-là, dans mon corps et dans mon cœur, ainsi que réfléchir aux actions concrètes à mettre en place par la suite.

À vous de compléter la suite de ces phrases et d'ajouter toutes celles que vous voulez :

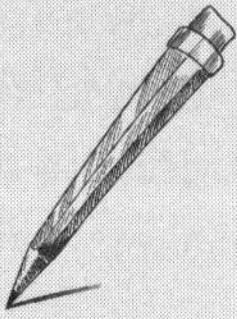

J'aime vivre l'Estime de moi (je prends maintenant trois minutes pour ressentir comment ça fait, dans mon cœur et dans mon corps, quand je vis cela). Et je peux la vivre par/en choisissant de ....

....

J'aime vivre la Bienveillance et la Douceur pour moi-même (je prends maintenant trois minutes pour ressentir comment ça fait, dans mon cœur et dans mon corps, quand je vis cela). Et je peux les vivre par/en choisissant de ....

....

J'aime vivre l'Autonomie et l'Indépendance (je prends maintenant trois minutes pour ressentir comment ça fait, dans mon cœur et dans mon corps, quand je vis cela). Et je peux les vivre par/en choisissant de ....

....

XII. PLONGER SANS GILET DE SAUVETAGE

L'apprentissage du lâcher-prise

Ah, le lâcher-prise ! Ce fameux lâcher-prise (également appelé « laisse tomber, de toute manière, tu ne contrôles rien, alors arrête [mais arrêêêteuh] de croire le contraire ! ») que l'on nous invite à atteindre dans les cabinets de thérapie et dans les magazines psycho-spirituels. Ce fameux lâcher-prise que l'on a tellement envie d'intégrer… qu'on s'y accroche de toutes nos forces ! Au point de devoir lâcher prise sur le lâcher-prise. La bonne nouvelle, dans tout ça, c'est qu'avec l'arrivée de Bébé, vous venez de vous trouver un Maître : LE Maître. Bravo, jeune Padawan, vous voilà officiellement Grande Disciple du Lâcher-prise sous l'Égide de Maître Marmot. Votre apprentissage durera ~~dix ans / non, dix-huit / non, quarante ans~~ / tout le reste de votre vie. Oui, oui, oui, il en faudra, du lâcher-prise, quand Bébé voudra commencer le vélo (puis la moto), s'inscrire à l'armée ou décoller pour Katmandou ; quand il nous dira « j't'aime plus, t'es qu'une méchante ! » ou quand il nous ramènera un(e) petit(e) chéri(e) qu'on jugera (en secret) ~~horripilant(e) / débile~~ / différent(e) de ce qu'on aurait imaginé (mais pas de panique, ça, c'est pour quand on sera bac+15 de Lâcher-prise). Alors, en ce jour de rentrée scolaire, une petite prière ne sera pas de trop, n'est-ce pas ? Voici donc la *Prière de la Sérénité* du théologien Reinhold Niebuhr :

Dieu, donne-nous la grâce

D'accepter avec sérénité les choses qui ne peuvent pas être changées,

Le courage de changer celles qui devraient l'être,

Et la sagesse de les distinguer l'une de l'autre.

C'est joli, non ? J'aime me la remémorer, de temps en temps, comme une invitation à l'humilité que je tends à mon ego survolté : « *Et la sagesse de les distinguer l'une de l'autre* », car il me semble que c'est bien là que tout commence (et que tout s'arrête). Si j'apprends bel et bien à distinguer ce que je peux changer de ce qui n'est pas de mon ressort (à savoir que mon enfant est un être libre avec son rythme, ses besoins, sa sensibilité, ses envies et sa façon de faire et d'être *à Lui*), alors je me libère de mes attentes, attentes qui n'occasionnent souvent que déception, frustration et mésestime de soi ; attentes qui exercent une pression sur l'autre et engendrent le conflit ; attentes qui, inéluctablement en lien avec le perfectionnisme[128], sont par nature irréalistes (comme l'est la Perfection), donc génératrices de souffrance. Krishnamurti disait : *« Nous cherchons toujours à jeter un pont entre ce qui est et ce qui devrait être ; et par là, nous donnons naissance à un état de contradiction et de conflit où se perdent toutes nos énergies. »* Et quelle est l'origine de nos attentes, sur quoi sont-elles fondées ? Sur nos peurs. Voyez plutôt : « Si ceci ne se passe pas comme je l'espère + conséquence négative. » Pourquoi ne pas remplacer cette triste équation par quelque chose qui serait un véritable espoir et qui remplacerait la peur par la confiance ? « Si ceci ne se passe pas comme je l'*espère* + peut-être bien (qui sait ?) une conséquence positive à laquelle je ne m'*attendais* pas ! »

Je suis convaincue que l'enfant, dès son plus jeune âge, est tout aussi capable que nous de ressentir lorsque l'autre a des attentes envers lui, lorsque l'autre *espère* quelque chose de lui sans le lui dire clairement. Et, de fait, qui mieux que Bébé est connecté à son instinct ? Aussi toute jeune maman pourra-t-elle constater très tôt que son Petitou semble savoir précisément quand elle cherche à pouvoir s'éclipser, s'éloigner, le poser pour sa sieste ou l'y mettre bientôt, etc. Mais son flair ne s'arrête pas là ! Son radar à attentes semble parfois capter tous ces moments où l'on espère que, *ce midi*, il va rester propre en mangeant, car on file en ville juste après. (Eh ben non, tout tartiné de la tête aux genoux, le bébé ! Par contre, ce soir, juste avant le bain, quand on aura zéro attente et qu'il peut bien s'en mettre partout, puisqu'on ira se laver, tu verras qu'il finira sa popote avec une petite trombine immaculée !) Ou bien ces moments où il fonce *direct* sur les seuls objets qu'il ne faut pas toucher, les uns après les autres : zim-zam-zoum, le tiercé gagnant du carton de verre à recycler, des croquettes du chien et du lave-vaisselle ouvert (alors même que les objets dont on se fiche bien, et autour desquels il y a donc zéro attente – joujoux semés sur le chemin, chaussures et chaussons ou pack de lait posé au sol – seront délaissés avec un parfait dédain !). Ou encore ces moments où l'on aimerait bien qu'il répète

[128] Il est important de noter que, lorsque j'attends la perfection de l'autre (l'autre étant ici mon enfant ou mon partenaire), c'est parce que je souhaite inconsciemment recevoir ce que je m'efforce de donner. Mais m'efforcer d'être « parfaite », au risque de nuire à ma relation avec l'autre et/ou de le blesser, n'est-il pas un contresens ? Je peux alors m'interroger sur ce qui se cache derrière mes exigences et mon besoin de perfectionnisme : de quelle blessure intime cela me parle-t-il... ? Et puis-je me pardonner de ne pas être chaque jour la meilleure version de moi-même ? Puis-je m'aimer malgré tout, de ce même amour inconditionnel que j'éprouve pour mon bébé ? Le sujet du perfectionnisme est régulièrement abordé dans cet ouvrage, s'emmêlant étroitement à chaque thématique comme de la vigne d'étrangleur (programmations familiales, gestion du temps, rapport à l'autre, communication, gestion de la colère : on peut le retrouver partout). Si ce trait de caractère est chez vous prédominant, il peut rapidement mener à un épuisement maternel : je vous invite alors à vous rendre dans l'épilogue « Mayday-mayday – Épuisement maternel, dépression prénatale, dépression post-partum, burn-out maternel : apprendre à demander de l'aide ». Et à infuser en vous cette citation éminemment tendre du superbe livre de Charlie Mackesy, L'Enfant, la Taupe, le Renard et le Cheval : *« Quelle est ta plus grande découverte ? demanda la taupe ? — Que je suis bien comme je suis, répondit l'enfant. »*

cette superbe action à l'identique afin que, cette fois-ci, on puisse la filmer pour l'envoyer à papy-mamie-tata-tonton-copines, et que là, du coup, sous le phare des projecteurs, patatras, ça marche plus du tout[129]. Et voui, c'est aussi ça, leur job, à nos petits-grands enseignants : nous faire *lâcher* nos attentes !

À titre personnel, mon Maître Marmot à moi m'a donné pour cours d'intro : les Siestes de Bébé ! (Tu compatis déjà, là. Tu sais de quoi je parle, hein ? Toi aussi, tu connais les « mais il respire encore, hein ? », « tu le vois respirer, toi ? », ou les « elle n'a pas assez dormi du tout, c'est la cata », et leur pendant, le plus rare et le plus cocasse : « Oh là là ! Mais ça fait combien d'heures qu'elle dort, là ? C'est normal ? Tu crois pas qu'on devrait la réveiller ? ») Dans notre cas, jusqu'à presque 5 mois, rien à faire. Sitôt que je la déposais sur le matelas, après qu'elle s'était endormie dans mes bras (et bien endormie, je précise, en mode « ça bavouille, ça ronflote, petits bras tout mous qui pendent sur les côtés »), à la seconde où son dos touchait le lit et à la vitesse de l'éclair : TAC ! Ma fille se réveillait. Avec, dans les yeux, ce regard horrifié qui disait : « Quoi ? Tu as essayé de me trahir, ENCORE ? Comment oses-tu ? » (Bon, en tout cas, c'est mon interprétation, j'avais pas les sous-titres : oh, les sous-titres ! Que ne donnerait-on pas pour les avoir !) Et quand elle a enfin toléré les siestes « seule » (c'est-à-dire : poursuivre son roupillon une fois déposée tendrement sur le lit, rien de moins qu'un exploit, quoi !), ça durait… 45 minutes. Montre en main. Juste le temps de… Bah, rien, en fait. Le temps de ranger ce qui traîne et de réfléchir à la suite[130], de te dire : « Ouiii, je vais faire ça, et ça, et ça, et…

[129] À ce sujet, il est important de préciser que nous avons tous et toutes cette (fâcheuse) tendance à féliciter, à complimenter, à filmer Bébé, à lui demander de refaire et de répéter dès lors qu'il « passe une étape », du premier objet qu'il arrivera à saisir aux premiers pas dans le salon, en passant par l'enfilage du cube dans le carré et de la boule dans le trou rond, ou de la cuillère dans la bouche, etc., etc., etc. Pourtant, ce faisant, nous coupons notre enfant en plein milieu de sa joyeuse exploration et transformons ce qui était pure découverte joyeuse ou pur élan de créativité en quelque chose de « bien » et de désormais « attendu », quelque chose qu'il faudra « reproduire et répéter », non plus pour la seule joie de l'expérimenter, mais pour celle de recevoir un compliment ou de sentir que nous avons « bien » fait. Imaginez-vous seule au monde, un dimanche après-midi, en train de vous amuser à danser dans le salon, en chantant à tue-tête sur ce bon vieux tube que vous adorez. Et puis, soudain, quelqu'un vous sort de votre transe en vous disant : « Wouah, bravo, tu danses super bien ! Et tu as une jolie voix ! Vas-y, continue ! Oh, attends, mieux : vas-y, refais, et j'te filme ! » Le moment ne serait-il pas gâché par le regard de l'autre, si fier et si bienveillant soit-il ? Si difficile que ce puisse être, nous faisons l'effort d'y prendre garde afin d'offrir à nos petits une exploration sans pression et des acquisitions vécues dans l'élan de la vie (et non pas dans celui de la prouesse et de l'estime de soi conditionnée).

[130] Ouuuh, la mauvaise élève qui n'a pas lu son chapitre « Gestion du temps » ni ses trois « Kits d'urgence » (dont celui de l'auto-empathie et du temps pour soi) ! Trêve de plaisanterie : certes, je grossis ici le trait à outrance pour rester dans le registre comique, mais surtout je parle d'*expérience*. Et je sais de première main, effectivement, comme l'on peut se faire avaler par le trou noir du rangement et par le sentiment de n'avoir (eu) le temps de rien. Je sais comme 45 minutes peuvent nous sembler 5 minutes, et je sais aussi (l'un n'empêche pas l'autre !) le bien-fondé et la véracité de ce que je vous propose dans ce livre, qui est ce à quoi je m'attelle, moi aussi (croyez bien, mes chères co-mamans, que, dans cette *traversée* en mère, nous sommes toutes, vous et moi, dans le même fier navire).

(Gémissements de petit chaton dans la chambre.) Ah, bah non. » Et j'en ai testé, des choses, pour qu'elle enchaîne les cycles et me fasse ces 2 ou 3 heures de sieste que les bouquins nous promettent. Dans le désordre et avec leur note sur cinq :

– Les tétines : 0/5. Pitchoun' les recrachait avec horreur. En fait -5/5, puisque les cris qui suivaient me faisaient perdre approximativement le triple de temps pour la rendormir.

– Le bruit blanc : 2/5.

– Le bruit des baleines : 5/5… la première semaine. Pitchoun' s'habituant à ces étranges compagnons, on est doucement descendu à 3/5, puis à 1/5. J'ai finalement arrêté d'inviter les baleines à sa sieste.

– Le chauffage à 22°/le chauffage à 17°/avec ou sans chaussettes/avec ou sans petit gilet : 0/5, car zéro, mais alors *zéro* régularité variable sans aucune valeur fixe. Tout comme la variable suivante : à la sieste toutes les 1 h 30/à la sieste toutes les 3 heures/à la sieste au premier bâillement/à la sieste une fois qu'elle est bien fatiguée et bien grognonne (aucune valeur fixe).

– Les toutes petites loupiotes pour que ça reste « super, super sombre, mais avec, quand même, un tout petit peu de lumière » : 4/5.

– Rendormie par papa : 0/5.

– « 1-2-3 roi du silence ! » = tout le monde se tait dans la maison : 1/5.

– « Bon, vas-y, ça sert à rien, on peut discuter normalement » : 1/5…

Conclusions de notre étude :

a) La vache, que ne fait-on pas pour son premier bébé !

b) Ce qui marche à la perfection… ne marche qu'un temps.

c) Dans notre cas, la seule manière de faire enchaîner les cycles à Pitchoun' était de la rendormir au sein, dans le noir et dans le silence. Malheureusement, chaque bébé étant tellement différent, ma recette ne vous servira à rien (je vous le dis juste pour que vous ayez le sentiment du « mot de la fin », quoi, mais c'est de l'arnaque !).

d) Au contraire de la croyance initiale des chercheurs (à savoir mon mari et moi), les résultats de cette étude sont très concluants : ils nous permettent de comprendre que l'objet de recherche initiale (à savoir le sommeil de Pitchoun') n'est en fait pas la véritable équation à résoudre. En vérité, l'objet de cette étude est de tester la capacité du lâcher-prise, d'acceptation et de flexibilité desdits chercheurs face au sommeil de Pitchoun', sommeil sur lequel personne n'a de pouvoir.

N.B. : Les chercheurs tiennent à remercier Pitchoun' de sa participation et de la valeur indubitable des enseignements qu'elle leur transmet au quotidien.

Et qu'en est-il des attentes que nous avons envers celui à qui nous avons confié notre précieux petit ? Le lâcher-prise est toujours mis à rude épreuve dès lors qu'il s'agit de laisser papa/papy-mamie/tata/nounou ou l'ass-mat' « faire à sa manière ». Immanquablement, cette manière de faire ne sera pas tout à fait la nôtre, et, pour notre petite Juge intérieure, tout sera « trop » ou « pas assez » : la couche sera trop serrée ou pas assez ; le vêtement choisi trop froid ou trop chaud ; les horaires trop décalés ; les activités trop dangereuses, trop stimulantes ou pas assez (avis aux papas qui jettent bébé dans les airs et les font hurler de rire, sous les guilis, huit minutes avant l'heure du coucher) ; et les réactions face aux colères ou aux bêtises de Bébé, trop sévères ou trop laxistes. Ce discours intérieur ne sera pas nécessairement verbalisé, ni même systématiquement empreint d'irritation. Mais il sera présent, tout de même. Ce petit « moi, j'aurais pas fait comme ça, et je suis sa mère, je le/la connais mieux que personne » : une pensée naturelle, inévitable, et loin d'être dénuée de vérité. Mais alors, que faire ?

Premièrement, se rappeler que notre enfant est venu vivre une expérience *totale*, et non pas faire seulement l'expérience de sa mère : il est destiné à interagir avec toutes sortes de personnes, dans toutes sortes de contextes, et à faire l'expérience de ces diverses interactions, certaines plus confortables et d'autres moins, certaines plus rassurantes et d'autres plus surprenantes. S'il nous est insupportable de savoir que, chez mamie, alors que Bébé râlait pour son goûter, le vieil Alphonse est passé par là et lui a crié : « Mais tu vas la fermer, ta boîte à braire, un peu, toi ? Qu'on lui donne un torchon de gnôle à téter et qu'il arrête un peu de nous em******, celui-ci ! », souvenons-nous que c'est la régularité des violences verbales (sarcasmes, insultes, humiliations, ordres, hurlements) et psychologiques (critiques, humiliations, chantage affectif, menaces, silence, ignorance, manipulation, isolement) qui marque durablement le psychisme de l'enfant, et non pas leur arrivée occasionnelle et malencontreuse. Deuxièmement : quitter le duo infernal du « trop »/« pas assez », et se dire que chacun a fait non pas *ce qu'il pouvait* (ce qui, de toute façon, sera souvent une manière détournée et polie de dire « pas assez »), mais qu'il a fait avec *ce* qu'il avait, c'est-à-dire suivant sa perception des choses, ses ressources et son histoire. À moins que vous n'ayez tiré le gros lot du papa hyper-négligent, de la nounou dépressive ou de la crèche au ras des pâquerettes, les gens qui vous entourent sont probablement animés d'une bienveillance active pour Bébé. Dépassés, peut-être, fatigués de temps en temps, manquant de patience ou de connaissances en intelligence émotionnelle, mais soucieux de faire au mieux. Ils ne priorisent pas les choses comme vous ni ne réagissent à votre manière. Même en prenant dix jeunes mamans, vous n'obtiendrez pas la même façon de faire : ce qui est pour vous essentiel sera pour l'autre secondaire, et ce que vous ne supporterez pas de laisser vivre à votre enfant sera tout à fait tolérable pour une troisième, et vice-versa. Il en est ainsi de l'infinie palette de la nature humaine, dont nous incarnons chacun et chacune une nuance subtile et parfaitement unique. C'est d'une richesse et d'une complexité folle. Ainsi que le dit Issâ Padovani : « *Je ne connais rien de plus chiant et de plus riche que la rencontre de l'altérité !* » Apprenons donc à distribuer avec discernement carte blanche (pour la baby-sitter qui a oublié un snack ou raté un trébuchement) et carton rouge (pour le vieil Alphonse qui, décidément, n'aura plus jamais l'occasion de crachoter du dentier sur notre petite perle !).

Voilà pour la première strate. Mais nos attentes sont de petites choses coquines qui se cachent dans les coins et nous entourloupent. Après avoir appris une première leçon et être passées troisième dan du Lâcher-prise avec Maître Marmot, nous aurons souvent cette tendance : OK, je laisse tomber, on verra plus tard (traduisez par : « Pour le moment, je m'incline, mais je veux quand même avoir ce que je veux[131]. »). Ici, je suis simplement en train de remettre à plus tard mes attentes. Et il faut dire que le discours commun a tendance à nous y encourager, en toute bienveillance. Ainsi, lors d'une étape difficile (les nuits, les dents, la diversification, les premières séparations, etc.), nous entendrons souvent dire : « Ça va se calmer, tu verras. C'est une phase, ça passera. » Et cela est à la fois vrai… et faux ! Dans le sens où ce qui ne passera pas, en revanche, c'est qu'une nouvelle phase succédera sans cesse à

[131] C'est un peu du même acabit que la loi de l'attraction utilisée de travers : *Voilà, Univers, c'était donc ma demande. Je la remets entre tes mains, et advienne que pourra. Amen. (Mais, euh, quand même, hein, t'as bien compris ce que je voulais, on est d'accord ? Et les délais, hein, t'as bien compris, on a dit d'ici le 18 grand max. OK ? Sûr ?)*

la précédente (on appelle ça « la vie », je crois, ou un truc comme ça). Et chacune de ces phases est à la fois douce et sportive, tendre et décapante, avec ses stress et ses gratifications bien à elle. Au fil des mois, ça peut donner quelque chose comme ça : « Elle est hyper-super-dépendante parce qu'elle ne peut pas encore s'occuper seule... Ah, voilà, elle peut jouer seule maintenant ! *Mais voilà qu'*elle s'énerve, car elle ne peut pas se déplacer... Ah, ça y est, elle peut ramper désormais ! *Mais voilà qu'*elle commence aussi à s'attacher aux objets, et donc à vivre ses premières crises de frustration si on change de jouet ou d'activité... Ah, voilà que... » Ou encore : « C'est bien pratique, de couvrir tous ses besoins seulement avec du lait, mais maintenant j'ai hâte qu'il mange... Ah, voilà, il commence le solide, génial ! *Mais, maintenant*, la digestion semble plus difficile... Ah, ça y est, il digère bien tout, à présent, et il a même envie de manger seul à la cuillère : génial, je vais en gagner, du temps ! *Mais, maintenant*, wooow, c'est un carnage et je mets le double de temps à tout nettoyer... » Le souci, avec ces attentes-là, voyez-vous, c'est que nous vivons constamment dans le futur du « ce sera plus facile *quand...* » : quand il se déplacera (tu parles, Charles : ouvre l'œil et le bon !) ; quand il parlera (tu parles, Charles : prépare-toi à une avalanche de demandes !) ; quand il ira à l'école ; quand il aura fini l'école ; quand il aura trouvé l'amour/la maison/la carrière de ses rêves... Devine quoi ? ~~« Ce ne sera plus jamais facile ? »~~ L'important est de voir que *« c'est bien comme c'est maintenant »* ! Car ce n'est qu'une fois libérées des projections, des attentes et des jugements que l'on peut vivre heureuses *dans le moment* et se dire que chaque moment est à la fois facile et difficile ! Oui, cette première année avec Bébé représente parfois un sacerdoce[132], et en même temps[133] ce ne sera pas toujours aussi facile de le faire rire aux éclats en lui soufflant sur les doigts, de détourner son attention avec une petite cuillère ou de la passionner trente minutes par l'étude approfondie d'un bout de bois dans le jardin ! Quelque chose me dit que, d'ici douze ou quinze ans, il faudra autrement plus de créativité pour atteindre les mêmes résultats (essaie un peu de lui filer une petite cuillère quand elle te

[132] Sacerdoce (déf.) : fonction qui présente un caractère quasi religieux en raison du dévouement qu'elle exige.

[133] Oh là là ! C'est la fête des notes de bas de page par ici ! Mais j'avais envie de partager avec vous ce tout petit mini-truc qui a le pouvoir de faire maxi-beaucoup de bien : pendant les trois prochaines semaines, attachez-vous à remplacer vos « mais » par des *« et en même temps »*. On est d'accord, ça n'a l'air de rien, ***et en même temps*** ça aide véritablement à envisager les choses autrement. Car tout ce qui est devant un « mais » est comme automatiquement disqualifié par notre mental, qui a déjà choisi de faire ce qui vient après le « mais », même s'il n'a pas vraiment poussé la réflexion (« J'aimerais bien écrire un livre, *mais* ça demande beaucoup de temps. » ➡ Exit mon envie, ne reste plus que « impossible, point ».). Alors que, dans « et en même temps », je mets en pause mon pilotage automatique et je déploie les possibles, développant et soupesant réellement mes options. Voyez plutôt : « J'aimerais bien écrire un livre, et *en même temps* ça demande beaucoup de temps. Hmmm... Que pourrais-je faire pour avoir ce temps-là ? Attends voir... Peut-être que... »

demandera d'aller en boîte avec Antoine et Julien !). Alors, profitons de cette magie qui ne durera pas éternellement. Souvenons-nous aussi qu'il sera infiniment plus simple de traverser les frustrations de Bébé (puis celles du Bambin et de l'Ado-rable qu'il deviendra) lorsque nos besoins auront été nourris au préalable ! « *D'abord, je me recueille (je nourris MES besoins). Puis j'accueille (et j'accompagne l'autre à nourrir les siens*[134]*).* »

Accueillir un bébé dans nos vies, c'est donc accueillir le changement perpétuel, l'évolution, le développement, l'éternel renouveau. On se répète, mais il est important de relire ces mots, de les intégrer pour mieux les accepter les jours où ça tire. Cet enseignement de *l'adaptation permanente* est certes LE grand enseignement, mais c'est aussi, souvenons-nous-en, l'enseignement que partage Bébé : tandis que j'apprends à préparer des biberons ou à allaiter, il apprend à téter ; tandis que j'apprends à le changer et à l'habiller, il apprend les limites de son corps physique et la manipulation de ce corps ; tandis que j'apprends à cuisiner pour lui et à le nourrir, il apprend à mâcher, à digérer et à manger seul ; tandis que j'apprends à être un juste garde-fou, me gardant d'être à la fois trop négligente ou trop interventionniste, il apprend à ramper, à se hisser ou à marcher. Et tous ces apprentissages sont pour lui aussi complexes, profonds et fatigants qu'ils le sont pour moi !

L'arrivée de Bébé, c'est bien plus qu'*une* naissance : c'est une pléthore de renaissances. *Vos* renaissances (vous deviendrez prochainement maman d'un enfant, maman d'un ado, maman d'un adulte, et puis grand-mère, peut-être, posant vos mains ridées sur le dos minuscule de cet enfant né du vôtre… vertigineux passage des années…) et *les siennes* (nouveau-né, nourrisson, bébé, bambin, petite fille/petit garçon…) au travers de chaque nouvelle étape d'autonomie. Mais c'est aussi la renaissance d'un homme devenu papa. Celle de vos parents, que Bébé fait renaître grands-parents. Celle de vos frères et sœurs, qu'il fait renaître oncles et tantes[135]. Chacun de nous entre alors dans un nouvel âge, dans une nouvelle saison. Il n'a jamais été dit que le passage d'une saison à l'autre se faisait sans heurts et sans orages : l'automne nous dépouille de nos parures quand l'hiver nous met à l'épreuve du froid, que le printemps réclame un effort de vitalité inégalé et que l'été nous brûle. Le Vivant à l'état pur est changement, évolution, mouvement.

134 Cf. chapitre 11.

135 De même que l'on renaît lors de notre maternité, à chaque nouvel enfant, grands-parents, oncles et tantes renaissent, eux aussi, à cette fonction, que le nouveau bébé soit le premier du clan ou non.

Intrinsèquement *intranquille*. Aussi ai-je envie de partager avec vous quelques extraits de ce très beau livre de Marion Muller-Colard au sujet de L'*Intranquillité*[136] :

> *« Et si nos vies ne se suffisaient jamais d'être "tranquilles", au repos... ? Si finalement, l'inquiétude, la curiosité, l'interrogation, voire le doute, étaient les vrais moteurs de toute existence humaine en recherche ? [...] Aux tranquillisants, je préfère les intranquilles... Et si vous êtes d'un naturel serein et posé, je ne voudrais en aucun cas introduire ce petit caillou dans vos âmes tranquilles. Quoique. Peut-être que je vous souhaite d'être un peu dérangés. Tout du moins, je vous souhaite le petit inconfort, la pointe d'impatience, le frémissement qu'il faut pour reprendre la route millénaire qui étire la pâte humaine et la révèle à elle-même. [...] [Accueillir le dérangement, voire l'inquiétude, c'est] "lutter contre l'engourdissement qui nous ferait passer à côté d'un trésor sans le voir". [Alors peut-on faire de] notre "intranquillité" l'occasion d'une plus grande confiance, d'une disponibilité à l'imprévu, à ce qui arrive ? »*

Notre premier enfant ne vient-il pas, sans nul doute, nous offrir de vivre cela ? Ne nous ramène-t-il pas à l'humilité de l'étudiant qui prend la mesure de tout ce qu'il lui reste à apprendre ? Ne nous offre-t-il pas de vivre, au quotidien, l'apprentissage de l'incertitude et du lâcher-prise, ces deux valeurs intrinsèques du mouvement de la Vie ? Forts de nos croyances et de notre illusion de contrôle, nous, « les adultes », nous l'avons oublié. Jusqu'au jour où nous devenons responsables de cette jeune vie qui nous a été confiée et qu'il nous faut réapprendre qu'en vérité, nous ne contrôlons rien. La parentalité est alors une épreuve initiatique, de celles auxquelles on ne vous prépare pas, car il est impossible de l'être, et votre initiation ne s'achèvera qu'en même temps que cette existence. Littéralement du jour au lendemain, vous voilà entrés en fonction à un nouveau poste pour lequel vous n'avez ni fait d'études ni reçu de qualifications. Et le meilleur conseil qu'on puisse vous donner est peut-être celui- ci, que m'a partagé une amie avant mon accouchement : *« Ah, mais je n'ai aucun conseil à te donner ! À part celui-ci : des conseils, tu en recevras des centaines. Les écoute pas. Prends seulement ce qui te semble juste à toi. »* Il me semble alors que nous n'avons rien de mieux à faire que de plonger. De nous souvenir que, devenir mère (et père), c'est à la fois un saut dans le vide

[136] Marion Muller-Colard, L'Intranquillité, Bayard, 2016.

et un numéro de funambule (en équilibre tantôt sur le fil, tantôt sur la corde raide). Et que *c'est en perdant le contrôle qu'on gagne la maîtrise*. Un funambule tendu et raide comme un piquet, bandant chaque muscle de son corps et s'attachant à contrôler la tension du fil et le sens dans lequel souffle le vent, ne tomberait-il pas immanquablement ? C'est parce qu'il a appris à se relâcher dans l'effort, à maintenir l'équilibre tout en vacillant et à suivre le flux, en se laissant parfois guider hors de toute perfection du mouvement, qu'il traverse ainsi son fil avec brio. Quant à nous, ce ne sont pas des applaudissements ni des fleurs que nous recevons à la fin de notre numéro, mais quelles récompenses nous attendent ! Observons plutôt ce que disent les 108 membres de notre équipage quant aux sentiments positifs qu'elles éprouvent en passant du temps avec Bébé :

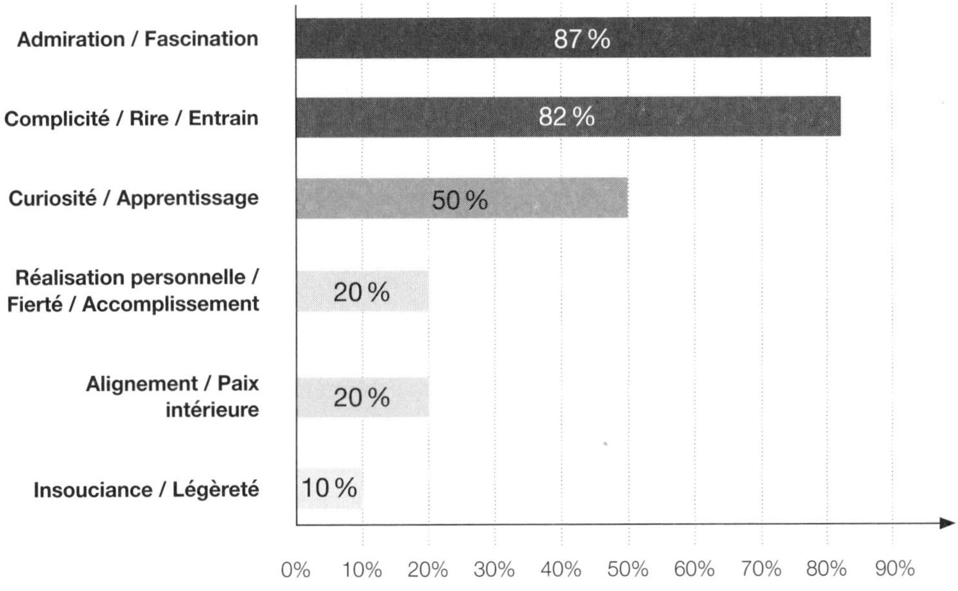

C'est, avant toute chose, de l'**admiration** et de la **fascination** qui sont ressenties pour leur bébé (à 87 %), suivies de très près par la **complicité**, le **rire** et **l'entrain** partagé (à 82 %). Puis viennent la **curiosité** et **l'apprentissage** (pour 50 % d'entre elles), avant qu'arrivent, ex aequo (20 % chacun), un sentiment de **réalisation personnelle**, de **fierté** et d'**accomplissement** ainsi qu'un sentiment d'**alignement** et de **paix intérieure**, pour finir par l'**insouciance** et la **légèreté** (10 %).

C'est, avant toute chose, de l'admiration et de la fascination qui sont ressenties pour leur bébé (à 87 %), suivies de très près par la complicité, le rire et l'entrain partagé (à 82 %). Puis viennent la curiosité et l'apprentissage (pour 50 % d'entre elles), avant qu'arrivent, ex aequo (20 % chacun), un sentiment de réalisation personnelle, de fierté et d'accomplissement ainsi qu'un sentiment d'alignement et de paix intérieure, pour finir par l'insouciance et la légèreté (10 %).

Nos matelotes ont également partagé ce qui avait été pour elles le plus grand enseignement de leur jeune maternité. Ainsi que vous le constaterez, les réponses sont légion, ce qui prouve à la fois la richesse de ces traversées en mère et la diversité de cette humanité que nous partageons, mais vivons chacune à notre manière. Je remarque, toutefois, comme l'écoute intérieure et la confiance sont tout particulièrement ressorties. Dans le désordre, et avec tout plein d'émotions :

- S'écouter et se faire confiance.
- Faire confiance à l'enfant.
- Faire confiance à la vie.
- Être à l'écoute de ses émotions.
- Se détacher des préceptes éducatifs.
- Développer sa patience… Aaah, ça ! Il faut avoir été mère et passé des journées d'affilée avec un Petitou qui hurle de frustration, tape et mord de ses petites quenottes aiguisées, veut plus souvent monter dans nos bras et en descendre qu'un écureuil hyperactif, jette sa purée (alors qu'il a faim), se débat quand on lui met la gigoteuse (alors qu'il a sommeil), décide de se retourner pendant le change (alors qu'il a les fesses pleines de caca), arrache les poils du pauvre chien, qui n'a rien demandé, après avoir essayé une-deux-trois-quatre-cinq fois (« Je t'ai dit non ! ») de manger ses croquettes, et tout ça (évidemment, sinon, c'est pas drôle) avec, derrière vous, trois ou quatre nuits grandioses de quatre heures chacune… Il faut donc, disais-je, avoir été mère et vécu ça, jour après jour, pour comprendre (lente inspiration), *vraiment mais vraiment, vraiment, vraiment* comprendre (looongue expiration) ce qu'est la PATIENCE, l'abnégation, le don de soi… Avant d'être mère, je réalise que je ne savais pas. Mais voilà bien ce que la maternité a de magique : si l'on ne soupçonne pas, avant d'être mère, les ressources infinies que cela nous demandera, on ne soupçonne pas non plus (et même bien moins) la vaste étendue des ressources qui reposent à l'intérieur de nous. Bébé, tel un

sésame, vient nous permettre d'ouvrir la porte sur cette caverne aux trésors dont nous n'avions pas connaissance, et nous découvrons alors toute la résilience, tout l'amour, tous les trésors d'ingéniosité, toute l'énergie, toute la générosité et toute la douceur dont nous sommes capables. Par cette impuissance d'un tout-petit qui a un tel besoin de nous, nous découvrons notre toute-puissance. « *La patience est la plus grande des prières* », disait Bouddha : à nous de la pratiquer.

- Lâcher prise.

- Poser mes limites.

- Être moins exigeante.

- Accepter le conflit.

- Ressentir la force de vie, cette même force de laquelle nous venons tous : la ressentir dans son ventre, puis l'observer grandir chaque jour en dehors de soi, observer sa puissance et sa beauté (merci pour ces mots, Camille).

- Vieillir et rester jeune *en même temps* !

- Être élève et enseignante.

- Et puis ces mots de mon amie Amandine Grisard, consultante en parentalité, que je partage avec vous dans le texte intégral parce qu'ils sont si beaux : « *Il existe un être sur Terre qui se tourne et se tournera vers moi comme accompagnant de référence pour répondre à ses besoins, et puiser de l'amour indéfiniment. Je suis unique pour lui. J'ai un respect immense pour cet être et la confiance qu'il m'accorde. C'est un aller-retour émotionnel vers les étoiles…* »

JE TIRE LES LEÇONS DE MON APPRENTISSAGE

Je vous invite à compléter ces colonnes en illustrant la sagesse de la Prière de la Sérénité au travers de petits cas concrets de votre quotidien de jeune maman :

Ce que je ne peux pas changer (car cela appartient à l'expérience, à l'histoire et au tempérament de mon petit)	Ce que je peux « changer » (ce en quoi je peux contribuer et exercer un pouvoir d'action bénéfique)	Ce que cela m'apprend L'enseignement que j'en retire
Ses dents poussent et elle a mal à en pleurer.	Je la câline. Je la berce. Je lui donne des objets à mordre. J'utilise des remèdes à base de plantes ou des médicaments.	Son corps n'appartient qu'à elle seule. Quand bien même je le voudrais, je ne peux pas « prendre son mal ». Cela fait partie de son expérience, et apprendre les limites de ce que je peux faire pour l'aider fait partie de la mienne.
Il ne dort pas beaucoup dans la journée et se réveille souvent durant la nuit.	Je réduis l'éclairage, le bruit et les stimulations. Je teste différents rythmes-horaires ou différents rituels d'endormissement. Je dors avec lui. Je fais équipe avec le papa.	Je constate, peut-être, qu'il ressent mon anxiété au moment des couchers et que cela n'arrange rien : la confiance et la sérénité nécessaires au repos commencent aussi par moi. Et j'accepte que les choses prennent du temps.
Il/elle	Je	....

J'UTILISE LES BONSHOMMES-ALLUMETTES

Cet exercice de détachement, créé par le thérapeute québécois Jacques Martel, dans les années 1990, a remporté un tel succès qu'on le trouve aujourd'hui dans des dizaines de livres, de vidéos et d'articles. Sa simplicité enfantine, son aspect manuel et son utilisation de l'image le placent dans le registre des actes psychomagiques[137], qui permettent de s'adresser directement au subconscient en mettant de côté « un mental qui pense trop souvent avoir la vue panoramique, alors qu'il regarde au travers du trou de la serrure (et ne le sait même pas !) », comme j'aime à le dire en séance. La technique dite « des bonshommes-allumettes » (en cela qu'elle ne nécessite pas de grands talents de dessinateur) a donc pour but de couper les liens d'attachements négatifs à une situation (ou à une personne) : une situation qui nous pèse, nous prend de l'énergie et continue de générer des émotions pénibles malgré le travail de conscientisation et de compréhension que nous avons déjà pu faire à ce sujet. Nous réaliserons donc ici l'exercice avec *une situation que vous ruminez, qui génère des angoisses, et sur laquelle vous n'avez aucun contrôle* (ex. : peur de ne pas avoir de place dans cette crèche que je trouve tellement parfaite ; peur que mon patron ne m'accorde pas mes mercredis pour rester avec Bébé ; peur de ne jamais me remettre de mon accouchement difficile ; peur que mon mari me quitte à cause de ces dix kilos supplémentaires que je n'arrive pas à perdre depuis ma grossesse…).

Il vous faut donc : une feuille de papier détachée, un stylo (éventuellement des feutres/crayons – rouge, orange, jaune, vert, bleu clair, bleu foncé et violet/rose) **et une paire de ciseaux.**

1. Dessinez-vous le plus simplement du monde (voir illustration ci-après). Notez votre prénom et votre nom, et entourez votre silhouette d'un cercle de lumière en dessinant des rayons de lumière jaune et en souhaitant recevoir le meilleur pour vous.

[137] Cette expression nous vient du thérapeute Alexandro Jodorowsky, le premier à avoir exploré en profondeur les actes symboliques que nous pouvons poser comme des rituels de guérison en ayant recours à l'activité créatrice et au langage métaphorique (qui est le langage de notre inconscient, ainsi qu'en témoigne l'analyse des rêves). Si le procédé n'est pas nouveau et a été utilisé, de tout temps, par les civilisations anciennes (cérémonies initiatiques, rituels de guérison, etc.), il semble qu'il se soit perdu dans notre société. Ayant pu constater maintes fois la puissance de ces actes, je crois personnellement qu'il est grand temps de les ramener à nous et d'en faire usage.

2. En face, dans un rectangle, notez, en quelques mots, la situation sur laquelle vous voulez lâcher prise et que vous décidez, par cet acte, de remettre entre les mains de... (l'Univers/Dieu/la vie/le destin/l'inconnu... : à chacune son mot juste pour exprimer « le plus grand que moi »), puis entourez-le également de lumière en demandant que cette situation se libère. Ce faisant, laissez monter en vous un sentiment de libération, d'apaisement, de joie : ressentez comment cela fait, dans votre corps et dans votre cœur, quand vous vivez la libération, l'apaisement, la joie... Laissez-vous baigner, un moment, dans ces sentiments et dans leur ressenti physique.

3. Tracez ensuite un troisième et dernier cercle de lumière vous entourant tous les deux (vous et la situation) en demandant que les choses évoluent de manière harmonieuse et idéale pour tous. Laissez alors monter en vous un sentiment d'harmonie, d'équilibre, de perfection des choses : comment cela fait, dans votre corps et dans votre cœur, quand vous trouvez les choses harmonieuses, équilibrées ou parfaites ? Si cet exercice vous est difficile, prenez un instant pour retrouver cette sensation à travers un souvenir personnel, ou en invoquant en vous l'image d'un diamant ou d'un flocon de neige parfaitement ciselé, parfaitement symétrique... Puis ramenez cette sensation, avec vous, ici et maintenant. Attachez-vous à elle et imprégnez-vous-en, indépendamment du souvenir initial, laissant votre corps et votre cœur la ressentir face à cette situation dénouée et guérie.

4. Réunissez ensuite les deux bulles par sept traits partant de la situation et venant à vous. Ces traits représentent les charges négatives qui vous attachent à cette situation (les blocages conscients et inconscients, les émotions douloureuses, les maux du corps physique, etc.) et qui encombrent vos chakras (centres d'énergie physiques, émotionnels et mentaux). De bas en haut : rouge (bas-ventre), orange (nombril), jaune (plexus solaire), vert (cœur), bleu clair (gorge), bleu foncé (sourcils), violet (sommet du crâne). À chaque trait tracé, émettez l'intention de vous libérer de ces charges négatives.

5. Pour finir, prenez des ciseaux et coupez cette feuille de bas en haut, au milieu des traits colorés. Durant la découpe, restez consciente de l'idée que Vous *choisissez, par cet acte, de couper tous les liens d'attachement négatifs à cette situation, qu'ils soient conscients ou inconscients*. Vous pourrez ensuite jeter ou brûler les deux moitiés de papier. Et ne plus repenser à cet exercice ! Car c'est aussi (et surtout) cela, le lâcher-prise...

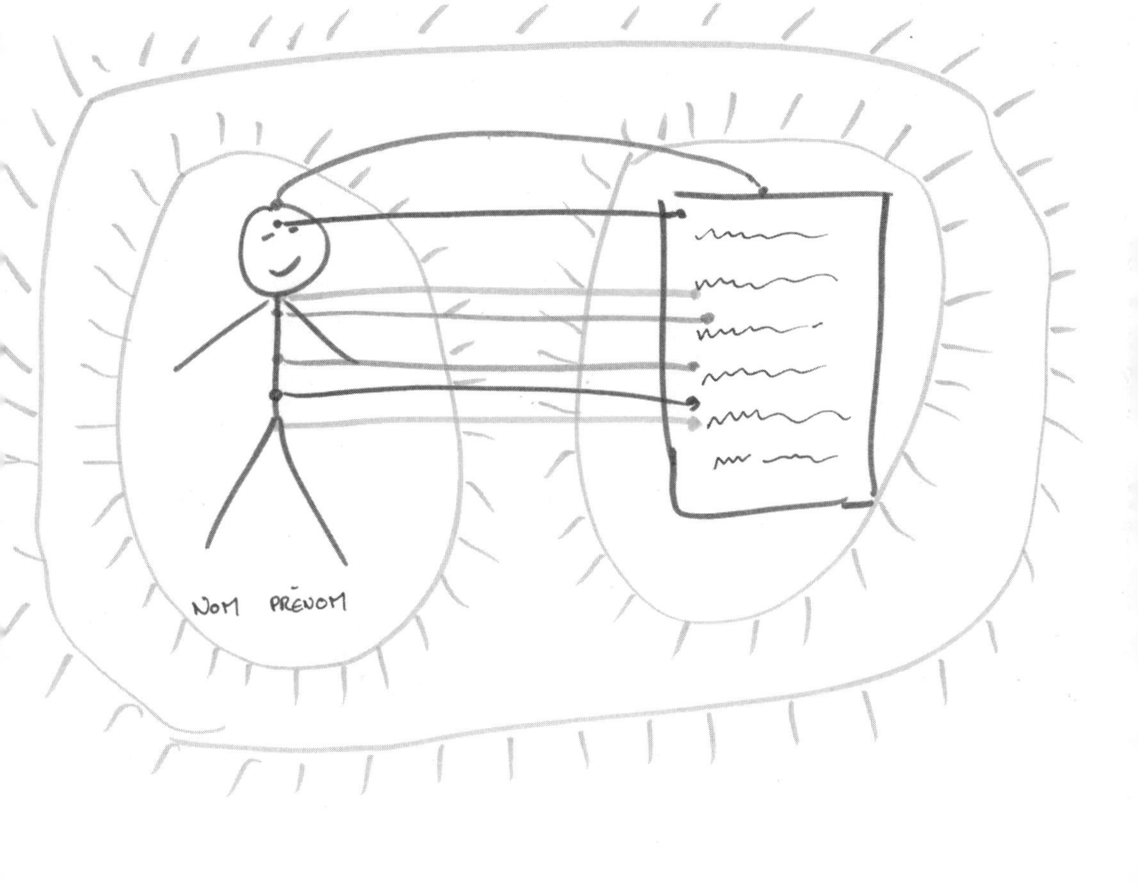
NOM PRÉNOM

JE ME LAISSE PORTER[138]

Cet exercice, proposé notamment par le psychiatre Christophe André, a pour vocation de nous amener à lâcher le contrôle et à nous laisser surprendre agréablement. Je l'adapte ici au quotidien d'une jeune maman qui souhaiterait le vivre avec ou sans Bébé.

1. Choisissez une personne de confiance (partenaire, amie, parent, frère et sœur) et demandez-lui à l'avance de vous organiser une journée (ou un week-end) *dépaysante et relaxante*, une journée dont elle est chargée d'établir le programme (un programme *innovant, en dehors de vos sentiers battus*) et de ne rien vous en dire. Surprise totale, excepté la date convenue.

2. Si vous laissez Bébé et partez seulement avec la personne choisie, vous avez le droit de poser *une* demande préalable, et *une* seule. Si vous choisissez d'emmener Bébé, vous avez le droit de poser deux demandes maximum, *une* pour lui et *une* pour vous. Par exemple (avec Bébé) :

   a) Pour Bébé : « J'ai besoin d'être sûre que Bébé aura un temps de sieste dans la journée » ou « J'ai besoin d'être sûre que tu auras prévu un repas adapté pour lui »... (Ou que sais-je encore : chez l'une, les temps de sieste sont essentiels, chez l'autre, la sieste peut être flexible, mais l'alimentation, c'est sacré ! Libre à vous de choisir, mais UNE demande max.)

   b) Pour vous : « Je suis OK pour faire maximum deux heures de route » ou « Je ne veux pas devoir me mettre en maillot de bain »... (Ou que sais-je encore : l'important est d'éviter que ce moment de lâcher-prise ne soit gâché par LA chose qui vous fatigue ou vous tend le plus. Mais rappelez-vous : UNE demande max.)

[138] Plusieurs exercices des chapitres précédents ont aussi toute leur place dans ce chapitre, invitant fortement au lâcher-prise : la respiration et le chant (chap. 7), le sport, l'activité physique et les bains de forêt connectés aux cinq sens (chap. 9), les audios de visualisation thérapeutique « Je me relie à la Grande Mère » (chap. 9) et « Je te rends les clés, mon enfant » (chap. 4), sortir la longue-vue de la réévaluation cognitive (chap. 10), et bien évidemment toutes les pratiques d'auto-empathie du chapitre 11.

3. Le jour J, vous vous laisserez guider, au fil des heures, par le programme choisi en veillant à vous garder de juger les choses avant de les avoir vécues (ex. : « Oh non, ce resto a l'air nul ! », « Oh non, j'ai pas envie de marcher pour aller voir ce truc ! », etc.). Savourez. Laissez-vous porter. Vous n'avez aucune préparation à faire (et tant pis s'il manque un truc ou un machin, vous le retrouverez le soir venu ou le lendemain, et vous développerez votre sens de l'improvisation). Vous n'avez aucune décision à prendre (quel changement bienfaisant, alors que vous prenez chaque jour des dizaines de décisions pour Bébé, pour vous, pour la maison, etc.). Vous n'avez rien à contrôler, ni la route, ni les sacs, ni les horaires, *rien*, pas même le plat au restaurant qui, idéalement, sera choisi pour vous par votre compagnon de voyage ! Souvenez-vous seulement de solliciter, tout au long de cette journée, vos cinq sens afin d'appréhender chaque expérience dans toutes ses dimensions. En voiture !

LE MOT DE LA FIN ?

La découverte de la maternité ? Des lames de fond. Qui vous soulèvent et vous enlèvent. Pour vous faire plonger à l'intérieur de vous. Des tempêtes et des envolées de jurons dignes du capitaine Haddock, un corps éreinté après trop d'heures « sur le pont », de jour comme de nuit, et des larmes salées. Mais aussi des épiphanies, des révélations grandioses et quasi mystiques, des couchers de soleil à en pleurer de beauté, avec le goût de l'Amour inconditionnel dans la bouche et dans les tripes. La conscience suraiguë que nous sommes Tout (soudainement tout pour quelqu'un). Et que nous ne sommes Rien (perdues dans l'immensité d'un monde dont les forces nous dépassent). Mais nous voilà arrivées sur l'autre rive, plus fortes et plus conscientes qu'auparavant. D'une main, nous tenons la barre de ce navire dont nous voilà devenues pleinement Capitaines ; de l'autre, nous tenons Bébé, que nous avons su mener à bon port, contre vents et marées. Qu'aurons-nous retenu de cette traversée aux confins de nous-mêmes ? En trois mots comme en mille : *choisir en conscience*. Choisir ma maternité. Choisir mes réactions. Choisir ce que je garde et ce que je transmets. Car je me souviens que la seule chose que je peux contrôler est *la manière dont je choisis de réagir aux choses*. Je ne contrôle ni mon corps, ni mes accouchements, ni mes enfants ou la vie qu'ils mèneront, pas plus que je ne contrôle mon couple, mon histoire d'enfance, ou le temps lui-même. Je ne contrôle fondamentalement rien d'autre que ce que je *choisis* de faire *avec ce qui m'est donné*. Mais il ne tient qu'à moi de comprendre qu'au lieu de me limiter, cela m'ouvre en grand la Porte des Possibles. Y a-t-il liberté plus grande que celle de continuer d'apprendre et de grandir avec nos enfants ? N'est-ce pas grandir en humilité et en responsabilité que de nous retourner sur notre famille et sur notre enfance pour en guérir, et ainsi guérir avec nous ceux qui ont coécrit cette histoire ? Voilà ce nouveau monde où nous sommes invitées à débarquer après la traversée de la parentalité : reparcourir en conscience le fil de notre histoire et des liens à nos parents, trouver la liberté d'être nous et de nous aimer comme telles, respecter nos ressources et notre énergie, prendre notre temps, nous autoriser à vivre et à exprimer nos émotions, être en paix, même avec nos colères ou nos larmes, prendre soin de nous et nous offrir amour et auto-empathie. L'apprentissage d'une vie ? Peut-être. Le seul qui vaille ? Sans aucun doute. Car c'est bien celui qui nous permettra d'offrir à notre enfant de vivre, lui aussi, un jour, toutes ces choses-là... Alors, continuons d'apprendre. Avec nos enfants. Avec nos mères et nos partenaires. Avec nos amies et les femmes qui nous entourent. Avec la Terre, qui nous porte, encore et toujours, dans son vaste ventre fécond. Nous sommes reliées. De mère en fille. De mère à enfant et de mère à mère. D'humain à humain. De ventre en ventre et de cœur à cœur. Nous sommes reliés.

MAYDAY-MAYDAY !

« Un jour à la fois » : voilà certainement l'invitation de cette première année avec un (premier) bébé. Et tandis que cette année arrive doucement à son terme et que l'on s'apprête à fêter les 12 mois de son Petitou, on peut constater qu'elle aura compté une grande majorité de « jours Vanille », comme je les appelle, de ces jours tout doux, sucrés et plaisants, ces jours où l'on aimait prendre soin de Bébé, où cela nous nourrissait et réussissait même à compenser l'énergie en moins. Inopinément, çà et là, cette année aura aussi compté de ces jours où la fatigue était trop grande, la nuit trop mauvaise, le dos trop en vrac, des jours où tout était compliqué, laborieux, pénible. Et ces jours-là, l'espace de quelques heures, ça n'était plus un plaisir de prendre soin de Bébé. Et ça, ça pique, ça brûle, ça peut tordre le ventre et faire pleurer de fatigue. Ou bien empêcher les larmes tant l'épuisement est grand et que pleurer réclamerait encore une énergie qui n'est même plus disponible. Ces jours-là, je les appelle les « jours Piment ». Tant qu'il y a plus de vanille que de piment, tout va bien. Mais, avec cette recette-là, pas question de négliger les dosages, car, dès que l'on sent le piment plus que la vanille, on aura vite du mal à digérer !

Qu'ont à nous dire les 108 membres de notre équipage au sujet des sentiments pénibles auxquels elles sont le plus souvent confrontées avec Bébé ?

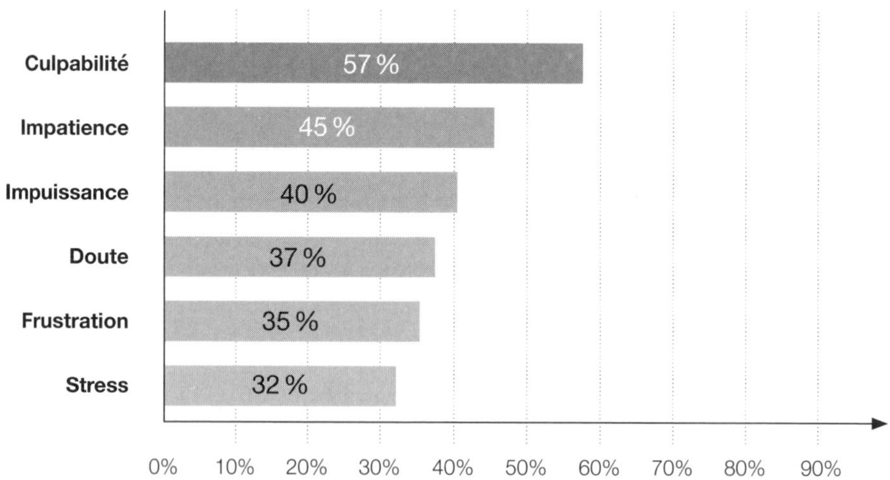

Première sur le podium (vous vous en seriez doutée), revient, bien sûr, notre vieille copine **Culpabilité**, avec 57 % des réponses. Suivent l'**impatience** et l'**impuissance** (respectivement à 45 % et 40 %), le **doute** et la **frustration**, très près l'un de l'autre (respectivement à 37 % et à 35 %), puis un sentiment de **stress** et d'**anxiété** général (32 %). Êtes-vous remuée, vous aussi, par ces mêmes sentiments ? Il est important de rappeler ici qu'au contraire d'une émotion, un sentiment est un mélange d'émotions et de pensées : ce sont, en fait, des pensées (le plus souvent automatiques et répétitives) qui font surgir un mélange de peur, de tristesse et/ou de colère, qu'elles continuent ensuite d'alimenter. Le sentiment ne naît donc pas de la situation elle-même, mais de ce que j'en pense, c'est-à-dire de manière tout à fait subjective. Comme tout être humain, je passerai ensuite mon temps à envisager la situation sous ce qu'on nomme le « biais de confirmation », un biais cognitif qui consiste à sélectionner, du champ d'informations général, uniquement les données venant confirmer ce que je pense déjà, et donc renforcer ma croyance que « j'ai raison de penser comme je pense ». Je vous donne un exemple contenant ces divers sentiments de culpabilité, d'impuissance, de stress, etc. : « Je pense que je ne sais pas m'y prendre avec mon bébé, car je ne parviens pas à l'apaiser à tous les coups. La prochaine fois qu'il va pleurer, je me sentirai donc directement en position d'impuissance, et par conséquent vite envahie par le stress, un stress qui parasitera mes circuits neuronaux et m'empêchera de penser correctement. J'aurai donc du mal à apaiser mon bébé, et je ressortirai de cette expérience en me disant que j'ai décidément bien raison et que ce nouvel événement vient confirmer que je ne sais pas m'y prendre avec lui. » En ce sens, on pourrait également voir, dans cet exemple, une « prophétie autoréalisatrice » (en cela que c'est *mon* sentiment qui a créé les conditions d'émergence de la situation que je redoute : je pense ne pas être capable de l'apaiser, et donc je ne réussis pas à l'apaiser). Quant au biais de confirmation, il résidera ici dans ma tendance à ne garder en mémoire que ces moments où je n'ai pas « su gérer », en occultant les centaines de fois où tout s'est bien passé. À nous d'intercepter à temps les pensées et fausses croyances qui viennent enrayer la machine…

Pour finir, je vous propose donc de passer en revue divers cas de figure qui viennent compliquer le travail émotionnel qui a été proposé tout au long de cet ouvrage.

J'AI LES OUTILS, MAIS JE N'ARRIVE PAS À LES APPLIQUER : QUI FAIT BARRAGE ?

Nous avons parcouru ensemble des dizaines d'idées pour garder notre équilibre, un équilibre parfois bien chancelant lorsqu'on se retrouve « sur le pont 24h/24 », au beau milieu des flots de la maternité. Entre autres choses, il s'agissait donc de :

- Travailler son lâcher-prise
- Faire le tri dans ses priorités
- Être plus indulgente et plus souple vis-à-vis de soi-même
- Apprendre à gérer son énergie et à nourrir ses besoins
- RA-LEN-TIR
- Conscientiser les réactions émotionnelles qui viennent de ses parents (reproduction et loyautés familiales invisibles) et de son éducation (gestion du stress et de la colère, injonctions et mécanismes émotionnels issus des blessures d'enfance)
- Accepter de *demander* et de *recevoir* de l'aide[139]
- Et s'écouter, encore et toujours[140]

Pourtant, il arrive qu'en dépit de tous nos efforts de conscientisation et d'apprentissage, nous soyons proprement incapables d'appliquer ce que l'on souhaite vivre au quotidien. Par exemple, Marina a beau avoir travaillé sur sa blessure d'injustice et pris conscience de chaque moment où elle tombe sous le coup de son injonction à la perfection, elle n'arrive pourtant pas à se lâcher la grappe quand quelqu'un vient leur rendre visite : il faut que sa maison et son bébé soient parfaitement « présentables ». Lucy, elle, a beau savoir que son bébé est

139 Au sujet du « recevoir », écoutons les sages paroles d'Antoine de Saint-Exupéry : « *Car il est juste que je reçoive en même temps que je donne afin d'abord de pouvoir continuer de donner. Je bénis cet échange entre le don et le retour, qui permet de poursuivre la marche et de donner plus loin encore.* » Citadelle, 1948.

140 Retrouvez, en fin d'ouvrage, une liste récapitulative des pratiques proposées.

maintenant en parfaite santé, après une grossesse à risque, et que ses angoisses sont, de surcroît, générées par les mémoires de nombreuses fausses couches dans sa lignée de femmes, elle a toujours terriblement peur pour la santé de son enfant. Et Suzanne a beau faire de la cohérence cardiaque et de la méditation, travailler son ancrage et faire des balades en forêt avec Bébé, elle ne parvient pas à ralentir et à faire moins de choses malgré son épuisement psychique et sa tension nerveuse... Alors quoi ? Il ne suffirait pas de comprendre et de connaître, d'être consciente et de faire des choix ? Aussi frustrant que ce soit, notremental (notre conscient) ne suffit pas toujours à nous gouverner (bien qu'il soit, quant à lui, certain d'être le seul maître à bord !). Le vrai maître, celui qui dirige nos mécanismes et érige nos défenses, c'est notre subconscient (formé par nos automatismes psychiques, nos habitudes acquises et nos mémoires refoulées), lui-même divisé en diverses parts de nous qui ont pris naissance à divers moments de notre histoire, de nos blessures et de l'élaboration de notre système de croyances. Et tout ça, pour une large part, notre mental n'y a pas accès ! C'est un peu comme s'il jouait « premier violon » dans l'orchestre que nous sommes : on ne voit et on n'entend que lui, et Dieu sait qu'il aime se lancer dans de grands solos larmoyants ou dynamiques et occuper toute la scène ! Mais l'on oublie qu'aussi libre et fougueux qu'il puisse paraître, il est dirigé par le tout petit bonhomme qui se tient là, dans l'ombre, dans la fosse, hors de la scène : eh oui, le chef d'orchestre, c'est bien le subconscient ! Et voilà pourquoi Marina, Lucy et Suzanne ont beau essayer de changer de musique de toutes leurs forces, elles se retrouvent à jouer encore et toujours la même partition ! Alors, quoi faire ?

De nouveau, il s'agira de comprendre qui est le Maître intérieur. Quelle part de moi me dirige inconsciemment, cachée dans l'ombre et orchestrant ma symphonie intérieure ? Quelle part de moi refuse de lâcher ? Quelle part de moi, qui a beau voir et entendre que tout ce que l'on souhaite mettre en place est *pour notre bien*, n'y croit pourtant pas une minute ? Quelle part de moi pense que changer de système serait source de danger ? Pourquoi (et pour quoi) résiste-t-elle ? Serait-ce mon Enfant intérieur ? Ma Critique intérieure[141] ? Une autre part ensevelie qu'il me faut découvrir ? La solution ne sera, en tout cas, pas de la combattre, mais de

[141] Enfant intérieur et Critique intérieure sont deux parts de soi que je présente dans l'ouvrage 21 jours de pratique émotionnelle. L'explication de la Critique y est accompagnée d'un audio de visualisation thérapeutique vous menant à la rencontre de cette part d'auto-jugement et de dévaluation de soi. Il est important de prendre conscience qu'aussi sévère et maladroite soit sa stratégie, cette part de nous veut, elle aussi (ô combien et à quel prix !), notre bien.

l'*accueillir* ; pas de lui parler, mais de l'*écouter*. Je ne saurais que trop vous conseiller de vous livrer à des moments de dialogue intérieur, au cours desquels vous vous rendrez à la rencontre de ces parts de vous. Si cette pratique peut s'avérer difficile à réaliser seules pour celles à qui l'introspection est laborieuse ou trop confuse, un accompagnement thérapeutique d'une ou de quelques séances peut vous permettre non seulement de rencontrer ces parts, mais aussi d'avoir ensuite, en votre possession, les clés pour relancer ces dialogues intérieurs[142].

MON ENFANT PLEURE, S'ÉNERVE : JE N'ARRIVE PAS À ENTRER EN EMPATHIE

Il arrive que, malgré toutes leurs bonnes intentions et leurs lectures éclairées, certaines mamans ressentent bien des difficultés à entrer en empathie avec leur bébé tandis qu'il ressent des émotions fortes, qu'il pleure, hurle ou appelle à l'aide. En lieu et place d'une impulsion à les aider, elles ressentiront de la colère et le sentiment d'être dominées, contrôlées ou manipulées. Elles auront alors parfois tendance à réagir par le rejet, accusant Bébé de faire du cinéma ou de se moquer d'elles. Si tel est votre cas, si vous voyez parfois, en votre enfant, un ennemi qui tente de vous manipuler ou de vous dominer, tâchez de vous souvenir qu'un tout-petit n'est tout simplement pas capable de ce genre de calculs pour la bonne raison que son néocortex (le siège cérébral de ce type de raisonnements cognitifs) n'est pas encore développé ! Pourquoi allons-nous donc emprunter ce biais cognitif et prendre pour de la manipulation ce qui n'est que l'expression d'un malaise, la recherche sincère d'une limite ou une simple et authentique demande d'attention ? La fatigue et l'isolement social sont souvent en cause, générateurs d'une réelle fragilisation psychologique. Il est également possible que, dans l'enfance, vous ayez été vous-

[142] Faire circuler les messages intérieurs (fausses croyances à détricoter, émotions refoulées ou besoins contradictoires occasionnant le dilemme) en rétablissant le dialogue entre ces parts de nous est au cœur de ma pratique thérapeutique. Je ne saurais que trop vous inviter à partir à leur (et donc à votre) rencontre afin d'explorer les trésors intérieurs que recèlent nos parts blessées. Rendez-vous sur www.therapie-transpersonnelle.com pour plus d'informations.

même placée par les adultes dans ce genre de rapports de force, que vous vous soyez sentie rejetée, alors que vous tâchiez d'exprimer vos émotions, et que vous ayez manqué alors d'empathie et d'écoute. Et il est certes difficile (difficile, mais pas impossible) de donner ce que nous n'avons pas reçu. Il s'agira, bien sûr, d'aller vérifier tout d'abord que nous ne sommes pas en train de vivre une dépression post-partum (ce que le paragraphe « Épuisement maternel, burn-out maternel, dépression prénatale ou post-partum : apprendre à demander de l'aide » vous aidera à démêler), puis d'aller travailler à guérir, avec l'aide d'un(e) professionnel(le), nos blessures d'enfance. Mais aussi de faire remonter notre stock d'ocytocine, cette hormone de la confiance et de l'attachement (sécrétée, notamment, quand tout se passe bien, lors de l'accouchement et/ou de l'allaitement). En effet, l'ocytocine nous aidera à réguler nos émotions fortes (et si détachée que vous pensez être de votre bébé, dans ces moments-là, croyez bien que ce détachement n'est qu'un mécanisme de protection venant recouvrir, en vérité, de très fortes émotions de votre enfance, qui rejaillissent alors[143]). L'ocytocine nous permet également de renforcer notre confiance en nous et de vivre la connexion aux autres au travers de l'empathie. Pour cela, nombre de choses sont efficaces, à commencer par les interactions positives avec quelqu'un qui vous aime et que vous aimez en retour (humain ou animal) : câlins, caresses, bisous, mots doux (non seulement en recevoir, mais également faire des compliments booste l'ocytocine), agréables conversations, écoute donnée et reçue. La détente du corps physique permet également à l'ocytocine de remonter : eau chaude, respiration et cohérence cardiaque, sport, danse ou (auto-)massage, ainsi que toute activité de détente passant par les cinq sens (ex. : huiles essentielles, musique, bon repas, contemplation, etc.).

[143] Je vous invite à la lecture (ou relecture) attentive des chapitres 5, 8, 10 et 11, autant de thématiques d'exploration autour de l'impact de notre enfance sur notre lien à Bébé.

IL PLEURE QUAND IL ME RETROUVE : EXEMPLE DE DÉCHARGE ÉMOTIONNELLE AVEC LA FIGURE D'ATTACHEMENT

Bien des mamans souffrent de ce scénario. Vous revenez de votre journée de travail ou d'une petite escapade rien que pour vous, et vous passez récupérer Bébé à la crèche, chez la nourrice, chez mamie ou chez votre belle-sœur. On vous accueille avec le sourire en vous expliquant que : « Tout s'est super bien passé ! Un a-mour ! » Et là, alors que vous prenez Bébé dans vos bras pour un gros câlin, BOUM ! Grosse crise de larmes et hurlements. Tous les voyants passent au rouge : « Mais c'est horrible ! Mon Bébé ne m'aime pas ! Il était mieux avec eux qu'avec moi. Je dois être une mauvaise mère ! » PAUSE. On reprend. Avez-vous déjà entendu parler de la décharge émotionnelle avec la figure d'attachement ? C'est très simple et profondément déculpabilisant. Voici : si vous viviez une expérience stressante, pendant quelques jours[144] (ex. : un voyage professionnel sans date de retour bien arrêtée, avec nouveautés, challenges et acquisitions en cours), cela générant en vous tout plein d'émotions dont vous ne savez pas trop quoi faire (appréhension, vigilance, fatigue, excitation, surprise, incertitude, doutes et interrogations, colère peut-être), une fois de retour en sécurité dans votre zone de confort, auprès de qui laisseriez-vous libre cours à vos émotions ? À qui raconteriez-vous le stress que vous avez vécu, que ce stress soit négatif (comme celui dû à l'angoisse de ne pas savoir quand vous retrouveriez le calme de votre maison et les bras rassurants de vos bien-aimés) ou qu'il soit positif (celui de la pratique d'une langue étrangère, de la conduite à gauche ou de la maîtrise d'un nouveau logiciel, des challenges stimulants et fatigants comme peuvent l'être ceux du développement du langage, de la marche, ou de l'empilage des formes) ? Et avec qui voudriez-vous partager la colère de ne pas avoir été comprise par ces nouvelles personnes que vous avez rencontrées ? Avec votre conjoint(e), bien sûr (ou éventuellement une très bonne

[144] Le rapport au temps des petits enfants n'est pas le nôtre : ce n'est qu'entre 7 et 10 ans que le rapport au temps, tout doucement, se structurera pour devenir proche de celui des adultes. Auparavant, l'enfant vit plusieurs journées en une : ainsi, une journée de bambin est peut-être l'équivalent de deux ou trois jours pour nous.

amie, et encore...). Non pas avec des connaissances, les passants dans la rue ou les collègues, mais avec LA personne auprès de qui vous vous sentez suffisamment en sécurité pour avoir le droit d'être vous-même, dans vos coups de gueule, votre envie de pleurer ou l'aveu de vos peurs : la seule personne auprès de laquelle vous montrer vulnérable ne serait pas synonyme de danger. Il en va de même avec les décharges émotionnelles de nos petits : seules les figures d'attachement principales (à savoir maman et papa) offrent suffisamment de confiance et de sécurité affective pour se permettre de relâcher les charges émotionnelles qui ont été cumulées. Entendez donc l'inverse de ce message que vous croyez recevoir, car, ce que Bébé dit dans ses cris et ses larmes de décharge, c'est, en fait : « Maman, enfin je te retrouve ! Ah, si tu savais ! Je ne peux pas encore combler mes besoins moi-même et ces gens ne savent pas le faire comme toi. J'ai ressenti tant de choses. Des émotions qui me débordent en tous sens et que je ne comprends pas. Je n'ose pas les exprimer à quelqu'un d'autre que toi. » Un message d'amour. Simplement. Les décharges émotionnelles de stress du petit enfant sont on ne peut plus communes à l'approche des 12 mois (et iront souvent crescendo jusqu'aux 2-3 ans de Bébé), occasionnées au gré des mille et une frustrations de leurs journées (pas facile d'être tout petit et impuissant à saisir ce grand monde comme on le voudrait !). C'est à nous qu'il appartiendra de comprendre la véritable émotion cachée derrière ces réactions parasites (non, ce n'est pas parce que le carré ne rentre pas dans le rond qu'il entre en crise et se jette par terre, mais parce qu'il n'a pas dormi depuis 5 heures et qu'il joue seul tandis que je cuisine). Je peux alors me rendre près de lui et le ramener à la paix par un câlin, tout en verbalisant pour lui ce qu'il vit, ce qui témoignera de ma compréhension, de mon empathie et de mon amour inconditionnel. Imaginez-vous, dans un pays étranger, perdre le contrôle et ne pas avoir les mots pour vous exprimer : ne serait-il pas réconfortant que quelqu'un vienne à vous et essaie de traduire ce qui se passe pour vous ?

ÉPUISEMENT MATERNEL, BURN-OUT MATERNEL, DÉPRESSION PRÉNATALE OU POST-PARTUM : APPRENDRE À DEMANDER DE L'AIDE

On le sait, la Nature est bien faite : une femme qui a observé son ventre se tendre de trente-quatre centimètres ou qui a senti son vagin s'ouvrir jusqu'à dix fois sa taille n'a plus besoin qu'on le lui prouve. De même, la survie du petit d'homme étant prioritaire à la survie de l'espèce, la Nature n'a pas manqué de les équiper d'un volume sonore dépassant, lui aussi, tout sens des proportions[145]. Mais alors, que se passe-t-il concrètement dans notre cerveau lorsque nous entendons les pleurs d'un bébé ? Les travaux en neuropsychologie nous apprennent aujourd'hui que, chez tous ceux qui entendent ces pleurs, qu'ils soient parents ou non, le rythme cardiaque et respiratoire s'accélère, la pression artérielle augmente et le cerveau fait face à une saturation cognitive (rendant difficile la concentration, la planification ou la prise de décision afin que l'on ne puisse se focaliser sur rien d'autre que sur Bébé et que notre attention ne puisse donc pas se détourner de lui). La réponse neuronale s'active alors bien plus vite que face à des pleurs d'adultes (nos circuits auditif, émotionnel et moteur se transmettant l'information à toute allure afin que l'adulte se rapproche rapidement de l'enfant et réponde à son besoin). De fait, nous avons *besoin* que ces cris cessent le plus rapidement possible pour mettre fin à la décharge de stress ressentie et reprendre une activité cognitive normale, ce que nous ne pourrons pas faire tant que nous n'aurons pas répondu adéquatement aux besoins de Bébé. Cette réponse comportementale est tout à fait instinctive et semble se dérouler « en dessous du seuil de conscience », de manière quasi automatique.

Les choses sont un peu différentes chez les mères souffrant de dépression. Ces dernières auront une perception altérée des signaux de détresse de leur bébé, notamment en cas de grande détresse : la distinction « maman, viens, s'il te plaît » et « au secours, viens tout de suite, je crois mourir ! » ne s'opère en effet plus correctement. De plus, l'activité des circuits cérébraux impliqués n'est pas la même (pas de suractivation neuronale, par exemple), et la réponse émotionnelle ne trouve donc plus son chemin. La dépression post-partum toucherait jusqu'à 20 % des femmes[146]. La dépression prénatale, moins connue, touche 13 % des femmes et concerne un état dépressif qui s'installe durant la grossesse et a trait aux peurs encore inconscientes ou non résolues face au fait de devenir mère. Si une femme sur cinq est concernée par ces dépressions, soit quasiment un quart des mamans, l'angélisme de mise lors des naissances (et que nous connaissons toutes sous la bonne vieille formule : « Tu verras, les enfants, c'est que du bonheur ! ») rend pourtant difficile de parler de cela, et donc d'en sortir. De plus, dépression post-partum, épuisement maternel ou burn-out parental ont tous trois en commun des mécanismes de distanciation émotionnelle avec soi-même, qui rendent plus difficile encore la conscientisation : la fatigue, les émotions et le stress sont tels que l'on aura, en effet, tendance à s'en déconnecter afin de ne pas les ressentir et de rester « solide », car il faut continuer d'« assurer » et de « tenir bon » pour Bébé. Une fausse croyance qui fera, à terme, plus de mal que de bien dans la famille, à commencer par Bébé, justement, dont le développement affectif et cognitif sera plus menacé par une mère dépressive refoulant son état que par une mère dépressive qui accepte cet état de fait et se fait accompagner. De plus, une jeune maman qui s'autorise à craquer, quand la coupe est pleine, et qui vidange ainsi régulièrement ses charges émotionnelles sera moins sujette au burn-out et à la dépression post-partum que celle qui refoule ses larmes et refuse (inconsciemment ou non) de pleurer ou de partager son épuisement[147]. Le burn-out est en

[145] Question décibels, commençons par situer un peu les choses en prenant les deux extrémités : une conversation à voix basse, c'est 20 dB, et une fusée qui décolle, 190 dB. Vous l'avez ? Eh bien, les pleurs d'un bébé atteignent les 110 dB, soit un petit peu moins qu'un concert de rock (130 dB) ou qu'un coup de marteau (120 dB), mais déjà plus que le bruit du trafic routier ou du métro (90 dB). Voilà peut-être pourquoi, en matière de fatigue, avoir un bébé peut parfois donner l'impression de vivre à la station Châtelet-Les Halles tandis qu'on y refait les carreaux et qu'un groupe de musiciens s'est posé là avec guitares électriques et percussions ! Trêve de plaisanterie : un bébé que l'on prend en charge rapidement n'aura jamais à atteindre ou à maintenir ce niveau-là de décibels.

[146] Une estimation, inévitablement, puisque de nombreuses mamans, éperonnées par la vieille copine Culpabilité, n'osent pas s'avouer leur dépression post-partum ni en parler à leur médecin ou à leur entourage. Sans prise en charge, cette dépression peut durer jusqu'à un an et se représenter ponctuellement, par la suite, lors d'événements stressants, de grandes étapes d'autonomisation de l'enfant ou d'une autre grossesse.

[147] Pleurer est une fonction naturellement prévue par le corps humain, participant à son équilibre et à son autorégulation au même titre que transpirer ou uriner. Plusieurs recherches scientifiques ont démontré que les larmes que l'on verse sous le coup d'une émotion intense charrient avec elles cortisol et adrénaline, deux hormones du stress, qu'elles nous aident ainsi à évacuer. C'est justement parce que notre taux de cortisol diminue grâce aux larmes versées que l'on se sent ensuite fatigués, prêts à s'assoupir. De même, c'est grâce à l'expression des pleurs que nous allons pouvoir basculer du système nerveux sympathique (excitation, tension, agressivité, activité, stress) au système nerveux parasympathique (relâchement, ralentissement du rythme cardiaque et de la tension artérielle, tempérance). Dans ses travaux menés sur les pleurs du bébé et de l'enfant, Aletha Solter défend, elle aussi, en ce sens, les bienfaits des larmes, à la condition expresse que le petit reste tendrement enlacé dans les bras de sa figure d'attachement tout le temps nécessaire à leur évacuation et/ou à son assoupissement. Une fois l'enfant plus grand et en proie à des crises de colère qui le mèneraient à nous repousser physiquement (2-6 ans), il s'agira de maintenir également le lien physique en restant alors dans son champ visuel et en adoptant physiquement (et intérieurement !) une posture d'accueil et d'ouverture au câlin.

cela particulièrement pernicieux (on l'appelle, d'ailleurs, « le mal invisible »), et c'est, de fait, l'entourage qui s'en rendra compte avant la personne concernée. Il est important de savoir qu'il est possible de faire un burn-out maternel dès son premier enfant (sans en avoir trois ou quatre), notamment si l'on s'en occupe seule et qu'on manque de relais, que l'on travaille en parallèle (plus encore à titre d'indépendante) et que l'on est de nature perfectionniste. Ici comme ailleurs, la première étape – et la plus cruciale – sera de se donner le droit : le droit de se l'avouer, le droit de craquer, le droit de se reconnecter à ses émotions et de les vivre, le droit de demander de l'aide, le droit de se fixer moins d'objectifs, le droit d'être plus authentique en étant simplement soi, avec ses ressources du jour, et donc le droit de ne pas être parfaite.

La dépression post-partum, à l'instar, là aussi, du burn-out maternel, a souvent pour caractéristique principale le « besoin », quoique inconscient, d'être une « Mère parfaite ». Quelle serait l'image d'une mère parfaite dans notre société actuelle ? Si je me permets de pousser un peu la caricature (mais un peu, seulement), ce serait celle de cette mère qui a retrouvé la ligne, allaite longuement son enfant, utilise des couches lavables, cuisine tous ses petits pots maison et invente de super recettes de DME, lui offre mille et une activités stimulantes ou relaxantes, coud ses vêtements (bah tiens, tant qu'on y est !), le porte encore en écharpe ou en Manduca quand il fait 12 kg, en dépit de tous les lumbagos de la terre, ne s'énerve jamais et répond évidemment à chacun de ses besoins, dans l'intuition juste et le calme le plus total, tout ça en tenant, chaque jour, une maison impeccable (ménage, lessive, vaisselle, rangement et courses), et en continuant de gagner de l'argent et de s'épanouir professionnellement (ou bien, à défaut, elle a déjà deux autres enfants et a donc « le droit », pour le p'tit troisième, de ne plus avoir d'activité professionnelle). Facile, quoi ! Trêve de plaisanterie. Derrière cette injonction de la Mère parfaite, on observera souvent un immense besoin de reconnaissance, besoin que l'on essaie de combler au travers du regard de l'autre. Malheureusement, on ne vivra plus alors sa maternité qu'au travers de ce regard extérieur, se déconnectant de toute capacité d'auto-évaluation ou d'auto-estime. Il faudra en faire plus, encore et encore, car l'autre ne nous renverra jamais suffisamment de reconnaissance (comment le pourrait-il, occupé qu'il est à mener sa propre vie, se souciant certainement mille fois moins de notre maternage que ce que l'on pourrait croire ?). Adhérant au vieux mythe de la mère sacrificielle, on pensera que c'est par le sacrifice que nous seront donnés dignité, reconnaissance, admiration et droit d'être aimées. Nous continuerons donc de nous sacrifier, *allant jusqu'à faire secrètement de notre épuisement une fierté personnelle, une victoire, même*. Malheureusement, chercher à combler un manque d'estime de soi, au moment de devenir mère, est un combat perdu d'avance. De fait, notre première maternité nous mettra immanquablement face à nos lacunes : il y a tout à apprendre ! Toutes ces choses que l'on ne sait pas (franchement, qui se serait douté, avant son premier enfant, que le miel et la salade pouvaient être très dangereux pour Bébé, mais qu'on pouvait lui donner, assez tôt, des quignons de pain dur ?), tous ces petits ratés suivis de réajustements (eh oui, il met du temps à s'écrire, le dictionnaire de traduction des pleurs !), toutes ces petites déceptions et ces écarts entre notre projection et la réalité du « devenir parent »... En bref, s'il y a donc bien une période où notre estime de soi sera fragilisée, c'est bien celle du post-partum (sans même parler de la négligence de notre corps physique par manque de temps à lui consacrer et à nous apprêter joliment). Pour quitter ce cercle vicieux (ou éviter d'y tomber), il sera bon de se demander d'où vient ce besoin d'être tellement reconnues en tant que mère : quel manque de reconnaissance essaie-t-on inconsciemment de pallier ? Quelle revanche sommes-nous en train de prendre ? Aurions-nous manqué de reconnaissance (d'attention, de gratitude, d'admiration, de présence, ou simplement du droit d'être nous-mêmes et de nous sentir totalement aimées pour cela) alors que nous étions enfants, adolescentes ou jeunes professionnelles ? Qu'est-ce qui nous a manqué et que nous cherchons à compenser ? Une « Mère parfaite », que fantasmait la petite fille que nous étions, bien décidée à « faire mieux quand je serai grande » ? La reconnaissance professionnelle que nos supérieurs/nos collègues/nos clients semblent ne jamais nous donner ? L'estime de nos enseignants de primaire/collège/lycée qui, trop centrés sur les intelligences verbales et logico-mathématiques, sont passés à côté de nos dons et de nos talents bien à nous et nous ont fait croire que nous valions moins que les autres ? Le respect et la loyauté d'un partenaire aimant, capable de nous apprendre que nous pouvons compter sur l'autre et lui faire confiance ? Quoi donc ?

Manque d'estime de soi et besoin de reconnaissance, tous deux prenant racine dans notre enfance, ne sont pas les seules causes d'une dépression post-partum, qui peut également avoir pour origine un accouchement traumatisant, des difficultés financières, un manque de soutien familial, des conflits dans le couple, ou bien de précédents épisodes dépressifs dans le passé de la mère. Cette dépression se caractérisera par le sentiment de ne jamais être à la hauteur, par de la tristesse et de la fatigue, et par une perte d'envie et d'entrain général pouvant mener à un manque de motivation à s'occuper de Bébé, à une fragilisation du lien d'attachement, voire à de l'agressivité ressentie à son égard (ou à l'égard de l'aîné, si aîné il y a). Pour en sortir, il sera essentiel de commencer par *accepter* que nous soyons en train de vivre une dépression post-partum (de la « vivre », bien sûr, non pas de la « faire », car il est violent pour l'inconscient d'entendre que « je *fais* une dépression », comme si je la fabriquais sciemment et volontairement). Nous l'avouer est essentiel pour nous protéger et protéger notre petit, et c'est en cela même que nous nous montrerons « une bonne maman », capable de cette clairvoyance et de cette humilité. Puis il s'agira de sortir de l'isolement et d'en parler, à notre entourage, peut-être, mais aussi et surtout à un professionnel (sage-femme, kiné, généraliste, association[148]). Je ne peux que partager ici les mots de Charlie Mackesy dans son livre-pépite *L'Enfant, la Taupe, le Renard et le Cheval* :

- Quelle est la chose la plus courageuse que tu aies jamais faite ? demanda l'enfant.

- Demander de l'aide, répondit le cheval.

- Et quand est-ce que tu as été le plus fort ? demanda l'enfant.

- Quand j'ai osé montrer ma faiblesse, répondit le cheval. Demander de l'aide, ce n'est pas abandonner. C'est refuser d'abandonner.

Et puis prendre soin de vous, évidemment, des mille et une petites manières dont nous avons parlé ici, mais aussi au travers de tout ce qui peut vous faire du bien, *à vous en tant que femme* : mangez de bons petits plats ; prenez rendez-vous chez le coiffeur pour changer de tête ou de couleur ; faites votre rééducation périnéale soigneusement, comme un temps *pour vous*, seule à seul avec votre corps ; dormez dès que vous le pouvez ; sortez prendre l'air ; demandez des relais autour de vous (amies, voisines, famille) ; prenez un bain ; faites une séance d'EMDR, de sophrologie, de yoga (ou bien les trois !) ; essayez le millepertuis, l'aubépine, le magnésium ou le Rescue des Fleurs de Bach ; mais aussi et

[148] L'association **Maman Blues** est l'association de référence en cas de baby-blues violent et/ou de l'installation d'une dépression post-partum. Rendez-vous sur leur site pour plus d'informations (conseillères référentes, réunions, soutien local, etc.). Il existe aussi, dans chaque région, de nombreux lieux d'accueil enfants-parents (des **LAEP**), tels que **Les Pâtes au Beurre**, qui sont des espaces gratuits et anonymes, sans rendez-vous, où les parents peuvent venir avec ou sans leur enfant afin de discuter de leurs difficultés avec des professionnels. Les **PMI** (lieux de protection maternelle et infantile) peuvent, elles aussi, apporter soutien et écoute dans les moments de difficultés. Quant à l'allaitement, dont la mise en place et le déroulement peuvent occasionner nombre de déboires et fragiliser l'estime de soi, le soutien de la **Leche League** se révèle souvent une aide inestimable (réunions locales, soutien téléphonique ou SMS, réunions en visio, livrets). Quel que soit le groupe de soutien ou l'association que vous choisirez, sortir de l'isolement est essentiel : ces réunions de groupe, cercles de parole et temps d'échanges vous offriront infiniment plus que vous ne le supposiez. Garanti ➡ cf. les « Numéros d'aide » en fin d'ouvrage.

surtout, osez dire « non », déclinez les invitations, cessez de répondre trop vite aux textos et aux appels, fermez votre porte pour un temps, faites-en moins. Si, malgré tout, les choses restent trop difficiles, n'hésitez pas à passer une journée en unité mère-enfant pour voir ce que ça donne. Quoique ces lieux puissent faire peur, car ils sont situés dans un hôpital, au sein de l'aile réservée à la psychiatrie, il est possible d'y séjourner en ambulatoire, pour une journée seulement. Leur fonction est la suivante :

> Offrir un temps et un lieu contenants pour assurer les soins à la mère, soutenir l'attention au Bébé et aux liens qui les unissent, et proposer un point de coordination et de ressource pour la famille et les intervenants du réseau médico-social. Accueillir la mère dans un lieu où elle se sente protégée, afin qu'elle puisse accomplir le travail de « devenir mère ». L'accompagnement de la mère se réalise alors dans un cadre qui lui donne la possibilité de régresser, voire de s'effondrer, sans compromettre la santé de son enfant. Les soignants sont là pour soutenir la mère, souvent culpabilisée de ne pas « être une bonne mère », en prenant le relais auprès du nourrisson lorsque c'est nécessaire. Ces temps d'effondrement encadré permettent ensuite un étayage des capacités maternelles et de la construction ou du renforcement du lien qui se développe entre la mère et l'enfant.[149]

Enfin, je vous invite de tout cœur à aller dans la Nature avec Bébé, à quitter vos quatre murs et à trouver avec lui un joli coin où vous poser (forêt, parc, plage). Une fois confortablement installés tous les deux, prenez-le dans vos bras et adressez-vous à lui. Parlez-lui. Quel que soit son âge. Expliquez-lui ce que vous vivez, ce qui vous traverse, ce que vous ressentez. Pleurez devant lui si nécessaire. Sortez tout. Et prenez, peut-être, ensuite le temps de le câliner, de lui transmettre tout l'amour que vous pouvez, de chanter pour lui, de chantonner, ce qui vous vient, en toute simplicité. S'il s'avère que le câliner, chanter ou lui offrir votre amour est au-delà de vos forces, expliquez-le-lui aussi et prenez contact avec une association ou une unité mère-enfant, en vous souvenant que c'est le plus aimant et le plus sage que vous puissiez faire. Vous n'êtes pas seule. Jamais. J'espère de tout mon cœur que ce livre aura su vous le prouver.

[149] Extrait présenté sur https://www.maman-blues.fr/unite-mere-enfant/ reprenant les mots d'EM-Consulte.com, site en ligne du fonds documentaire des professionnels de la santé.

FAUSSE COUCHE ET DEUIL PÉRINATAL : COMMENT SE RELEVER ?

Une fausse couche n'est jamais anodine, quel que soit le stade de grossesse à laquelle elle se présente. Il est important de recevoir de l'écoute et de se savoir entendue dans notre peine, une peine légitime, quel que soit l'âge de ce bébé perdu in utero.

Quant à la perte d'un enfant né à terme ou âgé de quelques semaines ou de quelques mois, ce drame est d'une telle ampleur que la grande majorité de l'entourage des parents se trouve démunie, au point d'être incapable d'aider. Il est alors *essentiel* d'avoir recours à une aide professionnelle. Sachez que plusieurs associations de qualité accompagnent le deuil périnatal et sont là pour vous aider gratuitement.

Ainsi, l'association Agapa propose accueil, écoute et soutien aux personnes en souffrance à la suite de la perte d'un bébé, qu'elle soit intra-utérine (fausse couche, grossesse extra-utérine, interruption médicale de grossesse, IVG, réduction embryonnaire…) ou postnatale. C'est également le cas de l'association Naître et vivre (également spécialisée dans la mort du nourrisson et dans les décès survenant dans la petite enfance) ou de l'association Spama. Retrouvez-les dans les « Numéros d'aide » en fin d'ouvrage.

Enfin, n'hésitez pas à rejoindre le groupe Facebook du même nom que cet ouvrage, « Traversée en mère – Bienvenue à bord ! », un groupe décomplexé, au sein duquel on se donne le droit de dire ce que la maternité nous fait parfois ressentir : anxiété, solitude, doutes et peurs, émerveillement et amour inconditionnel, sentiment de toute-puissance ou de vulnérabilité extrême, colère, deuil, regrets et culpabilité, joie, rires et goût du jeu… dans leur infinie palette complexe, ambivalente et multicolore ! Un groupe pour rompre la solitude et déposer ce qui nous remue afin de recevoir soutien collectif, écoute et partage.

AVANT DE NOUS QUITTER…

Que retenir de ces 13 chapitres ? Avec quoi rester une fois ce livre refermé et déposé sur votre étagère ? La prochaine fois que Petitou vivra un drame, que votre corps fatiguera ou que votre conjoint(e) vous dira quelque chose de désagréable : on fait quoi ?

Je crois que le premier geste de secours, s'il n'y en avait qu'un seul à retenir, serait celui-ci : **RA… LEN… TIR** (« Au rythme du vent » – chap. 6 sur la gestion du temps et du stress). Ralentir mon corps, mes gestes, mon souffle, mes pensées, faire un pas de côté et passer, peut-être, par un petit exercice de contemplation, de respiration ou d'étirement (« Air, gonfle mes voiles ! » et « Terre à l'horizon ! » – chap. 7 et 9 des « Kits d'urgence »). Puis me souvenir, depuis l'espace ouvert par ce petit pas de côté, que j'ai désormais la faculté de me tenir en spectatrice de moi-même et d'observer mes mécanismes en train de s'activer (« La boussole inconsciente » – chap. 5 sur mes programmations familiales et mon profil psycho-émotionnel ; « Signaux radars » – chap. 8 sur ma communication ; « Retrouver le nord » – chap. 10 sur la gestion de ma colère). Dès lors, je regagne la possibilité de **choisir** (souvenez-vous : « *Notre plus grande liberté, peut-être même la seule véritable liberté qui soit, réside dans notre manière de choisir comment réagir aux choses* », dit Charlie Mackesy). Et vous savez quoi ? Certains jours, reposée et heureuse, je choisirai la meilleure version de moi-même, celle qui a tout plein de ressources et parvient à les mobiliser. Et, d'autres jours, je ferai avec ce que j'ai sous la main, et ce sera comme ce sera. Yep ! Car, après tout, c'est aussi ça, l'apprentissage du lâcher-prise, également appelé « l'art d'apprendre à se foutre la paix » (« Plonger sans gilet de sauvetage » – chap. 12). Toutefois, j'espère que les exercices « Je parle à ma matrice sacrée », « J'interroge ma lignée de femmes » et les audios de visualisation thérapeutique auront apporté repos et apaisement à bien des mémoires qui vous fatiguaient peut-être. J'espère également que les exercices « J'établis le cahier des charges familial » et « Réunion d'équipe chez "Notre Famille" » auront su faciliter votre quotidien et générer un nouvel équilibre familial. Enfin, que ce soit le cas ou non, je vous invite à retourner, encore et encore, à « Maintenir le cap en gardant l'équilibre ! » (chap. 11, troisième « Kit d'urgence ») au travers des exercices d'auto-empathie qui y sont proposés et qui font tant pour la santé mentale de chacun et de chacune (sans parler du superbe exemple que cela offre à votre Petitou en matière d'amour de soi, de conscience de soi et d'autorégulation émotionnelle).

Enfin, souvenez-vous que nous sommes des êtres d'émotions, et que l'intégralité de l'expérience humaine se résume à cela : une suite continue d'émotions, qui génèrent des comportements, qui de nouveau engendrent… des émotions. Et vous n'êtes désormais plus toute seule à mener l'expérience : pour vous, comme pour Bébé, réhabilitez les émotions !

RÉCAPITULATIF DES BIENFAITS D'UNE SAINE EXPRESSION DES ÉMOTIONS

(qu'elles soient nôtres ou celles de nos petits !)

Quand la...			
TRISTESSE	**COLÈRE**	**PEUR**	**JOIE**
Est exprimée par...			
Des larmes	Une expression authentique de nos besoins	La verbalisation et/ ou un refus affiché	Une manifestation physique et verbale partagée (rire, sourire, jeux, câlins, chant...)
ET QU'ELLE EST REÇUE ET ACCUEILLIE ! Cela permet au corps de...			
- Évacuer son cortisol (hormone de stress) - Apaiser son système nerveux - Trouver le repos physique et mental	- Se nettoyer de ses pulsions d'attaque - Ralentir son rythme cardiaque - Diminuer sa pression artérielle	- Ralentir son rythme cardiaque - Réguler son rythme respiratoire - Dénouer ses nœuds au ventre - Activer l'hippocampe en réponse à l'amygdale (et donc relativiser au lieu de stresser)	- Décupler son ocytocine (hormone de l'attachement) et ses endorphines (hormones de la détente) - Améliorer le tonus vagal - Booster le système immunitaire - Permettre aux gènes de diminuer leur niveau d'expression inflammatoire et de renforcer leur expression antivirale et anticorps - Réguler le niveau de sucre dans le sang - Réguler le sommeil - Réduire les symptômes anxieux et dépressifs
Et au psychisme d'apprendre...			
- La faculté à changer et à accepter les choses - La sagesse de distinguer ce qui est en son pouvoir ou non	- La conscience de soi (de ses besoins non satisfaits) - L'affirmation de soi - Le respect de soi (de ses limites) - L'authenticité - La responsabilité de ses actes - La créativité (trouver des solutions)	- L'auto-empathie - L'auto-compassion - L'accueil de sa vulnérabilité et de son humanité - L'humilité	- L'expression de soi - L'aisance relationnelle - L'authenticité - Le maintien vivant du lien avec notre cœur d'enfant, ses élans, sa créativité, sa spontanéité, sa joie de vivre !
Et cela renforce... LA CONFIANCE EN SOI ET EN L'AUTRE ET L'ACCUEIL DE L'AUTRE TEL QU'IL EST, LUI AUSSI...			

TU AS AIMÉ CES THÉMATIQUES ET TU SOUHAITES EN SAVOIR PLUS ?

Si vous souhaitez me retrouver en (télé)consultation, en atelier ou en stage (visio ou présentiel), c'est par ici...

www.therapie-transpersonnelle.com

www.facebook.com/jadearestanmallet

www.youtube.com/@jamtherapie

OUVRAGES DE RÉFÉRENCE SUR LES ÉMOTIONS DE L'ENFANT :

Côté BD et livres illustrés (Parce que, bon, comment dire ? C'est pas non plus comme si on débordait de temps… Et puis, parfois, « une image vaut mieux qu'un long discours ».)

- ***Parler pour que les tout-petits écoutent*** **de Joanna Faber et Julie King**
Ma bible de référence en matière de « comment parler à Bébé (de ses émotions, des miennes, des limites, des frustrations, etc.) ? ». Ce guide pour le quotidien avec des enfants de 2 à 7 ans, je vous invite à le lire durant la première année de bébé afin que ses précieux conseils sur la manière de communiquer soient adoptés dès le début et que l'on s'évite ensuite la pénible tâche de devoir se débarrasser de nos mauvaises habitudes. Illustré, efficace, hautement bienveillant : je le recommande inlassablement.

- ***Le Ti-Pou d'Amérique – Mieux le comprendre pour mieux intervenir*** **de Sarah Hamel**
Des capsules tout simplement hilarantes, qui rendent le sujet des émotions de l'enfant (et de son parent) à la fois passionnant et profondément, profondément accessible ! Amateurs de langue québécoise, c'est à vous !

- ***La parentalité créative – Guide dessiné de la naissance à 6 ans*** **de Catherine Dumonteil-Kremer**
BD illustrée par la talentueuse Lise Desportes pour présenter efficacement et ancrer, dans de petites scènes quotidiennes, les préceptes de la parentalité que propose Dumonteil-Kremer, une parentalité centrée sur les besoins de chacun, respectés dans la joie du vivre-ensemble.

- ***Bienvenue au club des parents indignes*** **de Lise Desportes**
BD de la vie, « la vraie », d'une maman entre piles de linge, poux et horloges qui n'en font qu'à leur tête. J'adore cette illustratrice, que j'ai découverte avec sa super BD *Jolis sauvages, une année sans école*, autour de l'instruction en famille.

- ***Et si on changeait d'angle ?*** de Fanny Vella
BD originale illustrant les VEO (violences éducatives ordinaires traditionnellement faites aux enfants) en les exposant appliquées à des adultes. Une sorte d'uppercut humoristique.

- **Bougribouillons, ressources en images pour un plus grand respect de l'enfant :** le site de l'illustratrice Virginie Maillard, à découvrir pour faire le plein de mémos, d'affiches et de petits livres clairs et efficaces (portage, DME, allaitement, motricité libre, éducation consciente) sur www.bougribouillons.fr. Petit bijou !

Côté livres-livres (Mais super géniaux, aussi, dis ! À déguster pendant la grossesse ou par petits morceaux pendant que Bébé fait dodo !)

- ***Le manuel de survie des parents – Décrypter et accompagner l'enfant de 0 à 6 ans*** d'Héloïse Junier
Ma bible en matière de « tous ces p'tits cas concrets du quotidien où l'on se dit "et j'fais quoi, là ?!" (colère, sommeil, alimentation, politesse, etc.) », sous forme de fiches pratiques concises, drôles et scientifiques, mais pas compliquées.

- ***Retrouver son rôle de parent*** du Dr Gordon Neufeld
Sommité dans le domaine du développement de l'enfant au Canada, ayant beaucoup travaillé sur la manière de comprendre et d'intervenir avec la frustration, sur le rôle du jeu dans l'éducation et sur la sensibilité de l'enfant.

- ***Élever son enfant autrement*** de Catherine Dumonteil-Kremer
La version archi-complète de la parentalité créative de Dumonteil-Kremer, à lire pendant son congé mat' (en s'y prenant tôt, tout de même : 1,3 kg, le livre – avis aux grandes amatrices de lecture !). Dumonteil-Kremer a également beaucoup travaillé sur le rôle du jeu dans le développement de l'enfant et l'harmonie familiale (ouvrage : ***Jouons ensemble… autrement***).

- ***Au cœur des émotions de l'enfant*** d'Isabelle Filliozat
L'ouvrage qui explique tellement bien ce que vivent nos petits bouts dans leur cerveau tout embrouillé par les hormones de stress. Comment les aider à vivre (à être assurés qu'ils ont le droit de les vivre), à exprimer et à comprendre leurs émotions ? Les réponses contenues dans ce livre m'ont ouvert en grand les portes des émotions du Petit (et donc du Grand, par l'accès à la toute-petite en moi).

- ***La discipline positive – En famille et à l'école, comment éduquer avec fermeté et bienveillance*** de Jane Nelsen
Un ouvrage majeur de l'éducation positive, l'un de ses piliers. On y retrouve toutes les bases de l'équilibre entre fermeté et bienveillance, de l'écoute de l'enfant, de la recherche de solutions en commun, etc.

- ***Parler pour que les enfants écoutent, écouter pour que les enfants parlent*** d'Adele Faber et Elaine Mazlish
Excellent ouvrage de communication avec l'enfant et/ou l'adolescent.

- ***Parents efficaces*** de Thomas Gordon
Excellent ouvrage de communication avec l'enfant et/ou l'adolescent.

- ***Pleurs et colères des enfants et des bébés*** d'Aletha Solter
Un autre regard, scientifique et éclairant, sur la place à donner aux pleurs de bébé afin de répondre à ses besoins, mais aussi de ne pas l'empêcher de vivre ses émotions en étouffant d'emblée les feux naissants. À lire attentivement et en entier pour ne pas se faire de fausses idées.

- ***Pour une enfance heureuse – Repenser l'éducation à la lumière des dernières découvertes sur le cerveau*** de Catherine Gueguen
Le livre pilier de la vulgarisation des neurosciences au profit de l'éducation de l'enfant. Accessible et éminemment éclairant.

- ***J'ai le droit de dire non !*** d'Ophélie Celier, Thomas Piet et Fanny Vella
Livre illustré à lire avec nos enfants, à partir de leurs 3 ans, afin d'aborder le consentement sous toutes ses formes et de les libérer de cette injonction à « dire "oui" pour faire plaisir » même quand ça dit « non » dedans, que ce soit pour la cuillérée de trop, alors que l'on n'a plus faim, pour le bisou au tonton méconnu, qu'on ne voit que tous les 3 ans, ou pour des choses plus graves.

NUMÉROS D'AIDE

Qui contacter en cas de baby-blues, de dépression, de burn-out ?

Allô Parents Bébé : numéro d'urgence, ligne d'écoute anonyme et gratuite

Les Pâtes au Beurre : 14 lieux d'accueil et de soutien psychologique solidaires, gratuits, anonymes et sans rendez-vous, où dialoguer autour des relations familiales et des relations parents-enfants (quel que soit leur âge)

Maman Blues : un forum, des groupes de parole locaux et des centaines de référentes locales, à retrouver sur la carte de www.maman-blues.fr/carte-annuaire-referentes-relais-maman-blues/

Leche League : association de soutien à l'allaitement (de la mise en place au sevrage, en passant par toutes les difficultés et particularités propres à chacune), groupes de parole locaux et animatrices locales à retrouver sur la carte de www.lllfrance.org/reunions/trouver-une-reunion?view=map

LAEP : plus de 1 500 lieux d'accueil enfants-parents, présents dans chaque département. Trouvez les coordonnées du LAEP le plus proche de chez vous depuis le site de la CAF, rubrique « Accompagnement et information des familles »

PMI : plus de 1 300 centres de protection maternelle et infantile, présents dans chaque département. Trouvez les coordonnées de la PMI la plus proche de chez vous depuis le site www.allopmi.fr/votre-pmi.html

Qui contacter en cas de fausse couche, de deuil périnatal ou de décès de son tout-petit ?

Agapa : association de soutien en cas de grossesse interrompue ou de décès autour de la naissance, une vingtaine d'antennes avec des cafés-rencontres, des groupes de parole et des accompagnantes formées

Naître et vivre : association pour la prévention de la mort inattendue du nourrisson et l'accompagnement des parents en deuil d'un tout-petit

Spama : ligne d'écoute destinée aux parents confrontés aux soins palliatifs qui accompagnent la fin de vie de leur tout-petit

Jade Arestan-Mallet
Illustré par Caroline Cazor

21 JOURS
de
PRATIQUE ÉMOTIONNELLE

Pour se sentir mieux avec soi et avec les autres

Enrick B. Éditions

Enrick B. Éditions s'engage dans une démarche écoresponsable.
Saviez-vous qu'en achetant ce livre vous faisiez un micro-don ?
Celui-ci nous servira à remplir notre objectif :
planter un arbre par jour.

C'est bien beau, tout cela, mais parle-t-on d'un hypothétique arbre, dans une forêt abstraite ?

Pas du tout ! Les arbres en question, des chênes sessiles, cèdres de l'Atlas, sapins de Douglas et pins maritimes sont plantés à Beaumont-Village en Indre-et-Loire (37).

Ainsi, bien que le livre et la presse magazine soient des secteurs gourmands en papier, nous limitons notre impact environnemental en permettant la plantation d'un nombre d'arbres supérieur à ce que nous utilisons. Un geste nécessaire pour préserver notre belle planète.

Enrick B. Éditions

Retrouvez Enrick B. Éditions sur les réseaux sociaux

@EnrickBEditions

Imprimé en EU (Bulgarie) par Colorix

Dépôt légal : deuxième trimestre 2023

Diffusion, distribution
France, Belgique : DILISCO
Suisse : OLF
Canada (Québec) : SOMABEC